图书在版编目（CIP）数据

礼物与商品／（英）格雷戈里著；姚继德，杜杉杉，
郭锐译 .—昆明：云南大学出版社，2001.8（2009.10 重
印）

（云南大学民族学文库）

书名原文：Gifts and Commodities

ISBN 978 - 7 - 81068 - 348 - 7

Ⅰ.礼…　Ⅱ.①格…②姚…③杜…④郭…　Ⅲ.①经济人
类学—研究②殖民地经济—经济活动分析—巴布亚新几
内亚　Ⅳ.F069.9　F161.3

中国版本图书馆 CIP 数据核字（2009）第 182210 号

云南大学民族学文库
礼物与商品

著　　者：C·A·格雷戈里
译　　者：姚继德　杜杉杉　郭　锐
责任编辑：伍　奇
封面设计：刘　雨
出版发行：云南大学出版社
印　　制：昆明美林彩印包装有限公司
开　　本：787mm×1092mm　1/16
字　　数：261 千
印　　张：15.25
版/印次：2001 年 8 月第 1 版　2009 年 10 月第 2 次印刷
书　　号：978 - 7 - 81068 - 348 - 7
定　　价：36.00 元

云南大学出版社地址：云南大学英华园内
电话：0871 - 5031071　　传真：0871 - 5162823
邮编：650091　　E - mail：market@ynup.com

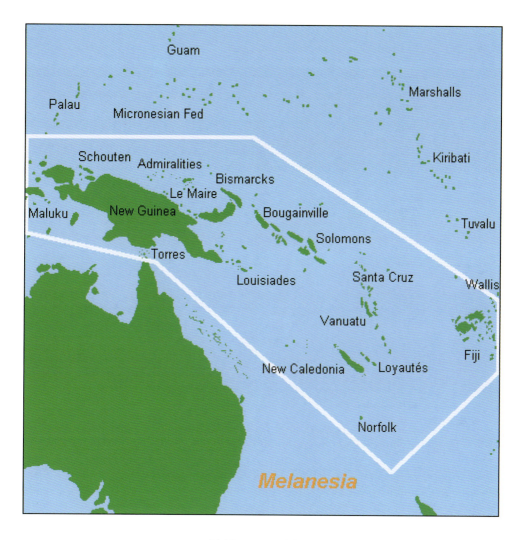

美拉尼西亚地图

New Caledonia: 新喀里多尼亚
Melanesia: 美拉尼西亚
New Guinea: 新几内亚
Solomons: 所罗门群岛
Fiji: 斐济

巴布亚新几内亚地图

Papua New Guinea:	巴布亚新几内亚
Port Moresby:	莫尔斯比港
New Britain:	新不列颠岛
West Sepik:	西萨皮克区
East Sepik:	东萨皮克区
Manus:	马努斯区
Madang:	马丹区
Enga:	恩加区
Western:	西部区
Worose:	沃鲁斯区
Gulf:	海湾区
Central:	中央区
West Britain:	西不列颠岛
East Britain:	东不列颠岛
New Ireland:	新爱尔兰岛
Bougainville:	鲍加威尔岛
Milne:	米勒湾
Austrailia:	澳大利亚

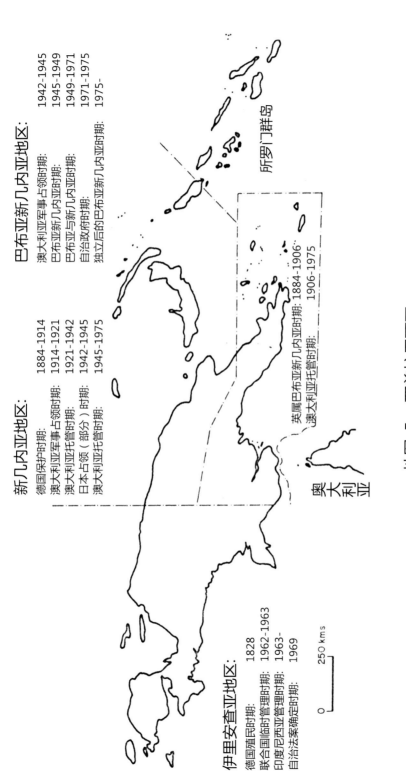

新几内亚地区：

德国保护时期：	1884-1914
澳大利亚军事占领时期：	1914-1921
澳大利亚托管时期：	1921-1942
日本占领（部分）时期：	1942-1945
澳大利亚托管时期：	1945-1975

巴布亚新几内亚地区：

澳大利亚军事占领时期：	1942-1945
巴布亚新几内亚时期：	1945-1949
巴布亚与新几内亚时期：	1949-1971
自治政府时期：	1971-1975
独立后的巴布亚新几内亚时期：	1975-

所罗门群岛

英属巴布亚新几内亚时期：1884-1906
澳大利亚托管时期： 1906-1975

奥大利亚

伊里安查亚地区：

德国殖民时期：	1828
联合国临时管理时期：	1962-1963
印度尼西亚管理时期：	1963-
自治法案确定时期：	1969

0 ⊢———⊣ 250 kms

地图 Ⅰ：西美拉尼西亚

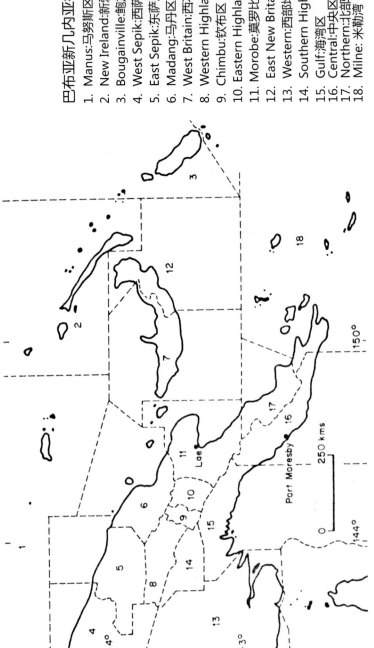

巴布亚新几内亚行政区名：
1. Manus:马努斯区
2. New Ireland:新爱尔兰岛
3. Bougainville:鲍加加威尔岛
4. West Sepik:西萨皮克区
5. East Sepik:东萨皮克区
6. Madang:马丹区
7. West Britain:西不列颠岛
8. Western Highlands:西部高地区
9. Chimbu:钦布区
10. Eastern Highlands:东部高地区
11. Morobe:莫罗比区
12. East New Britain:东新不列颠岛
13. Western:西部地区
14. Southern Highlands:南部高地区
15. Gulf:海湾区
16. Central:中央区
17. Northern:北部地区
18. Milne: 米勒湾

地图 II:巴布亚新几内亚

前　言

当我们跨入 21 世纪的门槛时，对逝去的 20 世纪颇有恋恋不舍的深情。20 世纪是民族学在云南传播、发展的世纪。50 年代，民族学以扎实可靠的研究成果为云南省的民族识别、民主改革，提供了重要的科学依据。可以毫不夸张地说，云南省民族识别与民主改革的成功，与广大民族学工作者实事求是、认真严谨的科学研究是分不开的。90 年代，民族学为云南民族文化大省的建设提供精神力量、智力支持、人才保障作出了重要贡献。事实表明，民族学在多民族的云南省是一个不可或缺的学科。

云南大学的民族学在为云南少数民族地区的社会改革、经济发展、文化建设等方面作出贡献的同时，学科建设、科学研究、人才培养也取得显著成绩，形成了优良的学术传统。

云南大学民族学科的建设与发展得益于有优秀的学术领导人。方国瑜、杨堃、江应樑三位教授有不同的研究方向与学术特长，在各自的学术领域中都取得国内外公认的成就。作为学术领导人，他们是具有国际水准的学术权威，这固然是他们成为学术领导人的重要条件，但更重要的是他们具有杰出的科学研究的组织能力。他们长期立足于本学科前沿，洞察学科的发展趋势，能够总揽全局，制定正确的学科发展战略，不断开拓出有发展前途的研究方向。作为学术领导人，他们并没有权势，权势和职位虽然可以带来"权威"，但不能带来智慧；他们的权威在于自身人格的感召力和凝聚力。民族学的研究需要学术上的献身精神，以及对本专业发自内心的挚爱。三位教授坚韧执著的敬业精神和严肃正派的学者风范，以及对本专业学术价值的认识，使一个学术群体自觉自愿地团结在他们周围。这个群体淡泊名利，潜心学问，为学科的建设与发展孜孜不倦地奋力拼搏。其中的每一个人都有对本专业的神圣使命感、一往无前的社会责任感和对自己钟爱的学科的强烈自豪感。

求真务实，严谨治学，不淹没前人，要努力胜过前人，是云南大学民族学学科的优良传统。尽管学术造诣有高低，学术观点有同异，但本学科的成员有一个共同的特点，就是淡泊宁静，甘于寂寞，安贫乐道，以踏实对浮躁，以静穆对喧嚣，以清醒对狂热，以求真对作伪，兢兢业业、勤勤恳恳地把学术一步一步地向前推进。钱钟书有句名言："大抵学问是荒江野老屋中，二三素心人商量培育之事，朝市显学，必成俗学。"在云南大学从事民族学研究的人大都是钱钟书先生所说的"素心人"。"素心"正是保持高尚人格操守和独立学问品格的基石。失去"素心"，面对精彩纷呈的花花世界，不免心动神摇，趋炎附势，摧眉折腰，急功近利，难以保持卓然高洁的人品。失去做人的尊严，又何谈做学问！

云南大学民族学科在继承优良学术传统的基础上，新人辈出，成果丰硕，成为国家"211工程"的重点建设项目。经过几年的建设，又取得新的科研成果。我们把这些成果汇集起来，以"民族学文库"为名出版。我们希望这套丛书的出版，能为中国民族学的学科建设、科学研究与人才培养尽绵薄之力。我们真诚地期待学者和读者对这个文库提出建议与批评。任何批评都是我们所热诚欢迎的，因为这正是我们前进的动力之一。

20世纪在我们眷恋的深情中离去，21世纪在我们希望的渴求中来临。国内外的民族问题将会是新世纪的热点之一，民族学将在研究民族问题的过程中证实自己的学术价值、开拓自己的学术空间、展现自己的学术魅力，以一批批里程碑式的创造性成果实现新世纪的辉煌。

林超民
于21世纪第一天

目　录

中译本再版前言

中国政府主办的第 16 届世界人类学/民族学大会（The 16th International Congress of Anthropological and Ethnological Sciences）在云南大学举办前夕，我从女儿的邮件中得知学校出版社拟再版我们的经济人类学译著《礼物与商品》。该书是英国人类学者格雷戈里博士（C. A. Gregory）在剑桥大学撰写的人类学博士论文修订本，1982 年在伦敦的学术出版社出版（Gifts and Commodities，London：Academic Press，1982），由我与杜杉杉博士（现供职于美国 Tulane University 人类学系）、郭锐博士（现供职于云南民族大学民族学系）于 1990 年末合作译出，经我审校统稿后列入"云南大学民族学文库"于 2001 年 5 月在云南大学出版社初版。该书自 8 年前初版以来，一直受到中国大陆和台湾地区人类学和民族学界同行们的关注与垂爱，因印数有限，早已售罄，近年来不断有读者要求再版。为迎接世界人类学、民族大会在本校的举办，本书忝列在云南大学出版社再版书目中，我们深感荣幸。

人类学和民族学是诞生于西方的两门异名同质的姊妹学科，专以研究世界各民族社会和文化的起源、结构、特点及其演变为己任，无论是民族志的撰写，还是理论或实证个案的深度研究，方法论上都特别强调研究者在"他者"社会中的实地调查（field work）与跨文化比较的研究，方法独到，理论综合，学科交叉，流派众多。然而这篇在英伦剑桥大学图书馆里完成的人类学博士论文，却属于一部人类学、民族学中典型的"书斋派"（"安乐椅派"）理论著作。作者未曾到过田野点西太平洋群岛的巴布亚新几内亚，完全借助剑桥大学收藏的前人在当地的第一手资料，置诸此前人类学经典作家摩尔根（Lewis Henry Morgan，1818 – 1881）、马克思（Karl Marx，1818 – 1883）、牟斯（Marcel Mauss，1872 – 1950）和列维 – 斯特劳斯（Claude Lévi – Strauss，1908 – ）对人类传统社会与现代社会里"礼物"与"商品"的生产（再生产）、消费与交换（互惠）诸理论的背景下，进行了自己独到的解析，实际上是对经典作家们关于"礼物"与"商品"转化过程中的相关核心理论，包括功能学派创始人马林诺夫斯基（Bronislaw Kaspar Malinowsiki，1884 – 1942）在新几内亚特罗布里恩群岛发现的著名的"库拉交易圈"（Kula Ring）理论，进行了深入浅出的完整评述。据我所知，作者在完成本书的研究并对初民社会的货币问题发生兴趣时，才开始了真正意义上的人类学田野工作。尔后，格雷戈里博士就职于澳大利亚国立大学人类学系，转而对南亚次大陆稻作文化的研究，曾赴印度进行过多次田野考察。2001 年仲夏，在接到我寄去的本书中译本后，格雷戈里博士还曾通过邮件就中国西南的稻作文化命题与我进行过探讨，他曾想对印度稻作文化与中国西南稻作文化进行某种可能的比较研究，可惜稻作文化研究非我所长，未能给他提供什么实质性的帮助，我们之间的联系才中辍下来。本次再版，为便于读者直观了解本书所述对象的地理情况，遵照出版社编辑的嘱托，我特在扉页后增加了初版时未能印上去的美拉尼西亚地图、巴布亚新几内亚地图和地形图，并委托编辑校正了初版中存在的个别文字错讹，希望这些改进能够帮助读者更好地解读本书的主旨。

国际人类学与民族学大会（IUAES）每五年召开一次，此前已在世界多个国家连续举办了 15 届，早已享有世界人类学与民族学界同人"奥林匹克运动会"的崇高荣誉。第 16 届大会来到素有中国人类学和民族学研究"宝库"的云南召开，我们得感谢国际人类学与民族学大会组委会同仁的慧眼和厚爱。同时这也是人类学、民族学传入中国百余年后，在泱泱东亚大国首次举办的全球人类学和民族学盛会。本人参与了云南大学人类学系及民族学专业恢复重建的部分工作，十余年中亲历并见证了本校人类学、民族学学科恢复后蓬勃发展的过程，现在国际关系研究院负责世界民族研究所的工作，参与世界民族与民族问题专业方向博硕士点的教学，逐渐把自己研究和教学的视野由本土导向了世界，并将民族学与后冷战以来国际关系中凸显出来的民族宗教问题结合起来，进行着自己新的跨学科研究与探索。学术研究和教学上的这种自我转变既有挑战，又充满诱惑，姑且作为自己在拓展学校民族学大学科中所尽的一份绵薄。盛会在即，我因担任云南大学与伊朗德黑兰大学共建的德黑兰大学孔子学院中方院长任务而远在西亚波斯高原，无缘与会亲聆各国同行的弘论高见，谨以此书中译本的再版，权当以书会友，衷心祝愿本次盛会圆满成功。

最后，我谨代表其他两位译者感谢云大出版社领导的高瞻远瞩，感谢责任编辑伍奇女士为再版本书付出的辛劳，同时也感谢当初促成我们翻译本书的三位挚友：台湾清华大学民族学研究所魏捷兹（Dr. James Wilkerson）博士，台湾中央研究院民族学研究所何翠萍博士，云南民族大学和少英教授，我还要感谢当年支持出版本书的两位同事——云南大学人类学系第二任系主任尹绍亭教授，英年早逝的云南大学人类学系首任系主任王筑生博士，王筑生教授在云南大学人类学与民族学学科专业恢复重建中的贡献值得缅怀。

姚继德　博士
2009 年 6 月 30 日
于德黑兰大学孔子学院素菲斋

中译本再版前言

3

自　序

　　本书的系统研究完成于 1976 年至 1981 年间的剑桥大学，研究的最初促进因素，源于 1973 年至 1975 年间我在巴布亚新几内亚居住期间的经验性观察。我虽以莫尔斯比港（Port Moresby）为基地，但旅行了该国的广大地区，因而能够观察到本土经济运作的第一手资料。我完全被自己的亲眼所见迷惑住了，我所拥有的用于巴布亚新几内亚大学教学的有关正统经济学理论的解释能力的些微信念，完全丧失了。在试图理解该国所发生的一切之后，我不可避免地被引入有关巴布亚新几内亚丰富的民族学文献之中，并且被最终引入诸如摩尔根（Morgan）、牟斯（Mauss）和列维－斯特劳斯（Lévi－Strauss）等人类学家的理论之中。我惊奇地发现，这些理论家们的基本方法，与旧的古典政治经济学家魁奈（Quesnay）、斯密（Smith）、李嘉图（Ricardo）和马克思（Marx）所使用而今天已不再流行的欧洲资本主义学说十分类似。由于对殖民地巴布亚新几内亚经济分析的资本主义理论的某些预先假设，我试图根据巴布亚新几内亚的经验性证据，来对摩尔根等古典政治经济学家们的思想作一综合性分析。本书之主旨，即是针对在当今世界各地的大学和研究机构里居于垄断地位的正统的新古典主义经济发展理论，拓展出一个建设性的选择对象。新古典主义经济分析应受到批判性注意，不是由于一些对其理论命题固有的理性兴趣（有一点点），而是因为它的反常的政治上的重要性：它常被用来为一种极不可信的发展策略提供理论上的辩护。正统的发展经济学更关心旧习，而非描述。正如李普顿（Lipton 1977，P.28）曾指出的：

　　　　马克思曾写道："哲学家仅仅是用各种方法来解释世界，但重要的是去改变世界。"经济学家转变了哲学家关于世界发展的观点，他们在对世界缺乏了解的情况下，也经常寻求着去改变世界。

　　在此应该注意的是，政治经济学家与人类学家所提出的各种思想的综合，并非一种对各类不同学说的简单衔接，它是对这种诺言的旧意识的一种批判，因为它包含了对他们学说的批判性意见、修正和超越。而且这些理论家们所采用的方法存在着一个重要的不同方面。从亚当·斯密、马克思、摩尔根到列维－斯特劳斯，他们对人类学资料的分析，几乎都限于一个进化论的框架内：人类学家们的采集和分析的资料来自殖民地环境，这种环境仿佛被描述成一种前资本主义社会（a pre-capitalist society）。这是一个极不可靠的过程：人类学家们所研究的各种社会，从属于欧洲资本主义社会，因而必须被如此这般的分析。还应该注意到的是，人类学的研究描述的是殖民地情况，而非前殖民地情形（Pre-colonial situations）：例如在 1871 年至 1969 年间对巴布亚新几内亚进行的 138 项深入细致的民族学研究中，有 62 项（占 45％）是在 1960 年至 1969 年间进行的。然而，指出这一点并非要去怀疑政治经济学家们所使用的抽象化的概念模式。殖民地巴布亚新几内亚的经济，为分析家们提供了一种因时因地而发生变易的本土的和被强加了的非常复杂的经济形式。它仅仅是把整个过程分离开来，考察它的每个部分的运作似乎很空洞，只有在具体的历史背景中将之重新聚合起来，我们才有望去对殖民地巴布亚新几内亚有所了解。该书分为"概念"和"理论"两个部分，即体现了这种方法。本书不涉及"事实"，因而也不会作出推断。事实不能承受新古典主义方法带来的概念与理论的对立，但事实却是它们二者的一个完整的组成部分。本书使用了世界各地的人类学资料，在上篇里旨在说明各种概念和区别，下篇中则用这些概念构成业已发展了的命题的基础，去解释有关殖民地巴布亚新几内亚的经验性资料。

　　总的来说，本书是作为对新古典主义经济学发展理论，尤其是它在巴布亚新几内亚的实践的一种批判来设计的，但它也阐述了人类学家们感兴趣的许多问题。它将"形式论"（Formalist）和"实质论"（Substantivist）的争论，以一种不同的观点置诸经济人类学中，并试图去抓住"亲属"与"经济"之间的关系所面临的问题。后一问题通过引入对马克思使用的业已修正过的"再生产"概念的讨论，得到了处理。该方法使"分类"亲属称谓作为交换关系专有名词"价格"的分析，成为可能。它也使得作为一种制度的分类式美拉尼西亚社会的发展，以及对在巴布亚新几内亚不是随处可见的"大人物"现象事实的解释，成为可能。最后，透过对与巴布亚新几内亚经济史相关的人类学资料的考察，提出了伴随着殖民化而发生的礼物交换之所以得以繁荣的某些原因。

克里斯·格雷戈里
1982 年 7 月

鸣　谢

　　该书为鄙人博士论文之修订，在撰写过程中，我欠下了许多的债。其中欠债最多的是我的论文导师约翰·伊特华（John Eatwell）先生。他曾详阅了本书的许多初稿，给了我诸多鼓励与支持。我的论文评审专家莫里斯·戈德里耶（Maurice Godelier）、伯特伦·谢弗尔德（Bertram Schefold），则为我提出了许多有益的建设性批评。我的绝大多数"人类学田野调查"，都是在剑桥的人类学家中进行的，他们中有的已经过世，有的尚健在。他们极其慷慨地为我牺牲了很多时间，提供了大量资料。其中须特别提及如下诸位：弗雷德·戴蒙（Fred Damon）、马里琳·斯特拉森（Marilyn Strathern）、安德鲁·斯特拉森（Andrew Strathern）、保罗·若里翁（Paul Jorion）、吉尔伯特·刘易斯（Gilbert Lewis）、杰克·古迪（Jack Goody）、贾恩卡洛·斯科底提（Giancarlo Scoditti）、谢利·坎贝尔（Shirley Campbell）、艾尔弗雷德·盖尔（Alfred Gell）、杰里·李奇（Jerry Leach）、米兰·施塔内克（Milan Stanek）、奈杰尔·奥拉姆（Nigel Oram），以及 1978 年和 1981 年参加库拉（Kula）学术会议的学者。在我重新改写本书期间，得到了克莱尔学院（Clare Hall）研究基金的资助。我要感谢克莱尔学院基金当局给我提供的这次机会，以及为我的研究创造出的颇富激励的学术氛围。我在此须特别提及克莱尔学院研究员波里·希尔（Polly Hill）先生，他的经济人类学著作给了我许多灵感。我还要感谢以下诸位：彼德·菲茨帕特里克（Petter Fitzpatrick）、吉姆·芬勒顿（Jim Fingleton）、梅兰内·贝雷斯福德（Melanie Beresford）、杰弗·哈考特（Geoff Harcourt）、苏泽·佩因（Suzy Paine）、阿德里安·格拉弗思（Adrian Graves）以及罗伊·格林（Roy Green）。我特别欠内子朱蒂·罗宾逊（Judy Robinson）一份情，她给了我至关重要的精神上的支持，并与迪伊·穆尔（Dee Moore）一道，帮助我编校了全书。最后，我得感谢巴布亚新几内亚的许多朋友——从巴布亚新几内亚大学到巴布亚新几内亚贸联运动的朋友，以及那些各地曾教过我"美拉尼西亚生活方式"的朋友。我还要特别感谢莫里亚·皮皮先生（Morea Pipi）和埃列瓦拉村（Elevala Village）的所有朋友们。

克里斯·格雷戈里
1982 年 7 月

中译本序

　　我由衷地感谢姚继德、杜杉杉二位教授及郭锐先生将拙著《礼物与商品》翻译为中文出版，更感谢台湾清华大学的魏捷兹博士给他们的竭诚推荐。

　　本书是根据在巴布亚新几内亚所发现的特定环境，用交换理论的发展概念所作的一项具体的理论运用成果。20 世纪 80 年代初撰毕之后，我开始转向了印度中部的稻作文化方面的田野调查，并持续至今。我曾于 1978 年和 1996 年两度到巴布亚新几内亚作过短暂访问，但未再撰写过有关该国的著作。在过去的 20 年里，巴布亚新几内亚发生了许多的变化，并有许多新的民族志著作问世。本书的经验主义观点显然是过时的，但我在上篇中所阐述的各种概念问题，却在英语世界引发了许多对一般性问题的热烈讨论。在近著《初民的货币》(Savage Money, Harwood, 1997) 第二章中，我重温了这份文献中的一些东西，为《礼物与商品》一书所采用的理论构架作了辩护，并根据我在印度的田野调查对之进行了一些修正。

克里斯·格雷戈里
2001 年 3 月 23 日于堪培拉

中译本前言

20世纪80年代末，我有幸在云南民族学院民族研究所做了一年的研究。当时我刚通过博士学位论文答辩，而何翠萍则在德宏做有关景颇族的田野调查。本书的三位译者当时都是民族学院的教师，他们年轻、聪睿、活泼，热衷于谈论人类学。我会永远记住生命中的这些日子，记住与昆明的这批青年人类学家相处的岁月。此后在台湾清华大学任教的十年里，我一直选用这些译文为教材，并期盼着它的早日出版。

当初我们即确信，翻译格雷戈里氏《礼物与商品》一书，不仅是探讨人类学的一个极好方式，同时能提升我们各自的语言技能，也是一件切实可行的事情。我之所以推荐他们翻译《礼物与商品》一书，出于各种原因，而所有这些原因使得本书的出版颇有价值。首先，我认为该书是我读过的对人类学文献的回顾最具有洞察力、最重要和最有用的一本。格雷戈里氏关于礼物与商品文献的回顾，确实改变了人们对此前各种著述的看法。今天没有谁还会像《礼物与商品》出版前那样，去阅读摩尔根、马克思、牟斯和列维－斯特劳斯的著作。通常情况下，此前人们对人类学文献的检讨，仅仅是一种概要性的归纳，这种归纳常常是将一幅断章取义和歪曲了的画面传递给某种语言的读者，从而对其产生一种毫无价值的误导。阅读中文人类学文献中的摩尔根的著作，便是一个极明显的例子。读完《礼物与商品》之后，无人还会再去忽略格氏阅读《古代社会》的这种观点或摩尔根本人的观点。

我推荐翻译《礼物与商品》的另一个原因，是由于该书开启了理解云贵高原的民族和文化的一扇户牖。尽管该书讨论的似乎都是新几内亚的民族志，而对云贵高原的民族与文化几乎未曾提及，但它所阐述的话题或许世界上没有任何地方会比云贵高原更有相关性。事实上，在云贵高原这个被不同的贸易、政权及帝国之扩张所环绕的区域里，礼物与商品之间的关系正是其特色之定义。我们怎么知道云贵高原的"现代"世界体系史（world-system history）是否肇自汉代或唐代呢？

我推荐翻译本书的最后一个原因，或许也是最重要的原因，是该本身所蕴涵的一种精神。这种精神部分来源于它在作社会比较时所使用的理论和方法，这种精神带给读者一种智性上的探索和挑战时的欣喜。这种精神的另一部分，则是本书致力于将人类学理论重新置诸一种新的现代环境中，在"传统"社会里商品显得十分重要，而在"现代"社会里礼物则又显得颇有生机。聪明的读者是不会忽略该书在理解中国市场的复兴，中国重新回到世界经济体系，以及与云贵高原上的民族与文化的重要性的。我也希望本书不仅是学术界的读者阅读，而且决策层和政府官员也能阅读。

上述诸端，即为我推荐翻译本书的所有的最佳理由。然而，我过去和现在赞赏本书的另一个原因是，它是一位当初很年轻的学者撰写的著作，作者在本书及其近来的新著《初民的货币》里，都显示出他始终致力于这样一个信念：以简单的命题，清晰、睿智而又对知识极端负责的态度，去描述人类社会的不公平，正是去改变这种不公正之不可或缺的第一步。

魏捷兹
2001 年 8 月 15 日于昆明旅次

导　论

本书的研究对象为殖民地巴布亚新几内亚，目的在于对马克思、斯拉法、列维－斯特劳斯等人理论著作中，以及曾到过巴布亚新几内亚及其他国家调查的人类学家的经验性著作中提出的新古典主义经济发展理论的建设性选择，提出一种批判。本书所面临的各种问题及寻求证明的各种命题，通过对巴布亚新几内亚政治和经济史的扼要考察，得到了极好的介绍。

"美拉尼西亚"这个术语被人类学家们用来描述这个地理区域：它包括了伊里安查亚、巴布亚新几内亚、所罗门群岛、新凯里多尼亚、新赫布里斯及斐济诸国。巴布亚新几内亚是美拉尼西亚西部的一个国家，其地理与行政区划见地图 1 所示。1828 年荷兰人占据了西美拉尼西亚西半部。1969 年臭名昭著的《自由选择法案》颁布后，当时特别选出的 1 025 名人民代表投票一致赞成取消种族隔离，使之成为了印度尼西亚的一部分。1884 年时，该岛东部被英国人和德国人占领，德国殖民了其北部——新几内亚，英国殖民了其南部——巴布亚。第一次世界大战后，澳大利亚承担了这两个地区的行政管理，此状况一直沿续到 1975 年巴布亚新几内亚获得正式的政治独立时止。事实上该国的殖民化有些颇为不同，其进程和范围受制于主要岛屿的地理，完全处于南纬 1°～12°之间。整个岛上中部为高大的山脉，参差起伏的群山覆盖着热带雨林，巨大的河流穿过沿途的海岸沼泽地带注入大海。[①] 这些因素致使高原地区得到了事实上的保护，直到第二次世界大战后才被殖民者所发现，使他们感到惊诧的是，几乎有一半的土著人聚居在这里。这些地区即是地图 2 中巴布亚新几内亚行政区划中的第 8、9、10 和 14。

殖民地巴布亚新几内亚的经济史，即是外国种植园和矿业公司前来寻求廉价劳动、金子和铜的历史。在 1884 年至 1920 年间，在海滨区和岛屿区建起了椰子和橡胶种植园。这些种植园靠着剥削从劳工资源区招募来的廉价而

---

① 参见 Brokfield 及 Hart（1971）。

不谙世故的劳工而存在。[①] 这种劳工资源区 19 世纪 90 年代及 1900 年时，位于海岸地区；20 世纪 20~30 年代时，深入到了低地河谷区；20 世纪 50~60 年代时，则移到了高原地区。种植园劳动合同期一般为 2 至 3 年，期满后一些劳工续签第二轮合同，而大部分则返回乡下，以种植经济作物为副业，去挣钱纳税和购买他们渴求的进口商品。矿业公司对该国的冲击截然不同。矿业公司的利润来自廉价劳动的成分不多，其超额利润主要来源于对该国自然资源的剥削。1880 年时在米勒恩海湾地区发现了黄金，这些矿藏到 1930 年在莫罗比地区发现另一个金矿时已告枯竭，开采时间持续了 10 年。今天该国国民生产总值的大部分来源于 1971 年开始经营的集中于首都布干维尔铜矿的副产品——黄金。

有关殖民化对巴布亚新几内亚本土经济的冲击，分析者们所提供的情况有些自相矛盾。这是因为本土经济没有随着政治和经济的发展而消亡，而是得到了"繁荣"（A.J.Strathern，1979）。这就使得新古典主义发展理论的描述与约定俗成的主张之间形成了对立，也使该理论的描述和解释充分成为了问题，从而使得其推荐方略的含义及相关性变得哑口无言。

要了解本土经济的繁荣，必须先对制约生产和物品与劳动交换的有关原则有所了解。这里面临着另一个问题：当人们普遍赞同本土经济与欧洲资本主义经济不同时，理论家们对如何划分这种不同又难有一致看法。事实上，这个问题是如此的基本，以致于本土经济得到满意的命名以及单独的描述和分析。下列这些术语曾被用来描述本土经济："原始共产主义"、"原始资本主义"、"原始富裕"、"石器时代"、"农民"、"礼物经济"、"部落的"和"传统的"等。这些形形色色的术语，便是对本土经济进行分析描述时在概念及理论框架上缺乏一致看法的佐证。

本土经济绝不是同源发生的。例如，该国的 250 万居民（1971 年人口普查数）讲着 700 多种不同的语言，占世界语言总数的七分之一（Laycock 及 Wurm，1974）。与此相联系的人类学者所反复强调的重点，是一种巨大的文化上的多样性（Chowning，1977，P.3）。在农村地区，社会组织的基本单位过去是，现在仍然是氏族。氏族是一种成员间禁止通婚的土地拥有群体。[②] 总的来看，巴布亚新几内亚的氏族与许多非洲氏族（联族）不同，没有族长

---

① 见 Bailey（1957）对印度背景下的"经济资源区"概念的讨论。
② 这是一简化的过程。在巴布亚新几内亚的一些地区，婚姻群与土地拥有群是不同的。参见本书的第七章。

领导。威望和权力通常掌握在"大人物"手中，这种"大人物"是通过氏族间的竞争性礼物馈赠的一种能人统治制度而产生的。例如，若 A 给了 B 100 头猪，B 回赠 150 头，而 A 不能回赠，那么 B 就成了"大人物"，因为他最后馈赠礼物。在某些地区，除猪外贝壳也是按其大小、颜色和年龄，而作为一种竞争性礼物交换的手段。① 但"大人物"制度并不普遍。② 在一些地区既没有竞争性礼物馈赠，也不存在"大人物"。在这些地区，政治权威掌握在长者手中，这些长者通过其资深与对礼仪知识的控制而获得权威。

因此，要就殖民化对象巴布亚新几内亚这样的国家的冲击作出分析，面临着一系列基本的理论问题。本书中所要阐述的特殊问题可归纳如下：首先，需要去发展一个界分资本主义和非资本主义经济的总的概念框架。其次，需要建立一些描述巴布亚新几内亚本土经济基本特征，以及划分不同类型的巴布亚新几内亚本土经济体制的概念。第三，这些概念必须能够产生出一些主张去阐释巴布亚新几内亚的历史和人类学资料，特别是本土经济的繁荣。

对该类型进行分析的出发点，是有关经济学理论的文献。然而，当经济学理论被发展来解释欧洲资本主义经济特殊个案时，立即出现了一个用这种理论理解非欧洲经济时的毫无用处的问题。该问题曾引起广泛争论，许多文献被用到了争论之中。例如米达尔（Myrdal, 1968, P.19）认为："在研究南亚国家的经济问题时，对西方理论、模式和概念的使用，是研究中的偏见和严重扭曲的一个根源。"然而去阐述这种文献本身，便多少有些不得要领。所谓的"西方理论"并非同源发生的：在分析欧洲资本主义时有许多不同的方法，每一种都有自己的方法及理论结构。对殖民化的冲击的分析，以对资本主义的分析的一定方法为先决条件，一旦这个问题得到解决，在某种程度上用于分析非资本主义经济的方法的问题，也最终得到了解决。

用于对欧洲资本主义分析的有关方法的文献未被过分简化，可广义地划分为如下两类：政治经济学——1870 年前占统治地位的正统学说；经济学——1870 年以后占统治地位的正统学说。这两种方法的显著特征，将在下面的章节中得到详尽展示。在此有必要把本书中将要展开的主要论点提出一

---

① 许多人曾将这些贝壳的序数等级与钱的基数等级相混淆，而将这些贝壳礼物误称为"原始货币"或"贝币"（参见 Einzig, 1948；Epstein, 1968）。

② Maurice Godelier（《人际交往》）曾强调该要点，并对"great-man"和"big-man"作了进一步区分。

个简明大纲。

政治经济学主要与魁奈（Quesnay，1759）、斯密（Smith，1776）、李嘉图（Ricardo，1817）、马克思（Marx，1867）及斯拉法（Sraffa，1960）的著作相联系。尽管这些著作者们提出的理论在形式上有许多差别，但他们对某些基本问题都持相同的看法。他们都集中地揭露了在不同经济体制下支配剩余产品再生产的规则，他们还对欧洲资本主义中剩余价值再生产的分析，给予了特别的关注。例如，如同李嘉图所发现的那样，政治经济学的主要问题，取决于在劳资双方和地主之间在租金、利润和工资的名誉下，支配着剩余价值的分配的规律。这也是马克思提出的问题中的一个，但他把它置于资本主义生产与再生产所面临的一个较宽泛的"运动规律"之中。通过对魁奈的《经济图画》（*Tableau Economique*）的发展，马克思也能够用一种比李嘉图更精确的方式去分析剩余价值的再生产，而斯拉法则通过发展马克思的再生产模式，去为李嘉图的问题提供了一些新的答案。

经济学，或者"新古典主义"方法，是与其创立者杰文斯（Jevons，1871）、门格（Menger，1871）和瓦尔拉（Walras，1874）的著作相联系的，它今天仍是占主导地位的正统方法，尽管它的最老练的当代倡导者塞缪尔逊（Samuelson，1947）和德布鲁（Debreu，1959）业已发展了杰文斯及其他人所使用过的分析技巧，但他们也没有改变整个方法所依据的基本前提。这种经济学方法显示出与政治经济学方法的有意对抗。它将阶级社会中对剩余价值再生产的经济学分析核心，转移到了对个人选择与萧条的总的分析上来。这导致了一个对欧洲资本主义特殊"运动规律"的研究向着消费者选择的普遍规律的研究的转变。经济学的主要问题，是在无限的需求与有限的资源的前提下，对消费者的行为进行分析。该问题按照一种假定的个人最大边际效用模式得到了分析，受到了一定的压制。与这种方法的变化相联系的，是一种用于描述分析对象的术语上的变化。政治经济学用"商品"（Commodities）来描述交换物，用于描述被交换物之间客观关系的术语则是价格。另一方面，经济学家们则选择"货物"（Goods）来描述之（参见 Milgate，n.d.）。该术语意味着人与所渴求物之间的主观关系。"货物"一词的表述概括了经济学"主观主义"方法的全部内涵，同样，"商品"一词也归纳了政治经济学原本的"客观主义"的观点（见 Bakharin，1919，P.36）：政治经济学的目标可理解为生产领域里去划分各种关系，去将以商品形式呈现出来的物体表象相联系的一种企图；而经济学的目标，则可理解为去考察服从于市场行为的个人与物欲之间假设的主观关系结果的一种企图。

从这个简要的讨论中可以清楚地看出，经济学与政治经济学用于分析殖民化的方法是颇不相同的。因此，出现了一个方法选择的问题。

本书的一个中心论点便是，与经济学方法比较而言，政治经济学的方法是发展理论更具有优越的描述和解释力。经济学方法存在的问题在于它的最高概念"货物"，是通过定义给出的一种主观主义的和普遍的货物理论，缺乏去区分不同经济体制的客观经验基础。另一方面，"商品"概念（参见后面的章节）则含有一定的客观的历史与社会先决条件。如果这些条件不适合，那么政治经济学方法则可能是某种理论，而非商品运用的理论。这恰恰是我们在巴布亚新几内亚所发现的情形。在巴布亚新几内亚型社会里，"我们看到人类的一部分勤劳地创造了大量而丰富的剩余价值，并以我们所熟悉的社会里截然不同的方式和理由去大量地交换掉"。（牟斯，1925，P.31）这些经济活动方式，已被成百上千的人类学著作作过详细的描述，而这些著述反过来又成为了激发诸如摩尔根（1871，1877）、牟斯（1925）、列维－斯特劳斯（1949）等人类学家们理论兴趣的议题。本书的另一个论题是，这些人类学家们最引人注目的观点是什么，他们的方法是一个经由魁奈、斯密、李嘉图和马克思拓展了的方法。像早期的政治经济学家一样，这些人类学家分析的焦点，都集中在特殊社会制度里再生产的社会关系上。他们理论的核心概念即是"礼物"。这与在某一特定社会关系中东西交换所产生的人与人之间的人际关系有关。与此相反的是，商品交换中所产生的东西之间的客观关系。礼物理论和商品理论是和谐共存的，它们与关注消费者与物欲之间的主观关系为核心的货物理论形成了对立。礼物经济和商品经济应被视作政治经济学能够区分的许多可能的经济体制中的两种。"礼物"和"商品"在经济学方法的范畴内没有含义，这两种现象被归入"传统"货物与"现代"货物范畴中。这种区分是在"货物"范畴内的一种区分，如同"货物"本身那样，毫无客观的经验主义基础。结果是，使用经济学方法的理论家们将一般经济学范畴同历史的特定的范畴混为一谈。例如，他们倾向于按照对资本主义的"利润"、"利息"、"资本"等概念，来不恰当地去理解非资本主义的经济。这种混淆妨碍了充分解释前提的拓展，在某种程度上，新古典主义的描述被当作了传统习俗的一个基础，从政治经济学的角度来看，这会给决策者们一种误导，或为决策提供毫无客观经济基础的理论判断。

本书将使用来自巴布亚新几内亚及世界其他地区的资料，在概念和理论层次上，去详尽阐述和证明上面论及的这些主张。第一章回顾考察了有关商品、礼物和货物的文献，寻找出连接商品理论和礼物理论的共同基础，以展现这种共同的方法（政治经济学）是怎样同经济学相对立的。第二至四章则通过对马克思、斯拉法、摩尔根、牟斯、列维－斯特劳斯等人学说的综合，去对政治经济学方法进行修正和拓展，这种分析是摘要和概念性的，按逻辑时序而非历史时序进行。第五章将对经济学方法进行概念性的批判，辩论是一般性的，但将使用曾在巴布亚新几内亚调查过业已发展了的新古典主义经济学家们的理论，来加以证明。在第六、七两章里，将对来自巴布亚新几内亚的历史的和人类学的证据作一考察，由此对许多理论命题进行论证和拓展，这些命题试图对本土经济的繁荣作一阐述，并就与经济学方法不同的工资理论和政策的结论，作一番考察。

上 篇

第一章　竞争诸理论

本章对有关商品、礼物和货物的文献进行了回顾，旨在通过比较不同理论家所运用的方法，鉴别这些竞争理论；概述了政治经济学与经济学的界定特点，说明1870年经济学属于垄断地位时，魁奈、斯密、李嘉图和马克思关于经济体制分析的理论方法是如何彻底分离的。本章还提出：摩尔根、列维－斯特劳斯，以及其他人类学家们继承并发展了政治经济学方法，尽管他们的这种继承和发展多少带有无意识性。

经济学方法在19世纪70年代占居优势的原因是一个思想史的问题，在本书所涉及的范围之外。在对这些不同方法鉴别之后，以下各章便着重于对经济学方法至今不衰的原因提出挑战。

A. 政治经济学

一、商品理论

在欧洲社会中，由于财富是以商品积累形式呈现的，因而对"商品"这个范畴的研究便成为早期政治经济学家们研究的出发点。商品的定义是社会所需要的具有使用价值和交换价值的东西。商品的使用价值就是社会在其历史演化的不同阶段上需要或发现一种东西的内在特性。例如，马克思（1867，P.43）特别提到："只有在依靠了已发现磁极的特性后，磁铁所具有的吸铁性能才有用处。"另一方面，"交换价值"是一种外在的特性，而且是商品的界定特征。"交换价值"指的是某一种类的使用价值与另一种类的使用价值的数量比例。

提出以上主张的学者是斯密、李嘉图和马克思等，其中马克思大大超越了前人，因为他领会了交换价值是商品的一种历史的特殊性，特定社会环境是交换价值存在的先决条件。

以斯密为例。他认为商品交换是人的界定特征。"（商品交换）是全人类共通的，在任何其他种类的动物中均不存在，这些动物似乎既不懂得商品交换，也不懂得其他任何类型的契约。"（1776，P.12）。斯密对商品的分析从狩猎部落的商品交换开始，继而逐一分析了他所认为的人类的其他三个阶段——畜牧时代、农业时代和商业时代（Meek，1976，P.117）。斯密所分析的"早期野蛮社会"完全是凭空想象的，因为其依据是旅行家们所谈到的美国印第安人的社会生活，而那又是极不可靠的（Meek，1976，Ch.4）。斯密指出，在狩猎部落中：

> 一个特殊的人制造弓箭……比任何人都要敏捷熟练。他常常用弓箭向他的同伴换取牛和鹿肉，他终于发现用这种方法比起自己去狩猎能获得更多的牛和鹿肉。因此，出于对自己利益的考虑，制造弓箭就变成了他的主要工作。这个人便成为一种武器的制造者。

一个人类学家最近却指出："斯密的这一提法是错误的……当代人类学家无法推测，在礼仪价值和地位都与牛相联的牛的社会中，巧于制弓的人会仅仅为了制弓而把牛放弃掉。"（Steiner，1957，P.120）

对李嘉图也可以进行类似的批评。他不仅认为商品交换普遍存在，而且还认为人类划分成三个阶级："土地所有者、耕耘所需的股份和资本的所有者、靠其劳动使土地得以耕作的劳动者。"（1817，preface）他用来区分社会不同阶段的，是以"租金、利息和工资"的名义分配各个阶级的比例。

马克思的方法则不同，他批评李嘉图：

> 作为商品所有者的原始狩猎者与原始捕鱼者，直接以在交换价值中体现劳动时间的比例来交换鱼和猎物。这次他弄错了时代，使原始人就其所使用的工具来说，能够计算1817年伦敦交易所通行的年金表。（1867，P.81 fn.1）

马克思针锋相对地提出：

> 原来的商品交换不是在原始公社内部进行的，而是在其边际、边界，在与其他公社相接触的很少的几点上进行的以物易物，从这里开始，并由此进入公社内部，对公社产生分化瓦解作用。（Marx，1859，P.50）

恩格斯所认为的，商品交换始于"原始"公社的边缘地区的提法，后来得到了人类学资料的证实。恩格斯在《资本论》第三卷的编辑脚注上评论道："在从莫勒到摩尔根对原始公社本质的广泛研究之后，这便成为人们所接受的几乎无可否认的事实。"（Marx，1894，P.117）[①]

基于这一简单事实，马克思（1867，P.91）得以提出很重要的论点：商品交换是处于相互独立的交换者之间进行的可异化的东西的交换。"异化"是私有财产的转化，正如马克思（1867，P.91）指出的"（异化）在以财产公有为基础的原始社会中根本不存在"。对这一论点的推论是，非商品（礼物）交换是处于相互依赖的交换者之间进行的不可异化的东西的交换。这一提法仅仅隐含在马克思的分析之中，但这却是礼物交换的准确定义（我们在下面将会看到这一点）。既然如此，政治经济学方法的第一个界定性特征，便是对商品经济和非商品经济进行的划分。

政治经济学方法的第二个界定性特征是，十分重视对土地以及其他主要生产资料实行的社会控制，将其视为理解经济活动的关键。琼斯（Jones）曾精辟地阐述了这一点，指出只有国家经济结构的准确知识能提供理解经济活动的钥匙。他所谓"经济结构"意思是"不同阶级之间的相互关系，阶级首先是根据土地所有权制度以及剩余产品的分配来确立的"。（Jones，1859，P.560）

魁奈、斯密、李嘉图和马克思等都仿效了此方法，正是该方法赋予了他们的理论以历史特殊性。18 世纪中叶魁奈划分出三个阶级：生产阶级（the productive class）、业主阶级（the class of proprietors）和无效益阶级（the sterile class）。"生产阶级"由农夫构成，他们进行劳动；并在将产品运往市场时引起消费；"业主阶级"包括君主、地主和以税收或农产品净值为生的什一税所有者；"无效益阶级"由所有参加提供其他服务或从事非农业工作的公民组成。这一"经济结构"抓住了 18 世纪法国经济学的实质，因为在无法生产出任何价值在必需成本以上的可供使用的剩余价值时，生产便是"无效益的"。而且，没有什么无土地的无产者可言。然而，一百年后马克思开始分析英国资产阶级时，这种"经济结构"对于理解商品生产便不适宜了。马克

[①] 这并不完全正确。资料的确说明了在氏族社会的经济生活中，商品交换呈现出从属和边缘的形式，但却一点没有表现出商品交换的起源。马克思晚年对这些人类学文献进行了认真研究，但却从未详细写出来。

思通过把土地所有阶级转移到从属地位,将无产阶级提升到"生产"地位,通过把农业和工业这两个生产部门划分成劳工和资本家这两个对立阶级,捕获了发生变化的历史环境。马克思所有理论范畴的意义都源于这些关系。同魁奈的理论一样,当历史环境致使"经济结构"不适应时,这些范畴便不再适用了。由此可见,政治经济学的诸理论存在着计划性的逐渐废弃。

政治经济学方法的第三个界定性特征,是将生产与消费视为一个循环过程。魁奈(1759)在他的《经济图画》(*tableau economique*)中首次提出了此论点。马克思(1893)在他的"再生产示意图"中对此进行了详尽的阐述。斯拉法(1960)在《通过商品方式的商品生产》一书中进一步发展了这一观点。这些模式都涉及了东西的再生产,而且都为两个明确的目的服务:一方面被用于分析商品的自我替换;另一方面被用于分析增长与变迁。斯拉法和魁奈与马克思不同,他的模式只为第一个目的服务,这是本书将要接受的一个过程。

人的再生产模式不是古典经济学家们提出的。因为他们所研究的欧洲经济中,物的再生产是占支配地位的。正如马克思和恩格斯提出的:

> 家庭开始是仅有的社会关系,但到后来,当增长的需要产生出
> 新的社会关系和增长了的人口的新需要时,便演变成了从属的社会
> 关系……必须根据现有的经验性资料进行探索和分析。

四十年之后,恩格斯打算重述这一论述,并通过研究人类学资料,特别是摩尔根的《古代社会》,证明有关非西方社会的逆命题。恩格斯(1884,P.449)观察到:"劳动越不发达,生产质量越有限,因而社会财富也越有限,社会秩序受到性纽带的支配就越厉害。"

政治经济学范例的第四个特点是"逻辑历史性"调查方法。恩格斯(1859,P.98)在以下论断中对这一方法进行了描述:

> 对经济学的批判……可以采用两种方式,按照历史或者按照逻
> 辑。既然在历史上也像在它的文献的反映上一样,整个来说,发展
> 也是从最简单的关系进行到比较复杂的关系,那么,政治经济学文
> 献的历史发展就提供了批判所能遵循的自然线索。而且整个来说,
> 经济范畴出现的顺序同它们在逻辑发展中的顺序也是一样的。这种
> 形势看来有好处,就是比较明确,因为这正是跟随着现实发展,但

是实际上这种形式至多只是比较通俗而已。历史常常是跳跃式地和曲折地前进的，如果必须处处跟随着它，那就势必不仅会注意到许多无关紧要的材料，而且也会常常打断思想进程；并且，写经济学史又能撇开资产阶级社会的历史，这就会使工作漫无止境，因为一切准备工作都还没有做。因此，逻辑的研究方法是唯一适用的方式。但是，实际上这种方式无非是历史的研究方式，不过摆脱了历史的形式以及起扰乱作用的偶然性而已。历史从哪里开始，思想进程也应当从哪里开始，而思想进程的进一步发展不过是历史过程在抽象的、理论上前后一致的形式上的镜像反映；这种镜像反映是经过修正的，然而是按照现实的历史过程本身的规律修正的，这时，每一个要素可以在它完全成熟而具有典范形式的发展点上加以考察。

正如米克（Meek，1976）所指出的那样，魁奈、斯密、李嘉图和马克思等都以某种形式运用了这一方法。这些理论家也使用了"推测历史的"方法。我们不必将其与逻辑历史方法混淆起来。前者是社会进化的高度普遍性理论，而后者仅仅是一个分类系统。例如，一个推测历史学家运用当代人类学资料来重建欧洲史前史，这一过程必然包含着逻辑历史方法。然而，逻辑历史还可以用来划分范畴，作为分析殖民化冲击的序曲，在这一过程中以迥然不同的方法利用人类学资料。

二、礼物理论

摩尔根（1877）、牟斯（1925）和列维－斯特劳斯创立的礼物理论，从逻辑上将政治经济学方法扩展到了对人类学资料的分析之中。摩尔根的著作是政治经济学方法的发展。恩格斯是最先意识到这一点的。他把摩尔根的《古代社会》（1877）描述成"我们时代为数不多的划时代著作之一"（1884，P.450）。《古代社会》旨在为摩尔根收集并发表在《血亲与姻亲制度》（1871）和《易洛魁的联盟》上的人类学资料提供理论解释。摩尔根的著作为西方读者介绍了前所未闻或不够了解的社会组织情况。正如福尔特斯（Fortes）所评论（1969，P.78）的那样，摩尔根是一位观察家，"可与发现新行星的观察家媲美"。他的发现为详细阐述阶级与氏族的差别提供了经验基础。摩尔根并未明确提出礼物理论，但是他激发了更深层次的导致产生礼物理论的研究。

斯密、李嘉图和马克思关心的主要是阐述事物之间的关系，特别注重对价格现象的解释。摩尔根则不同，他关心的主要是阐述人与人之间的关系，尤其是对亲属称谓现象的解释。摩尔根在对美国印第安人的田野调查中惊奇地发现，他们的亲属称谓使用的是"分类"方法。比如说，一名男子称呼他所在氏族中所有上一辈的男性成员为"父亲"，所有下一代男性成员为"儿子"，称上一辈的所有女性成员为"母亲"，如此等。此后，摩尔根从世界各地的 134 个不同家庭群体中收集亲属称谓，发现"分类式"亲属称谓是非西方社会一个普遍特征。他将这种亲属称谓与"描述式"的欧洲亲属称谓区别开来。描述式亲属称谓对人们，特别是在对直系血缘关系进行认同时更倾向于个人主义。比如说"父亲"这个词通常仅仅用来称呼一个人，即真正的父亲。

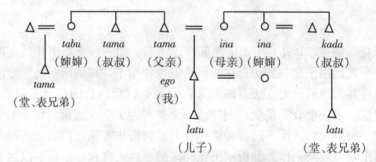

图 1.1 超布连岛民与英国人亲属称谓比较

注：△男，○女，══婚姻，⊓同辈，∣后代。

资料：Malinowski, 1929, P.435.

对照诸如图 1.1 的实例，描述式亲属制与分类式亲属制的区别就更为清晰了。该图揭示出超布连群岛岛民和英语使用者用来称呼近亲的称谓。显然，超布连岛民使用 tama 和 latu 这两个称谓的方式，与摩尔根的区分有着不可置疑的经验基础。比如说，tama 这个称谓把我的父亲、我父亲的兄弟和我父亲兄弟的儿子划分在一起。然而，对于摩尔根在这些亲属称谓差异上所形成的概念，以及理论解释都是可以进行挑战的。他认为分类式亲属称谓制是多偶婚的结果，而描述式亲属称谓是单偶婚的结果（Morgan, 1877, P.404）。这一论点早已不再为人们所接受。关于欧洲私有财产的出现瓦解了分类式亲属称谓制，并导致具有界线分明的财产传承渠道的描述式亲属称谓的产生的论点（Morgan, 1871, P.490），由于根本找不到论据，所以既无法被驳倒，也无法得到证实。然而，亲属、财产和土地所有权具有某种联系的观点却是很有发展前途的，得到了当代理论家们的继承与发展。例如，李奇（Leach，1961b，P.146）指出："亲属称谓制是涉及对土地的权利和使用进行思考的方法。"

摩尔根关于"氏族组织"（即以氏族为基础的社会）的理论，是以经验为基础的有关不存在私有财产的社会之社会组织的理论。摩尔根注意到，氏族组织存在着有机的系列（1877，P.63）：

> 首先，血亲氏族有一个共有的氏族名称；第二，有亲属关系的氏族之集合体联族，是为了一定的共同目的而合成的更高级的联盟；第三，氏族的集合体（通常由联族组成），所有成员讲同一方言；第四，部落联盟，其成员分别使用同一语族的不同方言。部落联盟体导致部落社会（Societas），它与政治社会或国家（civitas）相区别。

在部落社会中，所有的重要生产资料（如土地）属于联盟和社会组织的不同单位。这些单位对土地享有的权利随着该社会单位在等级中的地位而变化。比如说，A部落A氏族的成员与A部落B氏族的成员对各自所有土地的权利各不相同，氏族是以授予或施加给其成员的权利、特权和义务为特征的。摩尔根列举了很多，但最为重要的是以下几条：不能在氏族内通婚的义务；继承已故成员财产的共同权利；帮助、防御以及赔偿损失等互相义务。

另一部对区分阶级社会（class based society）和氏族社会（clan based society）作出重大贡献的著作是牟斯的《礼物》（1925）。同摩尔根一样，牟斯的理论产生于对现有人类学资料的详细分析比较。然而，到了19世纪20年代，收集到的可靠资料多得多了，特别是从太平洋地区收集到的。因而，牟斯便从古典礼物经济的故乡巴布亚新几内亚得到了资料。在牟斯著书立说之时，这个国家还没被殖民化。

同摩尔根一样，牟斯所关心的也是欧洲经济与非欧洲经济的比较，但是摩尔根关心的是社会与政治结构的比较，而牟斯则关心经济结构，特别是交换模式的比较。

牟斯的目的之一，就是驳斥当时的经济学家普遍接受的观点，即巴布亚新几内亚类型的"为生计生产而不是为消费生产的自然"经济。在研究了大量历史文献和人类学文献之后，他得出结论："无论是过去还是当代的原始社会，似乎从来就没有过什么'自然'经济。"他指出："我们发现一部分富有、勤劳并创造出大量剩余物的人进行着大量交换，但却不是以我们在自己的社会所熟悉的方式和理由进行的。"他称这种生产和交换体系为"礼物"经济，并且发现，它在欧洲以外的世界各地广泛存在着。

然而，究竟在什么意义上礼物交换的生产是非同寻常的呢？礼物交换的生产与商品交换的生产有什么不同呢？

牟斯说（P.46）："我们生活在一个动产法与不动产法、事物与人泾渭分明的社会"。"这区分是根本的，正是我们财产、异化和交换系统的部分条件。然而，这与我们一直研究的习俗（非西方社会的习俗）大相径庭。"换言之，在具有私有财产的阶级经济（class based econony）中，一个人对于他所拥有的东西具有异化的权利。这就要求东西与其主人之间划出明确的界线。但在氏族经济（clan based ecomomy）中，还有私有财产，人们对东西没有异化的权利。结果是"物体就从未彻底与交换它们的人真正分开。"（P.31）

作为礼物的东西的不可异化性是牟斯的著作中反复出现的主题（PP.9 - 10，18，24，31，42，112 等）。他揭示了"一个东西与其原来的主人不可分离的结合"，是全世界礼物交换制度的特征。他还指出，由于被交换的东西的不可异化性，"所订立的同盟就不是暂时的，而且结盟的各方就受到永久性相互依赖的约束"（P.62）。换言之，他认为礼物交换是处于相互依赖状态下的交易者之间进行的不可异化的东西的交换。

从这些交换定义中可以看出，商品交换建立起被交换的客体之间的关系，而礼物交换则是建立起主体之间的关系。也就是说，商品交换是价值形成的过程，是一个买卖系统。礼物交换则不然。正如牟斯所指出的"礼物交换以赠物与还物的系统取代了我们的买卖系统"（P.30）。对于礼物交换，"说成是异化……就错了，因为这些东西是借出的，而不是卖出或放弃的"（P.42）。一个给出的不可异化的东西必须还回来。这样，礼物就创立了一个必须付回的债务。

邱克（Cuq）1910 年也说："在原始社会中可以发现单独的以物易物，在先进的地区还可发现直接出售。信贷销售标志着文明的更高阶段，首先以出售与借出结合的间接方式出现。事实上，信贷的起源是不同的，在被律师和经济学家们忽略不感兴趣的习俗范围内也有发现。这些习俗被称为礼物，它是一种复杂现象，尤其是古

代的全面性报称，正是我们这里所要研究的。现在，礼物必然暗示
着信贷观。经济演化并不是从以物易物发展到出售，从现金发展到
信贷的。以物易物产生以信贷为基础的礼物馈赠与接受，它通过把
从前不同的交换时刻合并在一起而实现了简化。（PP.34～35）

因此，礼物经济是一种债务经济，交易者的目的是尽可能多地获取礼物债务
人，而不像商品经济中那样以获取最大利润为目的。礼物交换者所指望的是
通过礼物交换所产生的人际关系，而不是东西本身。

对于欧洲人来说，最为费解的就是把东西作为礼物馈赠出去的义务。牟
斯对于这个问题进行了探讨，并提出了一些重要的论点。第一，礼物经济是
氏族社会而不是阶级社会所特有的。第二，"施舍伤害接受的人"（P.63）。
换句话说，馈赠礼物把债务人置于从属的地位。第三，"无法偿还债务的人
……会失去其显贵身份，甚至会失去其自由人的地位"（P.41）。这样，礼物
交换便成为氏族经济中建立统治与控制关系的手段。还要记住的是，氏族经
济是相对平等的，主要表现为不存在以其他群体的剩余产品为生的一种群
体。当然，氏族也可能存在着严格的等级结构，首领所在的氏族居于该等级
结构的顶端。但正如牟斯所指出的那样，在这种社会中把东西当做礼物进行
交换的现象已趋于消失，而这种现象是在随着时间的推移而变化的不稳定的
氏族等级制中繁荣的（P.91 fn.68）。在当今巴布亚新几内亚的大部分地区，
情况也完全如此。

牟斯理论的另一主题是礼物的人格化特点。礼物的这一属性是其不可异
化本质的方面之一。以美国印第安部落为例，牟斯指出："这些部落中唯一
的家畜是狗，它是以氏族命名的，不能出售。夸扣特尔人（Kwakiutl）说：
"'它们和我们一样是人'（P12）。"这与马克思的商品拜物教理论形成对照。
拜物教"指的是作为商品的东西的具体化本质，也是商品可异化性的方面之
一。"（Marx，1867，PP.76～87）

牟斯提出了礼物经济演化的"三阶段理论"。第一阶段是"全面性报称"
系统。其中，两个氏族相互对立，并交换"礼节、娱乐、仪式、军事援助、
妇女、儿童、舞蹈和宴会"（Mauss，1925，P.3，加了着重符号）。澳大利亚
土著的狩猎采集部落就是一个例子。全面性报称"构成了我们所知的最古老
的经济体制，是礼物交换产生的基础"（P.68）。因此，礼物经济是第二阶
段。第三个阶段是商品经济。牟斯理论的中心是货币概念，他认为货币是礼
物和商品交换的手段。但货币并不仅仅是物质的东西，牟斯认为（1914，

P.106）其本质是一种社会关系。牟斯（1925，P.94）指出：

> 人们首先发现某些特定的东西（多半具有魔力并十分宝贵）在习俗上是不会毁灭的，进而给它们赋予交换的力量……在第二阶段，成功地使东西在部落内外循环的人类发现，这种购置的手段可以当作计算财富并使之循环的途径……第三阶段始于古代的闪米特社会，他们发现了使这些宝贵的东西与群体或个人相分离，以及使它们成为永久性的价值度量手段的方法，由于缺乏更好的度量系统，这些手段即便不是完全符合的，也是普遍存在的。

对礼物理论作出贡献的第二本著作是列维－斯特劳斯的《亲属制度的基本结构》。牟斯主要对被当作礼物的东西的交换感兴趣，并顺带提到了被当作礼物的人的交换，而列维－斯特劳斯却将后者作为其主要分析对象。他提出妇女是"最高等级的礼物"（1949，P.65）。因而，一旦理解了把妇女当作礼物进行交换的指导原则，那么，把东西作为礼物进行交换的指导原则便可得到更充分的理解。

列维－斯特劳斯的主要贡献，在于提出了婚姻是妇女的礼物交换制度的概念，在欧洲社会对婚姻的设想便是如此。比如说，在基督教的婚礼上，是父亲交出女儿，而不是母亲交出儿子。在欧洲社会，婚姻的经济意义很有限，因而通常被经济学家所忽略。但是，"在原始社会……婚姻的重要性却迥然不同，这种重要性不是性欲方面的，而是经济方面的"（P.30）。在氏族社会里，婚姻中妇女的交换是在氏族之间交换劳力的形式之一。

列维－斯特劳斯对"复杂"交换和"基本"交换进行了划分，前者指的是欧洲型社会的婚姻，后者指的是非欧洲型社会的婚姻。他是这样定义"基本"结构的：

> （"基本结构"）是命名原则可以直接确定亲属圈与姻亲圈的制度，即用一种指定的亲属类型来描述婚姻的制度。或者说，这些制度在把社会所有成员都定为亲戚的同时，还将其划分为可以成为配偶和禁止成为配偶这两大类别。"复杂结构"这一术语指的是只局限于定义亲戚，而把确定配偶的工作留给经济或心理等其他机制来完成的体系。

我们可以把这一对比视为根据牟斯的礼物理论来发展摩尔根对"描述式"和"分类式"亲属称谓制的区分。

列维－斯特劳斯将自己限定在对"基本"亲属结构的探讨上，并在此范畴之内区分出"限制性交换"和"普遍性交换"。他说：

> 普遍性交换建立起"以信誉"为引导的操作系统。A将一个女儿或姐妹交给了B，B又交一个给C，C转过来又交一个给A。这是个最简单的公式。所以，普遍性交换总包含着信任的成分。人们必须确信这个环将再次封闭，这样过了一段时期后，最终会接受到一名妇女作为最先交出妇女的补偿。（P.265）

限制性交换只包含两个部分：A和B，它们相互交换分类的女儿或姐妹。列维－斯特劳斯认为，限制性交换是礼物交换的原形，普遍性交换是其更高的发展形式，最后，东西的礼物交换又是进一步发展的形成。"聘礼"（brideprice）[①]是后面两种形式的中间状态，"是作为对应物提供的妇女被象征性的对等物所替代的过程"。（P.470）

列维－斯特劳斯关于礼物经济演化的理论以对乱伦禁忌现象的解释为核心。他说：

> 乱伦禁忌与其说是禁止与母亲、姐妹或女儿通婚的法则，还不如说是反映人们将母亲、姐妹或女儿交给他人的法则。这是礼物的最高法则，这方面显然能使人们认识到乱伦禁忌的实质，但却常常没被认识到。（P.481）

正是男子最大限度地延长自己及其妻子之间的亲属关系距离的愿望，造成了社会向不同阶段的进步（第28章）。比如说，从亲属关系距离的角度看，与某人父亲的姐妹的女儿通婚要比与自己的姐妹通婚好，与某人母亲的兄弟的女儿通婚要比与某人父亲的姐妹的女儿通婚好。（1949，P.452）

在列维－斯特劳斯的《亲属关系的基本结构》之后，又有了一些对礼物

[①]　现在人们更倾向于使用"bridewealth"一词，它与婚姻是一种礼物交换的概念相协调。正如Dalton（1971，P.193）指出的那样，"使用术语brideprice暗示着婚姻中的支付是市场和商业交易（即商品）"。

理论的重大贡献，这里有必要对此作一番简要回顾。

随着波拉尼（Polany）《早期帝国的贸易与市场》的发表（1957），被称为经济人类学的"实质"学派便诞生了。波拉尼对两种意义上的经济学进行了区分："实质"经济和"形式"经济。他指出："后者（即新古典经济学）源于逻辑，而前者则源于事实"（1957，P.243）。他着手从历史和人类学资料中建立一种"实体"理论。这一学派最重要的优点也许就是他们所创造的交换模式理论，萨林斯（Sahlins）的《石器时代经济》（1972）一书包含了该理论最成熟的观点。萨林斯最新提出的重要论点之一是不应把礼物经济与商品经济的区别视为相互对立的两极，相反，应将其视为一个连续体的两个极点。从一个极点向另一个极点移动的关键变量是"亲属关系距离"（PP.185~176）：礼物交换往往是在亲属之间进行的，随着亲属关系距离的延长，交换者变成了陌生人，商品交换也就出现了。该论点建立在大量人类学证据的基础上，重新深刻地阐述了马克思对商品经济与非商品经济的划分。另一"学派"是"新马克思主义"。[①] 该学派的创始人梅拉松（Meillassonx，1960，1964，1975）和戈德里耶（Godelier，1966，1973）对理论和经验都作出了重大贡献。比如说，戈德里耶在巴布亚新几内亚的巴鲁亚人中（Baruya）进行了多年的田野工作，提出了一个简单而又深刻的观点，即一件物品可能在部落社区内作为礼物交换，也可能在社区外用作商品进行交换（1973，P.128）。换句话说，他发现了一件物品（在巴鲁亚人的个案中是盐）在不同的社会环境下如何呈现出不同的社会形式。

巴里克（Baric）对巴布亚新几内亚罗素岛（Rossel）"贝币"制度的分析，实现了一个重要的感性突破。她指出：博安南（Bohannan，1959）在对西非蒂夫人（Tiv）的礼物经济进行分析时，也提出了类似观点，他认为礼物经济具有多重领域的交换，而商品经济的交换领域只有一个。对礼物经济的这一看法注意到了礼物交换的物品是"顺序相关"（ordinally related），而非"基本相关"（cardinally related），能使分析者从礼物经济本身来看问题，而不是使用诸如"价格"、"货币"等不恰当的范畴。

通过以上对礼物理论和商品理论的讨论，可以清楚地看出，尽管存在着很多方面分歧，但却全部贯穿着一个共同的主题。这一共同主题能使我们识别政治经济学方法。共同方法是：概念与区别以经验为基础，因为它源于史实和人类学资料，解释包含着对范畴的逻辑历史引申。共同的感性立足点

---

① Copans 和 Seddon（1978）已对该文进行过有益的综合评述。

是：人与土地的关系是确定"氏族"和"阶级"这两个概念的中心焦点。礼物与商品这两个概念尽管不同，但却互补：商品概念以互报独立性和可异化性为前提，是礼物概念的镜像，礼物概念是以互报依赖性和不可异化性为前提的。

"若用价值……'阶层'，而不使用更准确的代表各种关系状况的……'价值'为术语，要说明罗素岛的通货（P.47）是不可能的"。

B. 经济学

一、现代货物理论

视斯密和李嘉图为鼻祖的当代经济学家，往往把政治经济学和经济学的区别弄得暧昧不清。然而，把经济学推向优势地位的杰文斯、瓦拉尔和梅尔热（Merger）等人，对其启动的范例变换却是一清二楚的。他们意识到自己所接受的新概念框架、新方法和新观点过于偏激，以致于仅仅要证明一组新的经济学术语，得对该学科名称的合理性加以证明。由"政治经济学"向"经济学"的转变集中体现了这一革命。

19世纪60年代，新方法的实践者意识到，"政治经济学"这一术语无法描述其正在进行的工作，因而围绕这一问题出现了许多争论。比如说赫恩（Hearn，1863）从三个方面反对这一术语：首先，其词源包含一种非连续性，一部分指家庭，而另一部分却指国家。其次，就其所涉及的管理国家事物的范畴来说，它是一门艺术而不是神学。最后，也是最重要的一点，政治经济学所透视的是社会，而不是个人。赫恩（1863，P.5）相信，政治经济学方法中包含着在研究私人（或个人）财富原则之前对公共（或国家）财富进行探索，这是"对自然排列的逆转"。他提出应使用"政治经济（Plutology）"这个术语取而代之。杰文斯完全同意赫恩的原则，但提出了"经济学"这一术语（Jevons 1871，PP.xiv，273）。这一术语为杰文斯的追随者所采纳。

杰文斯误名为《政治经济学理论》的一书（1871），是最先清晰准确地提出经济学原则的著作之一。他把政治经济学的历史观〔《社会关系演化的神学》（P.20）〕与经济学的预见观进行对比。杰文斯强调，思维的原则是预见，任何正确的理论都必须考虑到这一点。他认为事物的价值应取决于其将来的用途，而不是过去的劳动（P.164）。杰文斯（1871，P.18）指出，经济学的基本概念来源于直观认识到的主观原则，而对理论的验证则是其预见能力：

> 经济学科学……在某种程度上是独特的，这主要是因为穆勒（J.S.Mill）和凯恩斯（Cairnes）所指出的事实——其基本规律是通过直觉直接认识的，或者，不管怎么说，是其他思维科学或自然科学提供的成品。以下几个简单推理可使我们信心倍增地进行演绎：人人都将选择外形更大的货物；人类的缺乏或多或少很快满足；延长的劳动会越变越痛苦。只要有资料，通过这些公理就可以推演出供需规律，那些复杂的概念规律、价值规律以及所有商业成效的规律。后来式的观察的最终协定认可了我们这种方法。

尽管杰文斯的著作准确地阐述了新方法的基本原则，但他的著作却与公众追随者的著作一样，塞满了术语的混淆。正如威克斯蒂德（Wicksteed，1910，P.2）所指出的那样，"（政治经济学）对传统术语的依附掩饰了其发生的剧烈变革。"杰文斯提出"经济学"这一术语，却又将其著作命名为《政治经济学理论》，他使用"商品"而不使用"货物"这一术语，而且他把使用价值和有用性混为一谈，门格（Menger，1871，P.52）对术语的使用较为准确：

> 能偶然与人类需要的满足相联系的东西，我们称之为有用的东西。然而，如果人们不仅仅意识到这种偶然联系，而且还有能力引导这种有用的东西来满足其需要，我们就称这种东西为货物。

然而，他没能实现对术语的彻底突破，而且还保留了"商品"这一麻烦的术语来描述中间形态的"货物"（Menger，1871，P.240）。"有用性"、"使用价值"和"交换价值"等术语，给门格自己以及后来的作者都带来无穷无尽的混乱。克拉克（Clark，1886，P.74）意识到，"无论在使用上还是交换上，有用性与价值都是不等同的"。但过了一段时间，这些观点才成为常识，商品理论的术语方被废异。[①]

在从"商品"向"货物"转变，从"逻辑历史"向"预测"转变，以及

---

① 此术语革命是"概念变化是以语言变化的形式出现的"（Pearce and Maynard，1973，P.x）这一哲学命题的极好例证。

从"社会"向"个人"转变以外，还有从"再生产"到"匮乏"的转变。政治经济学中一个根本的区别就是可再生产的产品（投入更多的劳动便可使数量无限增长的产品）与稀有产品的区别。由李嘉图（1817，P.12）明确提出的这一划分遭到瓦尔拉的驳斥，他指出："不存在可以无限增长的产品。"（Walras，1874，P.339）所有构成社会财富一部分的东西，其存在数量都是有限的。该观点得到人们的普遍接受。此后，经济学的焦点便从研究社会再生产关系转向个人选择。对经济问题则进行了重新定义——理解普遍存在的经济"人"，如何在其竞争的、无限的需求中分配其稀有资源的问题。

经济学方法是在当今占统治地位的正统学说。塞缪尔森（Somuelson，1947）和德布雷（Debreu，1959）所取得的进展仅仅是对杰文斯等人所提出的概念的改进和发展，并未改变其基本的前提。正如其公理性数学理论所表现的那样，经济学方法所未能解释的资料保持着个人主观的优生性，而当经济学家们使用的所有概念——"商品"、"边际使用性"、"边际产品"等，其意义都源于这些主观资料。

二、传统货物理论

直到第二次世界大战时期，经济学理论所主要关心的仍旧是对欧洲型经济中的经济行为的分析。第二次世界大战之后，由于反殖民主义的运动风起云涌，并开始听到了"经济发展"的呼声，其注意力才开始转向非资本主义非欧洲经济。这就提出了必须区分不同类型的经济体制的理论问题，而经济学对此挑战的反应是：首先是维护其自身的普遍性，其次是创立一种"变形"理论来解释非欧洲经济。

奈特（Knight，1941）在其著名的对赫斯科维茨（Herskovits）的《经济生活与原始民族》（1940）的评论中，对经济学的普遍应用性进行了激烈的批评。他的解释只不过是对杰文斯七十年前所提出原则的重述：

> 经济原则是通过直觉认识到的，无法通过感官观察来识别行为的经济特性。而力图通过引入调查来发现并证实经济规律的人类学家，已开始了劳而无功的"大雁追逐"（Wild goose chase）。经济学原理甚至无法像数学原理那样，通过计算与量度进行大概的验证（Knight，1941，P.245）。

奈特的观点激起了一场辩论，至今仍在人类学期刊上激烈的进行着（见 Dalton，1969，Gudeman，1978）。从本质上看，这场辩论是政治经济学对经济学的。

"变曲"理论力图依据对"帕雷托最佳条例"的背离来解释非欧洲经济的特点。生活在新古典世界中的个人被认为会把有用性增加到最大限度，并受到预算的束缚，这在抽象情况下（实际上是在"现代"货物的情况下），建立起边际生产转换率与边际消费替代率之间的均等。如果存在着"经销市场缺陷"（如农村与城市组成部分的工资差别）、"贸易缺陷"（如贸易中的垄断力量）、"消费缺陷"或"生产市场"缺陷，那么，这种均等社会被打破（Bhagwati，1971）。据认为，这类缺陷存在于非欧洲的国家中。这样，"传统"货物是零边际生产或负边际生产的土地、劳动力或资本上生产出来，并由对货物的边际使用为零的个人进行消费。应当指出：这些提法仅仅在经济学方法下才有意义，从政治经济学的观点来看则根本没有意义。

刘易斯是首先提出这一方法的学者之一。他的著名文章《劳动力无限供给的经济之发展》（1954），是以劳动力供给的无限性为基础的。他提出（1954，P.141）："相对于资金和自然资源来说，人口过多的国家存在着边际劳动生产率为极小、零甚至为负值的情况。"他的理论的另一前提，是资本主义部分的工资要比生计部分的收入高出30%或30%以上。

另一篇很有发展潜力的文章是乔根森（Jorgenson）的《二元经济的发展》（1961）。他接受了刘易斯的工资变形理论，并提出："传统或农业部分的输出仅仅是土地和劳动力功能。"（P.311）这就是说，根本不存在农业资本的边际生产率。

这些理论强调的是生产方面的变形。消费方面的变形是由试图解释巴布亚新几内亚礼物经济的理论家们提出的。见艾因齐希（Einzig，1948，P.16）：

> （礼物交易者）智力水平较低，而且心理也与我们截然不同，我们可以说不在同一波长上。他们对金钱的态度在许多方面与我们根本不同。除非我们充分了解这种差异，否则就根本无法理解原始货币。

因此，根据艾因齐希的观点，礼物交易者的心理偏好是变形的。这一论点可以用斯腾特（Stent）和韦伯（Webb）的边际效益方法（1975）来加以解释。他们认为，传统的巴布亚新几内亚消费者处在其中立曲线的满足点（1975，

P.254）。他们还提出，巴布亚新几内亚的土地边际生产可能是负值。[①]

　　传统货物理论，以及作为该理论之基础的传统货物与现代货物的区别，被术语的混淆所包围着。比如说，"落后"、"农村"、"农村所有"和"农业"被用作"传统"的同义词；"先进"、"城市"、"资本主义"和"工业"被用作"现代"的同义词（Pixit，1973，P.326）。但是，这些术语描述的是完全不同的活动形式。比如说，农民与资本主义的区别并不一定和农业与工业的区别相同，因为有些农业活动是资本主义的。这种术语的混淆与经济学方法早期出现的术语混淆有所不同，它不是由基本概念的革命性发展所引起的。恰恰相反，这是由于货物理论的基本矛盾引起的：货物是普遍性的范畴，而分析的对象——实际经济系统是一个短暂的历史现象，仅仅用诸如"礼物"和"商品"等历史特殊范畴是不可能抓住其本质的。

---

① 这一理论将在第五章进一步讨论。

第二章　分析的框架

通过对有关礼物、商品与货物的形形色色理论进行的考察，我们已对政治经济学和经济学各自的概念、感性基础和方法论基础作出了鉴别，现在的任务是将礼物与商品理论作为批判货物理论的前奏加以发展。在发展礼物与商品时须区分出三个阶段：第一，澄清生产与消费、分配和交换之间的关系；第二，详细阐述在这种一般框架内定义特殊经济关系所必须的社会资料；第三，分析不同社会资料的结果，从而区分出不同的经济体系。

本章只达到上述三个阶段中的头两步。马克思对"生产性消费"和"消费性生产"的划分是分析生产与消费、分配及消费的一般关系的出发点。根据列维－斯特劳斯所使用的再生产概念对该划分进行了发展。本章第二部分的出发点是马克思的"原始积累"概念，它对定义资本主义所必不可少的社会资料进行了界定。马克思的论述包含着对阶级社会与非阶级社会的区分，其目的是用摩尔根的氏族理论来发展非阶级社会的范畴。

A. 生产与消费、分配及交换的一般关系

一、马克思与列维－斯特劳斯论再生产

这里所用的"再生产"一词指的是事物或人自我替代的必要条件。由于再生产是以生产、消费、分配和交换作为基本要素的整体论概念，它一般必须与八个要素紧密结合成结构性整体——一方面是东西的生产、消费、分配与交换；另一方面是人的生产、消费、分配与交换。马克思的再生产概念适合于对欧洲社会某些方面的分析，但若要分析像巴布亚新几内亚这样的非欧洲社会，则需进行某些修改。在非欧洲社会中，婚姻（马克思没有准确阐述过这一人类关系）具有重大的经济意义。我们很容易通过创立对马克思和列维－斯特劳斯的再生产概念加以综合的概念来解决这一疏忽。然而，这样的综合本身也许并不完备，因为似乎还存在着某些重大的概念问题。因此在准

确指出这些之后，下面就试图创立一种适合于诸如巴布亚新几内亚社会类型的经过修改的综合概念。

马克思的再生产模式在 *Grundris* 的"导言"（1857）中大体上得到了概括。[①] 马克思这篇论著的目标是物质生产的一般关系。他首先批判了"资产阶级经济学家"物质生产的概念，抨击他们把"独立的自然人"作为出发点。他认为斯密和李嘉图以之作为开端的个体，孤立的狩猎和捕鱼者，属于不可思议的 18 世纪鲁滨逊式（Robisonades）概念。马克思还抨击他们把生产、消费、分配和循环领域设想成独立自主的邻区，并用单行道来分析它们的关系，即生产是起点，消费是终点，分配和交换处在中间。马克思认为，必须把生产、消费、分配和循环当作一个整体中的诸成员，一个统一体中的不同特点，其中生产是占主导地位的要素。马克思指出，生产也是直接消费，因为它必然包含着对物质和劳动力能量的消耗。他把这一过程称为生产性消费。他认为消费也是直接生产，在摄取食物这一消费形式中，人类生产了他自身。换句话说，东西的消费是人类生产的一个必要条件。他将这一过程称为消费性生产：

> 在前者（生产性消费）中，**生产者物化了自身**，在后者（消费性生产）中，**人创造出的物体人化了自身**。因此，这种消费性生产（即便它是生产和消费的直接统一体）与生产本身之间存在着本质差别。生产与消费、消费与生产都具有一致性的直接统一体，原封不动地保存着生产与消费的二重性。（Marx，1857，P.91，加了着重号）

马克思认为，分配与循环在生产与消费之间"移动"，而且其结构完全是由生产决定的。但分配是很重要的，因为它限定了生产的特殊形式。出现这种特殊情况是由于分配具有两方面特性：第一，它是产品的分配；第二，它是生产工具的分配。马克思认为，第二点决定了生产的历史形式。

分析生产与消费的辩证法，使马克思能从三个方面抓住这些范畴的关系——本质、对立面和结合体。他那有点麻烦的术语"生产性消费"与"消费性生产"十分准确地抓住了这三重关系。然而，由于这些概念在本书中要不断提到，我们将以"生产方法"与"消费方法"作为相应的速记文字。为了

---

① 见 Carver（1957）对马克思"导言"的注。

强调马克思对生产与消费过程本质的深刻洞察力，我们有时也交替使用"物化过程"和"人化过程"这两种表达方式。通过后面几章对特殊生产和消费关系的考察，马克思这一见解的社会意义便显而易见了。

如果从普遍性高度上看，那么马克思将再生产视为一个整体进行解释，就存在着两个方面的问题。首先是其消费方法、观点的不完整性。马克思仅仅论述了人的营养需要，但却没有论述再生产的生物特点，即性关系和父母身份。这一疏忽导致他创立的是一维循环概念，只集中在事物上而不是同时引入人的循环方式的二维概念。这自然同时导致了第二个普遍性问题，物化过程在一切社会中都是占主导地位的主张，在多大程度上被当成具有普遍意义的正统观点。

然而，这两个问题实质上出于两种打算，一是创立适合于分析非资本主义经济某些类型的概念框架。另一打算与前者相关，是为了在普遍性高度上抽象出一个综合框架，使其专门用在比马克思所关心的资本主义社会更广泛的社会中。的确，在马克思所处时代的特定历史条件及其分析的社会类型所特有的历史特征中，他把生物再生产当作外因对待可能是十分恰当的。

进一步探索将消费视为人的性再生产的理论出发点自然是列维－斯特劳斯的著作。比如说他在《亲属制度的基本结构》中提到（1949，P.33）：

> 食物，不仅仅是最不可缺少的商品（它的确是这样），因为在食物和女人之间，存在着一整套真实的和象征的系统，其真正本质只是逐渐显现的，但即使是肤浅的理解，也足够建立起这种联系。

他在《野性的思维》中又回到了这一主题，特别提到（1962，P.104）：

> 婚姻规则和食物禁忌之间的一种经验性联系，在大洋洲的蒂科皮亚人（Tikopia）和非洲的努埃尔人（Nuer）中，丈夫都避免吃不许妻子吃的动植物。其理由是：摄取的食物有助于精液的形成，而他或许会在性交时把禁忌食物导入妻子体内。

他继续表明（P.105）：

> 现在，这些比较只是世界各地人们似乎在性交和饮食之间发现的被其深刻的类比的某些特例，在相当多的语态中，两者甚至用同

样的词语表示。在约鲁巴人（Yoruba）中，"吃"和"结婚"用一个动词来表示，其一般意义为"赢得"、"获得"；法文中的动词"消费"既用于婚姻又用于饮食。在约克角半岛（Cape York Peninsula）的科科亚奥人（*KoKo Yao*）的语言中，"*Kuto Kuto*"这个词既指乱伦，又指同类相食，这是性交与饮食消费的最极端形式。

列维－斯特劳斯关于进食与性再生产之间存在着经验性联系的看法，并不具有普遍性。正如李奇所描述的（1964，P.42），"人类学家一再表明，存在着将进食与性交进行礼仪性的和言语性联系的普遍倾向"。这一联系可被视为对马克思关于消费是人类的生产的概念的经验性支持。然而，这同时又是对其交换（循环）概念的经验性批评，因为他没有考虑到性再生产所必需的人的循环。正如《亲属制度的基本结构》所概述的那样，列维－斯特劳斯的交换概念可被视为克服马克思理论中这一问题的企图。列维－斯特劳斯的主要贡献是，提出了婚姻是男子之间进行的妇女交换这一概念。

尽管列维－斯特劳斯的交换概念具有无可置疑的经验性基础，但却没有对普遍交换和特殊交换进行划分。婚姻是一个历史性的特殊社会关系，所以，它不是人的再生产的必要条件，不是一种普遍关系。另一方面，性是生物再生产的必要条件，因而是一种普遍关系。列维－斯特劳斯把性与婚姻混为一谈（见 Leach，1970，P.103），因此他就混淆了普遍性与特殊性。男子占主导地位也是特殊关系而非普遍关系。因此，从普遍分析的高度看，没有一种预先式的理由说妇女不该为了再生产的目的而交换男子，很少出现这种情况，这一事实须根据特殊的历史条件进行解释。

从以上对马克思和列维－斯特劳斯的简要论述中，可以总结出以下主要结论：（1）东西和人的生产、消费、分配与交换，是一个总体的诸要素，不是自主的领域。（2）无论是东西生产的方式还是人循环的方式，都未必是"占主导地位的方面"，因为占主导地位的问题是经验性的，而不是概念性的。（3）生产是把人的劳动能量转入东西的物化过程。而消费则是保证人生存的人化过程，这首先是通过营养，其次是通过性关系实现的。（4）定义再生产的特殊历史过程，依赖的是对不同群体之间生产资料再分配的适当历史根据进行考察的。

二、一个简单例子

这里所提倡的再生产概念，可以通过一个简单例子得到最好的说明。设想一个生产只够维持自身需要的极其简单的社会，假设该社会由两户人家组成，他们生产小麦或以工具形式出现的铁。进一步假设这两户规模相等，各包括一对夫妻及其一子一女，两户生产资料的分配是平等的。这一社会将会怎样组织自己以保证其自我替换呢？

（a）物化过程。首先来考虑保证东西自我替代的必要关系。假设在给定的一年中，280 夸特① 的小麦（280W）和 12 吨铁（12t）被用于生产 600 夸特小麦；120 夸特小麦和 8 吨铁被用于生产 20 吨铁。如果在每一个生产过程中每年投入的年劳力（人）的比例相同，那么，一年工作可列表如下：

$$280W + 12t + 1/2L \rightarrow 600W$$

$$120W + 8t + 1/2L \rightarrow 20t$$

这些关系便是"生产方式"（Saraffa，1960，P.31），描绘了劳动时间转换成东西的物化过程，记录了生产 600 夸特小麦和 20 吨铁须生产性消费的小麦、铁和劳力。应当说这个生产性消费过程造成了不同过程之间的东西的再分配：在年初，东西（和劳力）是根据需要进行分配的，而到了年末，东西又集中到了其生产者的手中。需要进行一种交换以实现生产者与消费者之间的进一步再分配，这样该过程才得以重复。在这种情况下，消费者（户主）须拿出 200 夸特小麦用于非生产性消费，但是这一非生产性消费行动同时又是人的生产性消费。

（b）人化过程。像列维－斯特劳斯这样的人类学家大概会用图 2.1 形式的亲属关系图来刻画人的自我替代条件。在这里，一户中的一名男子（M_1）娶了另一户的女儿后，他们生了一子（m_1）和一女（f_1）；同时 M_1 的姐妹（F_1）嫁给另一户的男子（M_2），他们生一子（m_2）、一女（f_2）。

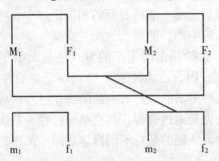

图 2.1 两户人家的社会亲属关系

---

① 谷量单位，约 2.909 公担——译者注。

此概念尽管抓住了保证自我替换所必需的再生产关系，但却没能抓住既为消费方式又是人化过程的亲属关系的实质。要克服这一问题，假设每户消费 100 夸特小麦，并将这一关系描述成如下生产关系镜像：

$$100W + M_1 + F_2 \rightarrow m_1 + f_1$$

$$100W + M_2 + F_1 \rightarrow m_2 + f_2$$

按照这一观点，消费既是食物消费，又是性关系消费，也是儿童的消费性生产活动。总体上看，这是东西转化成人的人化过程。在消费性生产阶段的末期，为了恢复人的最初分配以使此过程得以重复进行，需要进行人的交换。这种交换必须采取用兄弟换取姐妹或者用姐妹换取兄弟的形式。

这里假定乱伦禁忌是生物性关系，这是列维－斯特劳斯所赞同的方法（1949，P.24）。[①] 然而新近研究却表明，乱伦禁忌现象并不像人们认为的那样普遍（见 Hopkins，1980）。所以，乱伦禁忌是生物性关系的假设是无效的。但是为说明起见，我们在这里还是保留这一假定，它一点也不会影响将亲属关系视为消费和人化过程这一概念，也不会影响下面分析的基础。

B. 特殊经济的定义

在上述普遍性框架内定义特殊经济系统，需要考察生产资料在特定时间和地点是如何在不同群体之间分配的。然而，如果对历史和人类学记录进行考察，将会发现一大堆令人手足无措的资料。有幸的是，琼斯（Richard Jones，1837）和摩尔根（1877）已创立了一种对这些资料进行分类的简化类型学，稍加修改便可以在当今使用。琼斯关心的是对存在于欧洲不同时代不同地区之阶级社会的不同类型进行分类，而摩尔根则关心对 19 世纪非欧洲世界不同地区存在过（以及继续存在着）的氏族社会之不同形式的分类。对二者的方法加以综合，便产生了下列分类法：

Ⅰ 氏族社会
  a. 半偶族
  b. 联族
  c. 部落
  d. 国家

---

① 　与 Freud（1913）比较。

e. 联邦

Ⅱ 阶级社会

f. 奴隶

g. 农奴

h. 佃农

i. 小农

j. 无产者

假定在欧洲资本主义出现之前，土地是最重要的生产资料，那么上述条目就可以看成是这一问题的答案——"土地是如何在不同群体之间分配的？""平等"与"不平等"这两个答案为氏族与阶级的划分提供了最初基础，因为在氏族社会中不同群体之间的土地分配趋于平等，而在阶级社会中土地分配往往是不平等的。

推论氏族与阶级两极对立的另一方法是设问："生产者与生产资料的关系是什么？"该关系在氏族社会中往往是统一的，而在阶级社会中却是分离的。分离意味着被统治阶级为了生存必须用劳动力向统治阶级交换食物；另一方面，统一指的是氏族可以生产自己的食物。显然，分离暗示着土地在不同群体之间分配的不平等性，而统一则暗示着这种分配的平等性。

以上区别界定了氏族与阶级严格的两极对立。当然，经验性的现实是绝不会如此界线分明的，因而这种区分须视为一个连续体上的划分线，在该连续体的一端存在着半偶族或双氏族（dual-clan）系统机制，而在另一端则存在着无产阶级或资本主义机制。从一个极端向另一个极端移动时，平等与统一渐渐被不平等所取代。

现在我们来研究一下阶级范畴内的从属群体。对这种群体的划分可以当作对这个问题的回答——"生产力是如何交易的？"在奴隶社会，生产者的地位与牲畜相同，而且也是以与牲口相似的方式进行交易的。奴隶与牲口一样，永远是交换的对象，而绝不会是交易者。在农奴社会，剩余劳动时间（如一周三天）与很小一块土地进行交换，生产者在这小块土地上生产自己的食物。这样农奴就与奴隶不同，农奴是付出劳力租以换取其占用土地的交易者。正如琼斯（1831：Ch.Ⅱ）特别指出的那样，19 世纪早期的东欧盛行这种劳动力契约。佃农与农奴相似，区别在于佃农是用其剩余产品而不是用剩余劳动进行交换，即他要为其获取食物的土地付出产品租。地主还以种子和基本工具的形成预付给佃农少量本钱。在琼斯撰写著作的时代，这种形式的劳动力契约在西欧、意大利、法国和西班牙都很普遍。小农与佃农相似，区别在于小农以货币付租而不是以产品付租。小农与资本主义的农民的区别在于，小农不预付自己的资本。小农产生于扩展中的资本主义新开发地的外围，而琼斯（Ch.v）在建立其范畴时头脑里装的是 19 世纪意大利农耕者。无产者与农奴，佃农和小农的不同之处是，无产者是用其必要劳动时间（与剩余劳动时间相区别）交换货币工资的。无产阶级没有土地，因而为了生存就必须作为雇佣劳动者进行劳动。

这一分类法是琼斯通过收集不同时代、不同地点的历史资料，并从逻辑上讲，劳力租在产品租之先，而产品租又是在货币租之先。摩尔根将一种类似的方法运用于各种各样的人类学家所收集到的人类学资料之中，形成了氏族社会范畴内的亚群体。摩尔根特别提到（1877，PP.61～87），氏族具有很多界定性特征。其中最重要的两个特征是"外婚法则"（禁止氏族内婚）和土地共同所有。对土地的权利是等级制度排列起来的，而这种等级制度的复杂程度随着每个亚群体的变化而变化。半偶族是双氏族体系，它对一个群体的成员及其赖以为生的土地的划分很简单，那就是分为两个群体。联族是半偶族的集合体，部落是联族的集合体，国家是部落的集合体，而联邦则是国家的集合体。这个群体套群体的结构还从另一途径上运行：半偶族由亚氏族（Sub-clans）的集合构成，而亚氏族则由亚 – 亚氏族（Sub-Sub-clans）的集合构成，如此，等等。由此可见，氏族社会的结构可以极其复杂，人类学家在试图描述经验性状况时常常会把术语用光。此外，人类学家常常使用不同的分类法，这造成了无穷无尽的术语混乱（Fox，1967，P.50）。

图2.2 是三个巴布亚新几内亚山地部落的氏族结构的具体例子。[①] Kawelka 和 Tipuka 部落由十个氏族构成。其中有的存在着阶级结构，如氏族 P、Q、R 和 S，但其他氏族却不存在阶级结构。如氏族 O 正像地图中所表现的那样，在这些氏族之间土地的分配相对平等。氏族的人口规模差别很大，从 I 氏族的 61 人到 L 氏族的 741 人不等。氏族规模的差别部分是由氏族年龄所决定的：年轻的氏族就像婴儿，而年长的氏族就像有很多依附者的祖父。战争与征服也影响着氏族的生命与规模。因此，氏族的生命周期从几个月到数百年不等。从理论上讲，如果能恰当地组织自我替代的关系，氏族便可以

[①] 这里是打算用作图示的例子，而不是用作"典型"例子的。在巴布亚新几内亚发现形形色色的氏族形式。土地的丰富与匮乏是土地与人关系所呈现的外部特征的重要的决定性变量。第五章将研究一些这种错综复杂的现象。

无限期地保存下去。超布连群岛的四个氏族便是以这种方式组织的（见第五章），但山地氏族一个也不是如此。

　　氏族是生产者与其生产资料的"统一"这一观点，可以从这三个部落的语言证据中得到表现。在哈根（Hagen）部落，氏族成员称自己为"栽下的人（*mbo-wue*）（A.T.Strathern，1972，P.101）。（请注意，英语中氏族（clan）一词源于拉丁语 *Planta*, *sprout*, *scion*。）

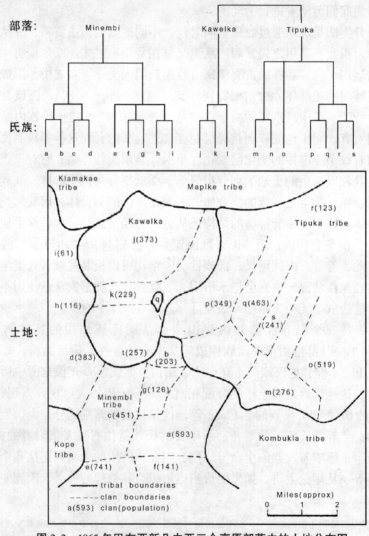

图 2.2　1965 年巴布亚新几内亚三个高原部落中的土地分布图

资料来源：A.J.Strathern，1971，PP.24，61，62；1972，P.65.

斯特拉森补充道：整个群体通常被称为一根树干（*mbo tenda*）或一条根（*wamb pual*），这是称呼共同祖先的成语，显然它源于树木和农作物生长的一般模式，它反映了为维持一个拥有他的那个群体的成员的资格，要不间断的在一个地区居住和劳动这一具有经验性的重要意义（PP.1920）。

在氏族层次上，人们使用"园地水沟"一词，这一词汇强调了将氏族定义为人与土地之间的关系，而不是人与人之间的生物关系。后者对于氏族成员的确定是重要的，但绝不是唯一的决定性因素。过去氏族成员为了保持或扩张其边界而相互厮杀，战争的失败者便沦为难民失去其土地。难民及其后代最终将被邻近族群的氏族所吸收，他们在那里将被视为"接受并重新栽下的人"（*tepa rondi wue*）（A.J.Strathern，1972，P.19）。

氏族社会与阶级社会的区别可以概括为"栽下"与"拔根"的区别，这是理解在不同社会中东西与人所呈现的不同社会形式的关键所在。接下来的几章将专门集中对比的是联族和部落类型的氏族社会（在巴布亚新几内亚发现的类型）与资本主义类型的阶级社会（由殖民者强加在巴布亚新几内亚的类型）的区别。这种区分被当作下面分析的资料。阶级和氏族结构各种类型的起源问题是截然不同的，需要对各个历史阶段进行逐一分析。正如马克思（1857，P.489）所提到的那样：

> 需要加以解释或者说是历史过程之结果的，不是有生命的能动的人类与同其进行新陈代谢交换的自然、无机条件的统一，相反，是人类存在的无机条件与这些能动的存在物之间的分离。这一分离完全只存在于雇佣劳动与资本的关系之中。在奴隶制与农奴制条件下，这种分离不会发生，相反，社会的一部分仅仅会把社会的另一部分当成其自身再生产的无机自然条件对待。

这里没有涉及欧洲的阶级和巴布亚新几内亚的氏族的起源问题，这些社会形态的历史存在是被用作资料的。我们关心的是这些社会资料对于理解巴布亚新几内亚类型经济中东西和人的再生产原则的重要意义，这是下面两章要详细探讨的问题。

第三章 礼物与商品的循环

在阶级社会中，交换的客体呈现出商品的异化形式，结果使再生产一般表现为商品再生产的特殊形式。在氏族社会中，交换物体呈现礼物的非异化形式，再生产便以礼物再生产的特殊形式出现。发生这种情况是因为，物化过程在商品经济中表现为物的社会形式，而在礼物经济中则表现为人的社会形式。此外，不同阶级（氏族）机制是与不同类型的商品（礼物）再生产类型相关联的。

本章打算把注意力集中在交换（循环）上，[①] 以对这些命题进行论证；将举例说明商品交换如何在被交换的客体之间建立客观的量的关系，而礼物交换又是如何在交换的主体之间建立起人的质的关系；还将区分出一些不同类型的商品交换和礼物交换。本章的重点是对礼物交换进行分析，因为巴布亚新几内亚的礼物交换相对来说不为人们所熟悉。

A. 东西的直接交换

交换的最简单形式可定义为包含两名交易者（A 和 B）及两个客体（x 和 y）的交易，这里的讨论所局限的情况是：A 和 B 为个人和群体，而客体是东西。

礼物与商品的区别表现为所建立的交换关系的差异：礼物交换建立起交易者之间的关系，而商品交换则建立起所交换的客体之间的关系。出现这种情况是因为交易者社会地位的差别，以及被交换的客体的社会地位的差别。

一、交易者的社会地位

正如马克思最先指出的，简单的以物易物商品交换的前提，是交易者处在相互独立状态之中，也就是说交易者是陌生人或外来人。以财产公有为基

---

① "循环在其整体上看……就是交换。"（马克思，1985，P.204）

础的氏族社会根本不存在这样的互报独立状态。在氏族社会中，人们相互之间都有亲戚关系，这便带来不同类型的权利和义务，也就是说氏族经济中的人处在互报依赖状态之中。

独立与依赖的区别应被视为一个连续统一的两个极端：从一端向另一端移动时依赖性程度发生着变化。氏族社会中依赖性是用"亲属关系距离"来衡量的（Sahlins，1972，Ch.5），它指的是"分类亲属关系距离"而不是血缘相亲相距的距离。研究单个的氏族人在理想类型的部落社会中的位置，便能最好地领会这一意义。这个人被一系列同心圆所包围，每个同心圆代表其所属的不断扩展的共同成员范围，第一圈包括其同氏族成员，下一圈则包括其同部落成员。这样，某个亲属关系距离的长度便是这些圆圈之一的半径。比如说，人们在外围几乎是陌生人，在中心则亲属关系很近。交换仅在外围才表现出纯粹的商品形式。例如，在东非的一个礼物经济中，"存在着一种交换关系的连续统一体。陌生人之间是严格的金钱关系。这种关系在邻里和 *tilia*（贸易伙伴）之间却不那么明显，而在氏族成员和好朋友之间则最少"（Schneider，1957，P.286）。萨林斯（1972，PP.231～246）对来自非洲（刚果俾格米人、昆布须曼人、努埃尔人、蒂夫人和本巴人）、美洲（瓦肖人、爱斯基摩人、肖肖尼人、丘克基人）、大洋洲（澳大利亚土著、毛利人）、亚洲（塞曼人、安达曼人、北通加人）和美拉尼西亚（布苏马人、库马人、西瓦伊人、卡保库人、马努人、马富卢人、钦布人、布卡人、多布人、超布连人、蒂科皮亚人）的材料的综合分析表明，这种现象普遍存在于所有氏族社会中。

不同交换关系的连续统一体界定了礼物交换的很多不同类型，可划分成两大类：氏族间交换和氏族内交换。支配这些交换类型的原则是完全不同的。大体上讲，氏族间礼物馈赠通常包含着贝壳之类的耐用品，且往往具有竞争性。而氏族内馈赠通常包括食物，且倾向于非竞争性。

二、交易物的社会地位

社会的物质基础不仅决定了交易者的社会地位，而且决定着被交换的物品的社会地位：商品是由陌生人交换的可异化物品，礼物是非陌生人之间交换的不可异化物品。

在商品经济中，东西与人之间存在着天壤之别。这一区别"正是我们财产、异化和交换体制部分的条件"（牟斯，1925，P.46），却不是礼物经济的基础。① 李奇（1954，PP.141~154）对缅甸掸人（商品）"交易"和克钦人（礼物）"交易"之区别的论述，便是极好的证明。掸人交易"主要以我们所理解的方式进行——为了获取利润而交换一般经济意义上的物品"（P.10）。掸人贸易中交换的物品是可以异化的，因此，受者在交换之后便成为物品的所有者。但在克钦人礼物交换之后，受者却不是物品的所有者：

> 克钦人不把动产看成是投资资本，而是将其当作人的一种装饰品……财富物品所具有的价值主要是炫耀，易腐食品则不然。要获得一件物品之所有者的名声，最好的方式就是当众将该物品的所有权赠予他人。当然，受者占有了这一物品，但施者却保留着对该物品的主权，因为他使自己成为一个债务的所有者（madu）。总之，财富物品所有者主要是通过在摆脱该物品时所进行的宣扬来赢得成就和声望的。（PP.142~143）

可异化性与不可异化性的这一区别，恰恰是讨论私有财产存在与否的另一途径，这一点可以通过对比作为礼物的土地概念和作为商品的土地概念得到阐明。参见下例中对巴布亚新几内亚人土地所有权的描述：

> ……土地所有权体制是部分社会所共有的那种类型。个人依靠其形形色色集团之成员的身份而享有不同的权利，这些集团是从规模不断增大的秩序世袭地组织起来的。这些权利的总和……被称为"交搭管理"。（Salisbury，1962，P.73）

在此，个人可能拥有一块特定的土地，但这块土地都是按上升的秩序归亚氏族、氏族、部落等集体所有的。在商品经济中，个人是其所拥有的土地的所有者，也就是说存在着土地的私有权。给出东西的概念是对土地的交搭管理观念的扩展，以西亚内人土地所有权同高原通加人（东非）牲畜所有权制度的对比为例：

> 我拥有牛，我属于一个亲属群。所以，我的亲属有权要求我帮

---

① "财产、异化和交换体系是礼物交易者所熟悉的，但它却是活动的从属和表面形式。"见马凌诺斯基（1922，PP.189~190）。

助。我对牛的权利属于我必须帮助亲属的义务。（Colson, 1951, P.12）

西亚内人也有着相似的财产观。他们把一个物体的 *meiare* 和它的 *amfonka* 区分开来：

> *merafo* 的权利是保管者，暂时支配着货物属于一个长久存在的团体的绝对权利的那些权利。祖先们在时间的开端在其从地底洞穴出现之际创造了这些货物，而他们的后代（或化身）将来必须在完好的条件下传递它们。保管者根据其源于祖先的血统来证明其地位，并通过以祖先的名义举行的仪式确认其从保管权中所获得的特权。（Salisbury, 1962, P.66）

物品靠被创造时所付出的劳动而变成 *amfonka* 财产。一件东西与其生产者的关系同一个人与其影子关系相类似（P.62），生产者将其产品当作其人生的一部分。比如说："猪不能被其 *amfonka* 所食，这种行为与同类相食一样的厌恶和可怕。"（P.65）

东西礼物与其生产者之间不可异化的关系的社会后果之一是人化现象——东西在礼物经济中被人格化了。在巴布亚新几内亚山地，主要的礼物交换手段——猪被当成人类（Modjeske, 1977, P.92）。在沿海地区，主要生计手段——薯蓣在人格化形式中被当成人类。一些传说对薯蓣如何由人变形而来进行了解释（Fortune, 1932, P.95）。加瓦岛人专门从事用于著名的库拉（Kula）礼物交换体系的航海独木舟的生产和交换，这些独木舟是以礼物而不是以商品的形式进行交易的。这样，尽管建造一只独木舟的氏族丧失了对它的占有权，但它却永远不会与该氏族异化。正像其他礼物那样，独木舟被人格化了：

> 人们把独木舟装饰得漂漂亮亮。这种被加瓦人比作人类节的装饰，主要集中在船头……人体各部位的言语称号被滑稽地转用到船头各部分。主要通过这种装饰，使独木舟获得了综合非人类和人类领域形式的实质上的财产。（Munn, 1977, P.47）

独木舟起源神话也表现出东西与人之间的这种牢固纽带。人类起源神话也是一样。例如，在乌米达人的传说中，他们的祖先在森林里捕杀了一只食火鸡，当它死于现在的蓬达村（Punda）址之时，骨头就变成了男人，血肉变成了女人。（Gell，1975，P.226）

礼物的人格化被马克思（1867，PP.76~87）称为商品的"拜物教"（即物化或具体化），为资本主义人与人的关系呈现出"物与物的关系这种古怪形式"的倾向，提供了一个鲜明对照。在商品交换中，交易者之间的相互独立性以及被交换的物体的可异化性，意味着所建立的交换关系是客体之间而非主体之间的。因此，商品交换物化了人们之间的社会关系，这些关系表现出被交换物之间的数量关系。

三、交换的空间维

交易者的社会地位以及交易者与被交换物之间的社会关系，对于理解一般交换和特殊交换形式的区别具有很多深刻的影响。第一个影响是，尽管一个交换行为仅仅代表一项商品交易，在礼物的特殊情况下则变成两项交易。这是因为礼物馈赠是单向的，下面这个简单例子可极好地说明这一点。

假设两个交易者 A 和 B 交换的两件东西 x 和 y，当 x 和 y 是商品时，该交换便呈现为下图所示的一项交易：

$$A \underset{y}{\overset{x}{\rightleftharpoons}} B$$

图 3.1　商品交换

在这里，A 给 B 商品 x 换取商品 y，有两个物体之间建立起了量的交换关系：商品 x 的一单位等于商品 y 的一单位。

然而，当 x 和 y 是礼物时，这一交换则呈现出两项交易，见下图所示：

$$A \xrightarrow{x} B \xrightarrow{y} A$$

图 3.2　礼物交换

在这里，A 送给 B 礼物 x，B 现在占有 x，但 x 的所有权却归 A，因为它是不可异化的财产。因此，A 和 B 之间便建立了债务关系，其中 A 是债权人，B 是债务人。此关系被 B 同时送给 A 礼物 y 这一事实弄复杂了。这在相反的方向建立起一个礼物债务关系，其中 B 是债权人，A 是债务人。这一交换包含了两项交易，而交易者则变得相互负债了。由此可见，这里所建立的交换关系是交易者之间的关系，而不像在商品交换情况下那样建立起物体之间的关系。

这类礼物债只能通过逆交换来抵消，也就是 B 把 x 还给 A，而 A 将 y 送给 B。因此，礼物交换是同类换同类的交换。希尔（Hill，1972，P.211）对尼日利亚北部的豪萨人（Hausa）重要的 *biki* 礼物交换制度的描述便说明了这一点：

> 赠送不一定都是现金，可能以下列形式出现：衣服、已脱粒的谷子，成捆的谷子、小家畜、食物及现金或搪瓷器皿；而同类肯定是与同类相"交换"的，比如说，一位已脱粒的谷子的赠送者肯定得到同样产品作为回报。

决定一项交换是礼物形式还是商品形式，并非所交换的东西的自然属性，对此加以强调十分重要。正如希尔氏关于豪萨人的例子所说的那样，在特定的社会环境中，纸币也可能以礼物的形式出现。

简单商品交换与此不同，因为它包含着异类换异类的交换。所以，这是异源东西而不是同源东西的交换，当 A 给 B 商品 x 时，便建立了一项商品债务；但 B 同时给 A 商品 y，那么该债务便同时抵消了，因为物体的可异化性造成了所有权的转换。

四、交换的时间维

交换的社会资料还影响到所建立起的时间关系。简单商品交换在一个特定的时间点上建立起异源东西的平等关系，而礼物交换则在不同的时间点上建立起同源东西的平等关系。

我们再以 A 和 B 交换 x 和 y 这个一般交换为例进行说明。这是个同时进行的交换，但却可以分离为两个部分，我们可以把两个部分看成是发生在时间的不同点上。如果这一对在时间上相分离的交换在将来时间的两点上以相反的方向进行再造，那么由此产生的债务的时间结果，将取决于债务是商品还是礼物，如图 3.3 所示：

		交换的特殊形式	
		商品交易	礼物交易
1. A $\xrightarrow{x}$ B		B接受了商品 x A 成为 B 的债权人	B接受了礼物 x A 成为 B 的债权人
2. B $\xrightarrow{y}$ A		A接受了商品 y B抵消了 A 的债务	A接受了礼物 y B 成为 A 的债权人
3. B $\xrightarrow{x}$ A		A接受了商品 x B 成为 A 的债权人	A接受了回礼 x B抵消了 A 的债务
4. A $\xrightarrow{y}$ B		B接受了商品 y A抵消了 B 的债务	B接受了回礼 y A抵消了 B 的债务
结果		第一次和第二次相关联 第三次和第四次相关联	第一次和第三次相关联 第二次和第四次相关联

图3.3

五、价值与等级

商品交换关系与礼物交换关系的区别可以归纳为"价值"与"等级"的区别。异类换异类的商品交换建立起被交换物之间的等级关系。当 A 和 B 作为等价商品进行交换时，便建立起了 x = y 的关系式。在商品经济中，由于价值规律的作用，两个异源的东西被当作是对等物看待，问题只是要找出共同的计量单位。

同类换同类的礼物交换建立起交易者之间不平等的支配关系。出现这种情况是因为人们常认为给予者比接受者占优势（A.J.Strathern，1971，P.10）。这一特点为全世界礼物交换制度所共有。但是斯特拉森却表明："这种优势是暗示着对接受者的政治控制，还是仅仅表示给予者方面获得威望，是取决于各个不同的礼物交换制度的问题。"

"支配"的准确含义是个经验性的问题，对于下面的说明，"支配"一词表示给予者具有某种优势就足够了。

这样，当 A 和 B 交换 x 和 y 时，A 比 B 占优势，因为他给了 B 一个 x；但 B 也比 A 占优势，因为他给了 A 一个 y。那么到底谁占谁的优势呢？这是个等级问题，其答案首先取决于物品的等级，即它们的交换次序。作为礼物的物品具有这种交换次序而没有交换价值，因为它们的关系是序数而非基数。这是理解巴布亚新几内亚的礼物交换体系（被误称为"贝币"制）的关键。其中最为著名的首先是阿姆斯特朗（Armstrong）在《经济学报》（1924）上描述的所谓罗素岛的例子。该岛到那时还存在着高度发展的贝壳礼物交换系统，有二十余种不同的贝壳等级。最高等级的贝壳礼物小巧玲珑、光亮净洁，极为罕见，而最低等级的贝壳礼物则庞大而粗糙，随处可见。最高等级贝壳与较低等级贝壳的关系首先被（错误地）用价值来进行分析，但正如后来巴里克（Baric，1964，P.47）所评述的："这种关系的写照……是等级，而不是价值。"因此，一个高等级贝壳并不等于数个低等级贝壳礼物。李奇（1954，P.154）对克钦人礼物经济所使用的交换手段也做出了类似分析，中心思想为物品是不能相互交换的。[1] 比如说，在马拉库拉人中猪是根据大小和牙齿弯曲度划分等级的。高档次的猪牙上齿弯得很美；一头这样的猪并不等于两头低档次的猪。（Deacon，1934，P.197）

因而，当 A 和 B 交换礼物 x 和 y 时，这两个礼物具有交换秩序。假设 x（A 给 B 的）之等级比 y（B 给 A 的）高，这就意味着 A 比 B 占优势，因为他给出了更高等级的礼物。

对东西礼物的等级划分，不同社会各有不同。博安南（Bohannan，1968，PP.227~233）在论述西非蒂夫人礼物经济时将东西的分类称为"交换范围"。该经济有三个交换范围：最上等范围包含简单的一项——人类的权利，这特别取决于妇女和儿童。中间"声望"（*Shagba*）范围包括牛、马、*tugudu* 布、黄铜棒，以及（从前的）奴隶。最低等范围包括鸡、山羊等生计产品、家庭用品、手工制品（臼、石磨、葫芦、篮子、床、椅子）、某些生产工具和原料。把妇女列为最上层范围是一种普遍现象，而且这是列维－斯特劳斯的妇女为"最高等级礼物"理论的经验性基础。把生计产品归入下层范围也是普遍存在的习惯。正是在这个范围内，礼物交换与商品交换的差别才变得很模糊。因为该范围的产品常常在社区外的市场上出售。

对比一下梅格基特（Meggitt，1971，P.200）描述的巴布亚新几内亚高原的马埃－恩加人（Mae-Enga）传统礼物等级制：[2]

---

[1] 通常以打牌作类比，正如一张"10"不等于两张"5"，一个高等级礼物也不等于数个低等级礼物。

[2] Meggitt（1971，P.200）错误地把这些描述成"商品"。

1. 猪、食火鸡。
2. 珍珠贝垂饰、猪排骨、石斧、食火鸡羽毛头饰、玛瑙贝束发带。
3. 玛瑙贝项链、扇斗贝垂饰、树油葫芦、盐末包、网篼和围裙、天堂鸟羽毛、弓、矛、手鼓、鸟、负鼠等。
4. conus 贝垂饰、编织臂环及编织带、骨制搔头器、水葫芦、藤条、树皮纤维、烟草等。
5. 植物食物:
   (a) 奢侈食品——露篼果、芋头、薯蓣属植物、姜、甘蔗、香蕉、sefria。
   (b) 主要食物——甘薯、大豆、作料。

最高级的礼物,是氏族和亚氏族之间在竞争性礼物交换仪式及婚丧仪式上相互交换的,较低等级的礼物是在氏族内分配的。这些贝壳取道传统贸易路线到达高原地区。

显然,每个礼物等级都包括着一些异类东西的集合。尽管不同等级的东西不能相互交换,但相同等级的东西却可以。因此,同类换同类的原则须用同级换同级来阐述。在马埃－恩加人中,一头礼物猪可以用一头猪或一只食火鸡作回礼。这又进一步增添了复杂性,因为它意味着某些礼物交换显得像商品交换了。现在仍然存在着的著名的库拉礼物交换体系便是如此。在库拉岛屿间礼物交换的大系统中,贝镯与项链相交换。项链沿群岛的顺时针方向移动,而贝镯则按逆时针方向移动。然而,这些贝壳有着自己的交换范围。奥斯汀(Austin,1945)收集了基里维纳人(Kiriwina)当时存在的十个范围。最大、最古老、色泽最艳丽、最为迷人的贝壳属于最高等级;最小、最新、色彩最单调,最没吸引力的贝壳属于最低等级。只有最高等级的贝镯才能同最高等级的项链相交换,中等贝镯只能与中等项链相交换,如此,等等。最高等级的贝壳不等于数个最低等级的贝壳之和。

把同类换同类重新定义为同级换同级也要求对不可异化性进行重新定义。尽管在纯理论上用字面意义来解释这一点很方便,但在实际中却要加以修改,要在更为隐喻的意义来加以阐述。严格说来,同类换同类的交换是不可能通的,因为,比如说一头特定的猪明天会比今天大,因而就是一头不同的猪了。所以,"相似"是一个在不同礼物经济中各不相同的社会性概念。

对以上观点可作如下概述:价值与等级的区别集中体现了商品交换关系

和礼物交换关系之间的区别，前者强调数量、客体和对等，后者强调质量、主体和优势。

六、交易者的动机

有人认为（Epstein，1968，Pospisil，1963），礼物交易者的动机就是资本家的动机，即获取最大利润。这是一个深刻的错误。礼物交易者的动机与资本家恰恰相反，后者是最大限度地增加净收入，而前者是最大限度地增加净支出。资本家的目的是积累利润，而实物交换者中"大人物"的目的却是获得大批欠其债务的追随者（礼物债务人）。

表 3.1　1955 年伊里安查亚地区埃诺纳氏族
馈赠和收到的贝壳礼物

户数	氏族内部交易			氏族间交易		
	债权	负债	净债权	债权	负债	净债权
1	0	10	− 10	60	130	− 70
2	120	186	− 66	121	1	120
3	12	2	10	11	60	− 49
4	241	191	50	60	0	60
5	9	83	− 74	76	22	54
6	204	255	− 51	1340	130	1210
7	244	123	121	120	105	15
8	2	0	2	20	0	20
9	3	167	− 164	60	61	− 1
10	62	5	57	1	64	− 63
11	64	61	3	21	60	− 39
12	265	210	55	20	0	20
13	63	0	63	133	6	127
14	120	136	− 16	365	60	305
15	82	62	20	65	0	65
16	0	0	0	165	60	105
	1491	1491	0	2638	759	1879

资料来源：Pospisil，1963，Table 31.

表 3.1 便证明了这一点，它描述的是伊里安查亚埃诺纳氏族 1955 年贝壳礼物馈赠与接受的情况。在氏族间，埃诺纳氏族馈赠了 2 638 枚特定等级的贝壳，收回了 759 枚，净债权 1 879 枚。然而，这些交易的大多数是由第 6 户进行的，其净债权为 1 210 枚贝壳。该户是一家"大人物"，他们在村里

享有最高的地位。

表 3.1 还说明了"最大限度地增加净支出"的动机必须有所限制的方式。该动机仅仅指氏族间的礼物交易。氏族内礼物馈赠所遵行的原则全然不同，馈赠者占优势的原则在这里行不通。比如说，儿子送给父亲一件氏族内礼物，这给父亲的统治关系所起的作用是加强而非削弱。因此第 6 户在氏族内账目上有净增收的事实一点也不影响其在氏族内的地位。

食物通常是氏族内礼物馈赠的最主要手段。一户人家通过生产或交换所获得的食物是根据严格界定的规则进行分配的，这些规则在不同社会有所不同。比如说，南部非洲的聪加人（Thonga）对一头公牛的分配方式如下：一条后腿分给哥哥，另一条前腿分给弟弟，另外两腿分给他们的长子，心和肾分给妻子，尾巴和臀部分给姻亲亲属，一块肉分给母亲的叔叔（Lévi-Strauss，1949，PP.35~36）。在氏族内分配食物及其共享的消费，不仅仅与生物营养相关联，更重要的是起到氏族认同与团结的作用（A.J.Strathern，1973）。又比如，巴布亚新几内亚高原的卡卢里人（Kaluli）在食物的共享与交换之间存在着严格的区分。共享食物暗示着亲密的亲属关系，赠送食物暗示着社会距离。比如说，宾主不共同进食，主人给客人摆出大量熟食，然后坐在一边看着他们吃。（Schieffelin，1977，P.51）

氏族内礼物交易者的目的，不仅仅是最大限度地增加给出的特定等级礼物的数量，而是要馈赠出最高等级的礼物。然而，由于最高等级的礼物通常是在一小群"大人物"中间循环的，雄心勃勃的年轻人必须从交换低等级礼物开始，然后沿着等级的阶梯往上爬。让我们来研究一下伯德（Berde，1973，P.193）对当代罗索岛制度的描述：

> 在社会等级阶梯的底层，是渴望借取 ndap（贝壳礼物）的年轻人和缺乏才智的长者。这些人必须表现出令人信任的品行，从而使 Lem（大人物）赠给他们一枚 ndap。能得到 Lem 和普通人信任的，是一个人在受到召唤时所表现的馈赠给其同伴货物或服务的意愿。该体系潜在的文化基础是，领悟到任何一个人（Lem 或普通人）都无法回避其同伴的合作与帮助。因此，借出和帮助是可以在将来个人需要之时收回的真正的社会投资。

所以，年轻人所面对的是个两难抉择：在他可以馈赠出高等级礼物之前必须得接受它。这样，在可以获得地位之前必定得从属。由于一个高等级礼物不等于一定数量的低等级礼物，所以最大限度地增加其低等级礼物的净支出是不够的，必须最大限度地增加其高等级礼物的净支出。

礼物交易者的动机与资本家的动机常常被混淆，其原因是增值礼物馈赠似乎等同于带利息的货币借贷与偿还。如果今天 A 送给 B100 头猪，而一年后 B 又送给 A110 头猪，那么认为增加的 10 头猪代表利息似乎是合理的。然而，这一观点忽略了礼物债务与商品债务之间的一个重要区别：商品债务随时间而增加，而礼物债务则不然。当 A 把 100 头猪当作商品以 10% 的年利借给 B 时，B 为了偿清债务必须还回 110 头猪。然而，把 100 头猪当作礼物馈赠，只须还 100 头猪便能偿清债务了。如果给的比原来的多，那便产生了新的债务。让我们来研究一下斯特拉森（1971，P.216）对莫卡 moka 礼物交换的定义：

> moka 最鲜明的特征之一是这样一个基本原则，即一个人要做 moka 必须馈赠多于接受。正是这种增值使一个人能说自己做了 moka，如果他所还回的与其最初接受的相等，那只能说偿还了债务。

moka 就是超出债务的增值，给馈赠者带来威望的正是它。给出东西的动机启动了一个从理论上讲无休无止的交换系列：A 赠给 B100 头猪，B 反过来赠给 A110 头（moka = 10 头猪），A 又用 30 头猪加以反击（moka = 20 头猪），B 则用 60 头猪还击（moka = 40 头猪），如此，等等。这便使斯特拉森（1971，P.11）所谓的"交替不平衡"抓住参与者轮流胜过对方这个事实。

在巴布亚新几内亚的某些地区，氏族结构呈现出特殊形态（领导权掌握在长者手中而不是在"大人物"的手中），与之相抵消的是这里不实行增值反馈。比如说，在塞皮克（Sepik）地区阿贝兰（Abelam）东部，"人们赠给其仪式上的交换伙伴（对等人）大量展示和装饰的薯蓣属植物，然后接受完全相同的回赠（1971，P.137）。偿清可以同时或过段时间后进行，而且总是遵循着同类换同类的原则"。例如，瓦米拉人（Wamira）从事一种母猪仔延迟交换的活动（即一定时间内的交换），如果 A 赠给了 B 一头母猪仔，那么，B 就有义务将此猪所生的小猪仔回赠给 A。这一活动用礼物债务网把一大圈人捆绑在一起。此外，由于一只母猪仔可能被交换三至四次，因而累积的债务通常大大超过了常在近亲之间交换的猪的实际头数。在关系较远的亲属之间，猪的交换方式更具有公开性和礼仪性。然而，偿清债务和同类换同类原则仍然保持。如果 A 赠给 B 一条后腿，那么 B 必须在两三年内还回一条后腿。通过在给出时喊道："债还清了"或"产生了新债"，便阐明了交易的准确地位。（见 Kahn，1980，PP.171～174）

平衡的礼物馈赠与增值的礼物馈赠的区别是形式上的而非内容上的，因为两者在获取关系这一潜在的动机上是不相同的。它们之所以出现形式上的差别，是因为增值礼物馈赠的程序包含了两年礼物：回礼的一部分抵消了原先的债务，另一部分产生了新的债务。

表 3.2　1950 年巴布亚新几内亚超布

连群岛薯蓣交易（Urigubu）[a]

	接受方	馈赠方 C	增加（+）负债（-）
酋长	76	3	+73
O 村[b]	31	32	-1
K 村	21	17	+4
T 村	31	19	+12
Y 村	32	35	-3
W 村	18	18	0

（a）Weiner（1976，P.140）怀疑描述薯蓣交易的这个术语用法的正确性。

（b）O，K，T，Y，W 分别代指 Omarakans 村，Kasanai 村，Tilakaiwa 村，Yolawotu 村和 Wakailu 村村民。

（c）数字代表参与交易的人数。参与交易的馈赠薯蓣总量即人数乘以 750 磅，详情参见 Powell。

资料来源：Powell，H.A.，1969a，P.589.

需要加以划分的第三种礼物交换形式是"纳贡"礼物馈赠，它出现在领导权掌握在世袭酋长手中的部落。见表 3.2，此表中描绘了巴布亚新几内亚超布连群岛在 1950 年薯蓣的馈赠和接受情况。可以看出，虽然普通人的支出和收入大体平衡，但首领却占用大量剩余。然而，这些剩余并不是由首领从前的投入所产生出的更多的薯蓣。相反，这是作为首领权威象征的精心建造的薯蓣屋内礼仪性展览，而最终将在一年各式各样礼仪分配中再分配给人们（Powell，1969b，P.588）。在馈赠礼物方面，首领的动机与"大人物"相同，其权力、威望和地位是通过馈赠而不通过接受获得。

李奇（1954，P.163）是这样解释克钦人的纳贡礼物馈赠的：

> 从理论上讲……上层阶级的人是从下层阶级中接受礼物的。但是，从这里面不会增殖出长久的经济利益。任何人接受了一件礼物就成了馈赠者的债务人（*hka*）。接受者能享受一下这个债务(他得到它，喝它：*lu*)，但债务的所有者却是馈赠者(控制它：*madu*)。因此便出现了这种自相矛盾的现象：尽管一名阶级地位高的个人有受礼者(如"吃大腿骨的首领")，但他却总是在社会的强制下送出超过所接受到的礼物。否则，人们就认为他吝啬，而吝啬者有丧失地位的危险。因为，尽管克钦人认为高地位与生俱来，并且觉得社会地位不可能上升，但他们却乐于承认地位"下山"（*gumyu yu*）（即丧失阶级地位）是可能的。

由此可见，交易者的动机是由交换的社会地位决定的，它的变化取决于以下条件：首先，社会是阶级社会还是氏族社会；其次，氏族结构的特定类型；第三，交换的进行是在氏族内还是氏族外。

B. 东西的循环

现在可以把前一部分的分析扩展到更为复杂的循环情况，即包含三个或四个交易者的循环之中。

一、循环的速率

如果交易者的数量超过被交换物的数量，那么，只有把某些物品交易两次或两次以上（即物品的循环速率大于1），才能够带来一系列的交易。这是个一般现象，我们必须对商品交换手段的循环速率和礼物交换手段的循环速率作出明确区分。

商品循环由计算式 $MV = PT$ 来描述，其中，M为用作循环媒介的货币时，V为单位货币时间的流动，PT为交易所包括的总价值。这个公式的前提是客体的异化以及交易者的相互独立。但是，在物品不能异化、交易者处于相互依赖状态的前提下，物品便具有交换秩序而不是交换价值。这就意味着PT这一概念毫无意义，因而没形成任何交换等式，取而代之发生的是，对于特定等级的礼物来说，礼物债是通过增加循环中的这些礼物的数量而产生的。因此，周转率是礼物—债务增殖的尺度。此关系可以写成 GV = D，D 代表某个特定等级礼物的数量，V 代表其周转率，D 代表该循环所产生的礼物总债。每个等级的礼物都有一个这类分离的等式。

表 3.3   1955 年头八个月伊里安查亚地区埃诺纳氏族
所使用的礼物交换手段周转率

礼物类型		股票 × 速率 = 债务		
		(G)	(V)	(D)
本土贝壳	(*Km*)	918 × 5.32 = 4888		
外来贝壳	(*Tm*)	1048 × 1.63 = 1709		
外来玻璃念珠	(*b*)	2577 × 1.89 = 4875		
外来小玻璃念珠	(*Pag*)	313 × 0.20 = 64		
外来项圈	(*Ded*)	137 × 0.25 = 34		
猪		14 × 1.29 = 18		

资料来源：Pospisil, 1963, Tables 31 and 46.

表 3.3 提供一个有关（伊里安查亚的 Botukeb 村）埃诺纳氏族在 1955 年头八个月中所使用的礼物交换手段的周转率的经验性例证。卡保库人（Kapawku）有一定数量的分等级的贝壳（*Km*），一定数量分等级的贝壳项链（*Ded*），还有猪，这些是传统的礼物交换手段（Pospisil, 1963, P.301 ~ 305）。就像在高原其他地方那样，殖民者传入了"白人的贝壳"（*Tm*）。然而，博土克布人（Botukebo）不情愿接受它为 *Km* 的代替品，而将其作为"赝品"传给邻部落（P.304）的。殖民者还传入了玻璃念珠串的两个级别——淡蓝色长串的 *b* 和长度短得多的 *pag*。埃诺纳氏族于 1955 年头八个月所使用的每种手段的数量如表 3.3.G 目所示。*toto*（总共）有 918 年 *Km*，该级别的每个等级的数量没有给出。有 137 串 *Ded* 和 14 头猪，这是另一种相当有价值的礼物交换工具。猪的数量下降，因为 1953 年博土克布人举行的盛大猪宴大大减少了当地猪群（P.217）。玻璃念珠无处不见。波斯皮希尔（Pospisil）记录下 2 577 串 b 和 313 串品种较单调的 *pag*。传入的玛瑙贝数量达到 1 048 枚。波斯皮希尔记录了这些手段在 179 宗交易中所起到的作用。它们是作为 *daba menii*（波氏译作"没有什么特殊意义的馈赠"）（1963, P.350）和结婚礼物而进行的交易。运用这些资料，我们便可以计算出图中所示的周转率。在所研究的期间内，*Km* 显然是最重要的循环手段，其周转

率为 5.22，产生高达 4 888 *Km* 的债务。玻璃念珠串 b 的周转率为 1.89，产生 4 875 *b* 的债务，其他手段的周转率都比较低。[①]

二、礼物债的道路

不同等级的礼物以大于 1 的周转率循环的结果是，产生把人们束缚于复杂的礼物债网中的礼物债"道路"。高等级礼物产生出连接高等级的"干道"，低等级礼物产生出连接低等级人的支道，而中等级礼物则把干道和支道连接起来，形成一个极其复杂的道路网络，该网络配齐了主要交汇点、次要交叉点、立交桥、环状交叉路，单行道和死胡同。一位打算获得成功的"大人物"必须了解这个地图，必须知道礼物在这些道路上运行的时间表，必须知道作为策略应如何建构和摧毁这些道路以胜过对手。

1964 年 7 月 15 日　1964 年 6 月 19 日　1964 年 8 月 14 日　1964 年 7 月 11 日

1964 年 9 月 11 日　1964 年 9 月 26 日　1965 年 1 月 10 日　1974 年 9 月

图 3.4　1964 年至 1974 年间主要的 *moka* 链

图 3.4 表明了 1964 年到 1971 年间巴布亚新几内亚高原一个 *moka* 礼物交换的干道。这条道路把三个部落的五个氏族联在一起：A Kengeke 氏族，B kendike 氏族，C kitepi/klembo 氏族，D Mandembo 氏族和 E Kmonkae/Ruprupkae 氏族。猪是主要交换项目，且交易数量相当大。比如说，D 在 1964 年 8 月的礼物中就给出了大约 130 头猪，在 1974 年 9 月的交换中，给出了 100 多头猪以及数千澳元。此例表明了礼物馈赠的两条原则：任何两个交易者之间延迟性交换的原则和沿路馈赠的时间顺序原则。1964 年 8 月从 D 到 C 的礼物并没形成真正顺序，这一明显不规则现象的原因是，D 在 8 月以前早就私自传送了一些猪。

---

① 同 Dubbeldam（1964）试图根据 MV = PT 来对这些资料进行解释作一对照。

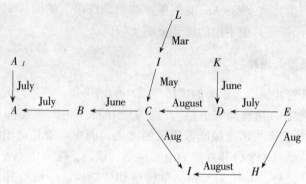

图 3.5　1964 年—1974 年间次要的 *moka* 链：最初的顺序

图 3.5 表明了汇入干道发端顺序的支道，图 3.6 表明了汇入（和离开）干道返回顺序的支道。这些图所说明的是定时的重要性。比如说，C 在发端礼物取决于对 L 的猪的接受。与此相似，C 在 1965 年 1 月对 D 的回礼取决于 F、M、G 和 J 所赠的礼物。由此可见，成功的礼物馈赠包括众多交易者的大量交涉和娴熟合作。它还包含着很多焦虑，因为处在干道上的那些较为重要的交易者们（如 F、I 和 G），发现自己卷入了具有相互矛盾的权利和义务的很多不同道路之中。一位"大人物"的事业主要取决于对须接受和可不履行的那些义务的了解。

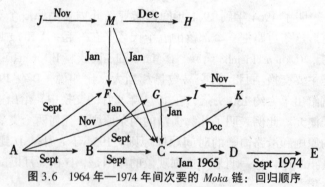

图 3.6　1964 年—1974 年间次要的 *Moka* 链：回归顺序

三、生产与破坏

前面的论述表明了"大人物"是如何通过在交换关系网络中占据优势地位而获取高位的。这个策略 A.J. 斯特拉森（1969）称为"金融"策略，包括增加给定数量的礼物交换手段的交换周转率。但还有其他集中在礼物本钱而不是礼物周转率上的策略可以采纳，这些策略称为"生产"策略和"破坏"策略。[①]

在今天的巴布亚新几内亚，贝壳、猪和货币是主要的礼物交换手段，但它们很难生产——挣钱必须靠雇佣劳动或经济作物，贝壳礼物由一种特殊类型的贝壳制成，需要数百个工时的辛勤劳动才能造成可为人们所接受的形状。只有存在着剩余土地和剩余劳动力才能生产猪，而且猪的主食甘薯同样是人类的主食，就连消费数量也和人一样（A.J.Strathern，1969，P.43）。在巴布亚新几内亚山地，妇女往往是生产者，男子往往是交易者（A.M.Strathern，1972）。所以，生产策略的依赖加强了男子与其母亲或其妻子之间的联系。尽管高原妇女的地位并不高，但她们绝对不是男子的奴隶，她们的确行使着相当大的权力，而且通常影响着重大事件的进程。（以 Feil，1978 为例）

因此，关于生产策略所说明的要点是，"在特定的新几内亚高原生计方式和社会结构特点下，个人和群体无法在某个特定的点之后扩大生产"（A.J.Strathern，1969，P.43）。生产策略的这一局限，必须从它比金融策略大得多的优越性上来领会。金融策略涉及到数百人活动的协调，而生产策略却只从属于少数几个人的决策。户主简单地指挥着手下人在某一天之内生产出更多的猪来。

毁坏策略也许是最简单的策略，一个人作出决定便能起到减少循环礼物数量的作用。夸扣特尔人的"夸富宴"也许是最著名的实例。见鲍厄斯（Boas，1987，P.353）的论述：

> 首领和氏族之间的竞争在毁坏财产方面得到最强烈的表现。一位首领会烧掉篮子、独木舟或砸碎铜器，这样就表明了他对所毁坏的财产数量的敬意，并显示出比竞争对手更强的意志和更大的权力。如果他的竞争对手无法很快毁坏等量的财产，那么他的名声便被"摧毁"。被对手击败的首领对其氏族的影响便减小，而另一首领则获得了相应的名声。

尽管这种毁坏表现出不同的仪式形式，但这种制度在巴布亚新几内亚是

---

① 这部分力图发展 A.J.Strathern（1969）在《金融与生产：新几内亚高原交换制度的两个策略》中的论述。

相当普遍的。猪是巴布亚新几内亚高原恩加人的主要交换手段。交换圈时常（理想情况下大约每四年）发展到顶点而成为大屠宰，其作用和夸富礼物毁坏一模一样——减少循环礼物的数量。

毁坏策略的合理性使很多观察者感到困惑，结果出现了错误的分析。例如：科德尔（Codere, 1950, P.75）在对"夸富宴"的分析中提出，篮子的毁坏破坏了礼物债权。梅基特（Meggitt, 1974）在分析恩加人杀猪时也提出了类似论点。然而，对礼物的毁坏并不影响真正的礼物债权，仅仅减少了礼物的流通量，从而限制了可能产生的潜在礼物信用。比如说，假设共有 400 头猪在循环，如果大人物 A 为了让其竞争对手上当而消灭了其中的 250 头，那么，B 显然无法再通过杀死更多的猪来哄过其对手，因为循环中只剩 150 头了。

毁坏策略交易者在"礼物交换平等"逻辑下的两个观点增加了第三个观念。从 $D = GV$ 这一等式可以看出，周转率（V）不变时，礼物债（D）可以通过增加礼物（G）的数量（生产策略），或者在 G 不变时，礼物债靠增加 V 而得到增加（金融策略）。毁坏策略意味着 $D = GV$ 不能再描述史料，该策略减少 G 从而使对方更难于增加 D。比如说，假设在一个特定的历史时期，4000（D）= 400（G）× 100（V）。如果在此期间结束时毁坏了 250（G），那么此等式就不像科德尔和梅格基特所认为的那样变成 15 000（D）= 150（G）× 100（V）了。这是因为 25 000（D）的礼物债在毁坏 250（G）时并没有被毁掉。相反，出现了 4 000（D）≠ 150（G）× 100（V）的不等式，即礼物交易者的行动没有受到一个简单逻辑等式的制约。毁坏策略造成了"不可异化东西的异化"。换句话说，在毁坏礼物时不产生债务。这种毁坏可能具有象征性，正像礼物是神制造的，但被中介为自己的利益而挪用了。尽管礼物具有一定的使用价值（如猪和钱），但这样的安排对中间人来说可能相当有利。由于这类礼物交换包含着异化，所以是唯一可以产生资本积累（即不积累债务却积累了财产）的礼物交换类型。（见第五章第 12 例）

C. 人的循环

一、劳动商品

以上论述的东西交换的一般原则也适用于人的交换。然而，因为要引入许多新问题，把讨论向人扩展并非一件直接的事。

首先，必须把劳动时间的交换同劳动量的交换以及包括奴隶的交易区分开来。雇佣劳动力买卖的前提具备以下各种条件。第一个条件是在特定的时期内，交易者能够根据买方的需要随时异化自己的劳动时间，如果买卖双方不存在依赖关系，他才能做到这一点，双方必须在法律面前平等地进行交易。第二个基本条件，是劳动者不能不出卖自己的劳动，也就是说必须有无产者存在。奴隶社会不具备这些条件。在主人和奴隶之间存在着这种依附关系，因而这些人绝不会作为平等的人在市场上相遇。奴隶劳动的买方在面对另一主人时又是卖方，仅仅作为交换对象的奴隶是从来不会面对买方的。因此，奴隶被作为商品进行交换的方式和公牛一样，"大腿肉和树桩，一劳永逸"。(Marx, 1967, P.165)

二、劳动礼物

劳动量交换和劳动时间交换之间的差别也适用于礼物经济。劳动时间通常被当作礼物给出，它产生了在将来某一时间还回劳动礼物的义务。比如说，在礼物经济中，劳动合作伙伴十分普遍。一个要建房或开垦土地的人谋得一些朋友的帮助，这样各项工作便可以同时有效地开展起来。一天劳动结束后招待劳动者吃喝，这并不被当作是劳动报酬。正如魏特森（Watson, 1958, P.107）在他对东非曼布韦人（Mambwe）的论著中所说明的那样：

> 曼布韦人合作劳动的基础是互报。参加了别人的劳动集会的人，使那个人有义务为他进行田间劳动作为回报，不付给麦酒——这是互报的工作。

因此，同类换同类的原则对于劳动礼物也适用。

三、妇女礼物

在礼物经济中，劳动个体为资本进行交换提出了极端重要的婚姻问题。氏族外婚（禁止在氏族内通婚）原则意味着结婚时新家的建立包含着男子或妇女空间的变换。历史上一直都是男子在交换妇女而不是妇女交换男子。尽管这种习俗的起因尚不清楚，但显然是男子统治的结果。此外，妇女的空间交换通过把妇女与她们的土地分开，使她们更难行使对土地的权利而再生产出男子的统治。然而，妇女在婚姻中的空间交换并没有使妇女从土地上异化出来。她们保持着与自己氏族的联系，这就意味着在进行交易的氏族之间建

立起了礼物债,把该氏族束缚在债务网之中。见威廉斯(Williams, 1936, P.168)的描述:

> 我认为婚姻中姑娘的交换与其他交换步调一致。未婚女子可谓最高等级的礼物。同样要求互报,而且交易目的也是一样,即把婚约群体用相互限制和协力共处的纽带结合在一起。我们已经看到,不同群体通过婚姻认可这一纽带而联合在一起,通过互报服务来保持这种纽带,群体之间的行为规范受到尊重,而且是亲善友好的。

妇女是最高等级的礼物的观点尚处在萌芽状态,它得到了列维-斯特劳斯(1949, P.65)的接受和发展。如果把婚姻中的妇女—礼物交换看成是所有其他实物交换产生的基础,那么,东西的礼物交换所引出的困惑便迎刃而解了。为了抓住这一点,有必要对三种类型的妇女—礼物交换加以区分:普遍性妇女—礼物交换、限制性妇女—礼物交换和延迟性妇女—礼物交换。

(a)普遍性妇女—礼物交换。普遍性妇女—礼物交换涉及到妇女有三个或三个以上的交易者之间的循环。比如说,A 给 B,B 给 C,那么 C 必须给 A。这便产生了三个交易者之间特殊的统治/从属关系类型:由于从 A 到 B 的礼物使 A 直接比 B 占优势,由于从 B 到 C 的礼物使 A 间接比 C 占优势。然而,由于 C 给了 A,C 直接占 A 的优势。这样,总体上看来盛行的是平等形式。

让我们来研究一下缅甸克钦人的礼物交换(见 Leach, 1954)。这个社会有 A、B、C、D、E 这五个氏族,理想状态下的交换是以图 3.7 所示的方式循环的:

$$A \longleftarrow B \longleftarrow C \longleftarrow D \longleftarrow E \longleftarrow A$$

图 3.7 普遍性交换

所建立起的统治和从属关系是这样命名的:*mayu*(统治)、*dama*(从属)、*ji*(间接优势)和 *shu*(间接劣势)。[①] 这些关系可以描写成如图 3.8 所示的基本形式:

---

① 参见 Leach(1954, App.Ⅳ)。为了说明起见,个案以及接下来的两个个案都被简化了。下章中将较详细地分析各术语。

		接 受 方				
		A	B	C	D	E
给出方	A	0	1	4	3	2
	B	2	0	1	4	3
	C	3	2	0	1	4
	D	4	3	2	0	1
	E	1	4	3	2	0

注：1 *dama*（从属者），2 *mayu*（支配者），3 *ji*（间接支配者），4 *shu*（间接从属者）.

图 3.8　普遍性交换之关系

　　这个矩阵抓住了五个氏族之间妇女—礼物概化交换所建立起来的二十个关系。看第一列记录便得出下列事实：A 直接比 B 占优势（A 给了 E 一个妇女—礼物），间接比 D 占优势，间接比 C 处劣势，直接比 B 处劣势（A 从 B 那里接受了妇女—礼物）。这个矩阵从总体上给出了 all—to - all 的关系，并且描绘了概化性交换所建立起来的社会平等的特殊类型。

　　（b）限制性妇女—礼物交换。婚姻中妇女—礼物的限制性交换建立起另一类平等。限制性交换涉及同时交换氏族姐妹的两个交易者 A 和 B。这样，A 比 B 占优势的同时 B 也比 A 占了优势。因此，相互优势在交易者之间产生了一个平等关系。让我们来研究一下澳大利亚西部卡拉拉人（Kariara）的妇女—礼物交换制度（参见 Brown，1913）。在这里，变换群体 A 和 B 内部划分出长（1A 和 1B）幼（2A 和 2B），这样便形成四个群体。这些群体之间的交换表现出图 3.9 所示的形式：

1A ——————1B

2A ——————2B

图 3.9　限制性交换

　　这种交换产生了交易者之间的 12 个关系。每个关系都有名称，可用图 3.10 所示的矩阵术语加以描述。

		接 受 方			
		1A	1B	2A	2B
给出方	1A	0	3	1	2
	1B	3	0	2	1
	2A	4	5	0	3
	2B	5	4	3	0

注：1 *mama*（支配者），2 *kaga*（间接支配者），3 *kumbali*（平等），4 *mainga*（从属者），5 *kuling*（间接从属者）.

图 3.10　限制性交换之关系

交换伙伴之间的交换关系叫做 *Kumbali* 。如果把该矩阵与上面的矩阵作一对比便可看出，这个关系显然使统治与从属关系合二为一，而统治的直接关系却变成群体内部的了。这样，1A 便直接比 2A 占优势，而 1B 则直接比 2B 占优势。

（c）延迟性妇女—礼物交换。限制性交换是限制性交换和普遍性交换的中间状态。图 3.11 用巴布亚新几内亚超布连群岛四个部落之间的交换情况说明了这一点。（见 Malinowski，1929，PP.433～451）

```
1A ←——— 1B ←——— 1C ←——— 1D ←——— 1A
2A ———→ 2B ———→ 2C ———→ 2D ———→ 2A
```

图 3.11　延迟性交换

从四个年长组（1A、1B、1C 和 1D）或四个年幼组（2A、2B、2C 和 2D）来看，这是普遍性交换，因为妇女的移动呈环状。在任何两个外婚制群体（如 A 和 B）交换氏族姐妹的意义上，这是限制性交换。从 1B 在这一代给了 1A 一个妇女—礼物，而在 2A 的下一代给 2B 还礼的意义上，这是个延迟性交换。用另一种方法来描述延迟性婚姻，可以这么说，如果母亲被给出，那么她的女儿必须还回来。

延迟性交换还建立起图 3.12 的矩阵所示的另一种类型的平等。

<table>
<tr><td rowspan="2"></td><td colspan="8" align="center">接　受　方</td></tr>
</table>

		1A	1B	1C	1D	2A	2B	2C	2D
给出方	1A	0	3	.	1	1	.	.	2
	1B	1	0	3	.	2	1	.	.
	1C	.	1	0	3	.	2	1	.
	1D	3	.	1	0	.	.	2	1
	2A	3	2	.	.	0	1	.	3
	2B	.	3	2	.	3	0	1	.
	2C	.	.	3	2	.	3	0	1
	2D	2	.	.	3	1	.	3	0

注：1 *tama*（支配者），2 *kada*（间接支配者／从属者），3 *latu*（从属者）．

图 3.12　延迟性交换之关系

在这种情况下，支配与从属关系随时间变化，这一代 1B 给了 1A 之后，B 比 A 占优势，但到了下一代 2A 给了 2B 时，B 便处于劣势。

在某些情况下（并不总是如此）延迟性再生产涉及到婚姻中"聘礼"的赠送。聘礼是东西—礼物同妇女—礼物的直接交换，由于它呈现出商品交易的形态，所以有时被称为聘金。分析这类交换必须使用与不同等级礼物直接交换相类比的方法。作为礼物的妇女同作为礼物的东西一样，永远不会与其氏族异化，她们被用来与东西—礼物相交换的结果，是相互的负债而不是价值。要抵消所产生的债务需要相反的交易。因此，"聘礼"仅仅是两个延迟性交换的第一阶段。见 A.M. 斯特拉森（1972，P.73）的论述：

> 在 *moka* 中，猪和贝壳是用来互相交换的，但理想上这种最初交易的反向应该达成猪换猪、贝壳换贝壳的最终交易。同样，在每一桩婚姻中倒是用聘礼来交换一个女人的，最终却应给出第二个女人以偿还第一个，这样聘礼也与聘礼相交换了。[①]

四、分类式亲属称谓和价格

由最高等级的礼物的交换所产生的交换关系，被人类学家称为"分类式亲属称谓"。然而，从这里所给出的分析来看，它们可以同商品交换所建立

---

① 斯特拉森补充说，在哈根个案中，婚姻不给任何个人或群体加上还回一个女人的特殊义务。特殊交换与婚姻安排倒没有什么直接关系，但在已经存在着的联系内部有着婚姻的优先权。（见个案 7，第七章）

的交换关系相类比。其差别是价格描述的是交易物品之间的价值关系，而分类式亲属称谓描述的则是交易者之间的等级关系。价格可以用矩阵的术语加以描述。比如《金融时代》列举了图3.13所示的不同通货的价格：

	英　磅	美　元	德国马克
英　磅	1.000	2.282	4.675
美　元	0.438	1.000	2.049
德国马克	0.214	0.488	1.000

资料来源：*Financial Times*，20th March 1981.

图3.13　1981年3月19日外币价格

这里涉及到一个观点完全不同的该矩阵的一个要素同其例数的等式，可写成：

$$\frac{X\text{ 的价格}}{Y\text{ 的价格}} = \frac{Y\text{ 的数量}}{X\text{ 的数量}}$$

土地分配	交换形式	例子
Ⅰ.氏族社会	Ⅰ.礼物交换	人际关系
a.半偶族	1.限制性妇女—礼物交换	$A \longrightarrow B \longrightarrow A$
b.联族	2.平衡性东西—礼物交换	$A \xrightarrow{10x} B \xrightarrow{10x} A$
c.部落	3.延迟性妇女—礼物交换	$1A \longrightarrow 1B \longrightarrow 1C,$ $2A \longrightarrow 2B \longrightarrow 2C$
d.民族	4.增值东西—礼物交换	$A \xrightarrow{20x} B \xrightarrow{10x} A$
e.联邦	5.普遍性妇女—礼物交换	$A \longrightarrow B \longrightarrow C \longrightarrow A$
	6.纳贡式东西—礼物交换	$A \longrightarrow B \longrightarrow C$
Ⅱ.阶级社会	Ⅱ：商品交换	客观关系
f.奴隶	7.以物易物式商品交换	C　C
g.农奴	8.买卖式商品交换	C　M　C

h. 佃农	9. 买卖式商品交换	M M M′
i. 小农	10. 货币借贷	M M′
j. 无产者	11 雇佣劳动的买卖	M C M′

图 3.14 土地分配与交换形式之间的关系

因此，如果一英磅的美元价格为 2.282，那么用来换 1 美元的英磅数量便为 0.438，即 2.282 的倒数。这一关系对所有商品都适用，不管这商品是奴隶、雇佣劳动者还是猪，在交换的物品之间是一个基数关系。礼物交换则不同，这是交易者之间的序数关系。

D.　循环和分配

图 3.14 对前面所提出的论点进行了归纳。在最抽象的层次上存在着一个关系，它的一面是氏族社会与礼物交换，另一面是阶级社会与商品交换。但更有意义的是在这两个范畴之内的划分。交换形式是以逻辑—历史顺序排列的，与不同土地分配类型相关（交换形式主要与此相关），如无产者（即没有土地的工人）雇佣劳动力的买卖。商品交换分类的逻辑显而易见，而且无可非议：商品交换的最初形式是以物易物用商品〔（C）换商品（C），C……C〕；接下来随着货币（M）的产生出现了卖（C……M）和买（M……C）；然后是为了利润而交易（M……C……M′，这里 M′ > M），如此，等等。礼物交换分类的逻辑没有这么明显而且争议更多，需要进行一些解释。

妇女—礼物的交换形式的顺序可排列如下：限制性→延迟性→普遍性。这背后的逻辑很容易被抓住，而且已形成了列维—斯特劳斯亲属关系理论的基础。该排列只涉及用从"简单"到"复杂"的顺序来对交换形式进行分类。用同样的逻辑可得到平衡→增值→纳贡的顺序。然而，把这两种类型组合起来并与不同氏族结构的类型联系在一起，却是一项需要理论上推敲和经验上证实的工作。从这一分类中可归纳出如下命题：

命题 1：半偶族和联族与妇女—礼物的限制性交换，东西—礼物的平衡性交换与长者领导相关联。

命题 2：东西—礼物的增值交换的前提是部落和国家类型的氏族组织，它与妇女–礼物的延迟交换以及大人物制相关联。

命题 3：妇女——礼物的普遍性交换，东西——礼物的纳贡交换同
国家和联邦类型的氏族组织以及族长制相关联。

应当注意的是，礼物交换类型的等级序列包含着一个不可逆转的前提等级序列。比如说，妇女——礼物增值交换的前提是妇女礼物的延迟交换，但妇女——礼物的延迟交换却未必暗示着增值交换，而可能是与东西－礼物的延迟交换联系在一起的。

这些命题是以一些辅助前提为基础的，如东西——礼物是妇女——礼物的象征性替代物，妇女——礼物则不是东西——礼物的象征性替代物。为了理解这些命题，必须把交换范围当作更大整体的一部分来加以把握，也就是说，当成生产消费和分配整个过程的一部分来把握。

第四章 礼物与商品的再生产

　　商品交换关系是通过相互独立的交易者之间交换可异化的商品所建立起来的平等的客体关系。礼物交换关系是通过相互有亲属关系的交易者之间交换不可异化的物品所建立起来的分层的人际关系。出现这种差别的原因是在以阶级为基础的商品经济中，生产方式占主导地位，而在以氏族为基础的礼物经济中，消费方式占主导地位。换句话说，商品交换的解释涉及生产方式，而礼物交换的解释则涉及消费方式。从生产和消费分别为物化过程和人化过程这种一般定义（第二章）中，便可逻辑地推出这个结论。然而，对此命题需要进行一番慎密的推敲，因为它存在着一些问题，比如说为什么氏族社会中消费占主导地位？在礼物再生产过程中，人化所表现的特殊形态是什么？为什么阶级社会中生产占主导地位？在商品再生产过程中人化呈现出什么特殊形态？交换和再生产关系之间的关系是什么？

　　本章力图解决这些问题，并在这一过程中把有关政治经济学方法的论点的各类线索加以综合。需要再一次强调的是，我们所关心的是阐明"纯"范畴之间的关系。比如说礼物经济中消费方式占主导地位的观点，是从资本主义生产关系在世界范围内占主导地位这一历史事实中概括出来的。诸如此类的错综复杂的问题，将在下面两章考察巴布亚新几内亚特殊个案时加以分析。

A. 通过商品手段的商品再生产

一、生产的方式

　　本节的目的在于描述一个简单的商品再生产模式，以便使礼物再生产的简单模式可以与之相比较。这只不过是简单归纳了斯拉法（1960）关于生产方式一定比例的量化是商品经济中自我替代的一个必要条件这一观点。其中涉及到对古典经济学家关于商品经济关系源于生产方式和消费方式的主张的阐述。

产 业	投 入			产 出
	小麦	铁	猪	
小麦	240	12	18	450
铁	90	6	12	21
猪	120	3	30	60

图 4.1　异类物质单位的商品再生产

　　假设在一个经济中生产小麦（W）、铁（I）和猪（P），在这一年中，生产 450 份小麦要投入 240 份小麦，12 份铁和 18 头猪。生产 21 份铁要投入 90 份小麦、6 份铁和 12 头猪。生产 60 头猪要投入 120 份小麦、3 份铁和 30 头猪。这一年的经济运行可列成表 4.1。

　　这个计算表对资本家毫无用处，因为它没有提供出衡量利润的手段——异类物质单位必须转化为单一的价值单位。价格构造（形态）产生这种手段。经济学范例认为，供应和需求决定着价格（Harrod，1961）。这是个错误的主张，因为这种价格将无法保证自我替换（斯拉法，1962）。上例所示的供需平衡便能说明这一点：450 份的小麦供给被本身需求的 240 份、铁需求的 90 份和猪需求的 120 份所抵消；21 份的铁供给被 12 份的小麦需求、6 份的本身需求和 3 份的猪需求所抵消；60 份的猪供给被 18 份的小麦需求、12 份的铁需求和 30 份的本身需求所抵消。这些供需清单见图 4.2 所示矩阵术语。

		需　求		
		小麦生产	铁生产	猪生产
	小麦生产	240W	90W	120W
供应	铁生产	12I	6I	
	猪生产	18P	12P	30P

图 4.2　供需矩阵

		价　格　比		
		小麦	铁	猪
数量比	小麦	1	0.133	0.533
	铁	7.5	1	4
	猪	1.875	0.25	1

4.3　供需价格

以图 4.2 可导出供需价格矩阵。比如说，小麦产业给铁产业提供 90 份小麦以换取 12 份铁，交换率则为 7.5 份小麦:1 份铁。其他比率是 6.66 份小麦:1 头猪[①]:1 份铁。见图 4.3 所示矩阵。其中，横向表示给出交换数量的正比关系，纵向表示相关价格的反比关系，如：

$$\frac{小麦的数量}{铁的数量} = \frac{1}{0.133} = \frac{铁的价格}{小麦的价格} = \frac{7.5}{1}$$

这些价格不是"正确的"，因为它们无法保证自我替代。以小麦产业为例，该产业给铁产业 90 份小麦，接受到所需要的 12 份铁（ = 90 × 0.1333）。但对于给猪产业的 120 份小麦，却收到 64 头猪（ = 120 × 0.533），这远远超过了其所需要的 18 头猪，而且还超过了猪的生产总量。

在这种类型的简单经济中，再生产价格由生产该商品的劳动时间所决定。为了看清这一点，应使劳动力投入清晰明确——假设小麦对每个产业的投入代表着付给同类劳动（L）的真正工资。假如一单位的小麦交换一单位的劳动，那么，商品的劳动价值便由下列方程组的解所决定：

$$240 + 12P_i + 18P_p = 450P_w$$

$$90 + 6P_i + 12P_p = 21P_i$$

$$120 + 3P_i + 30P_p = 60P_p$$

P_w、P_i 和 P_p 分别是小麦、铁和猪的劳动价值。这组方程式的解为 $P_w = 10P_i = 5P_p$。见图 4.4 所示矩阵。

---

① 但要注意，如果另外两个比率有效，那么这个比率必须是 1.875 份小麦:1 头猪。

	价 格 比		
	小麦	铁	猪
数量比 小麦	1	0.1	0.2
铁	10	1	2
猪	5	0.5	1

图 4.4　劳动价值

这些价格保证了自我替代，因而是"正确"的。然而为了自我替代，现在需要三边贸易（不是双边贸易）以实现商品的再分配。这一贸易由图 4.5所示：

		接 受 方		
		小麦产业	铁产业	猪产业
给出方	小麦产业	240 份小麦	120 份小麦	90 份小麦
	铁产业	12 份铁	6 份铁	30 份小麦 + 3 份铁
	猪产业	18 头猪	12 头猪	30 头猪

图 4.5　交易矩阵

这样，比如说猪产业直接以小麦产业获得 90 份小麦，取道铁产业间接获得 30 份小麦。这个由生产条件所决定的交易矩阵可使初始生产条件复位，从而使过程得以重复进行。

原材料费				
产业	铁	猪	工资与利息	总费用
小麦	120	90	240	450
铁	60	60	90	210
猪	30	150	120	300

图 4.6　价值关系中的商品再生产

这些劳动价格的形态使我们能用图 4.6 所示的价值关系来描述生产体系。此例表明，工人拥有其生产方式，因而剩余额形式与工资一致。假设工人和资本家是对立阶级，而资本家依靠其资本所赚取的利润率不变，就可以把这个例子轻而易举地扩展到更为复杂的情况中。在这类情况中，劳动力价值决定价格的观点须用斯拉法（1960）所分析的方法加以修改。这里对这类错综复杂的问题并不感兴趣，因为它们丝毫不影响已得出的简单观点——商品经济中的自我替代需要从异类物质形式（见图4.1）的生产条件向同种社会形式（即价值形式）的生产条件转换（见图4.6）。

二、消费的方式

消费范畴在资本主义制度中是个极其次要的范畴（Marx and Engels，1846，P.28），其本身并不属于古典经济学家的任何系统分析。[①] 资本家只关心付给工人的雇佣以保证工资劳动力再生产出雇佣劳动力，他不会关心工人阶级家庭如何缔结婚姻或如何安排家务劳动。资本主义的消费方式相对生产方式来说，是名副其实的杂乱无章。这种杂乱无章与礼物经济消费方式的井然有序形成鲜明对照。图4.7中澳大利亚工人阶级家庭结构与巴布亚新几内亚家庭结构的对比，便具体说明了这种差别。当代资本主义制度下的工人阶级家庭倾向于原子化和空间分散，这一差别能很好地说明这一点。

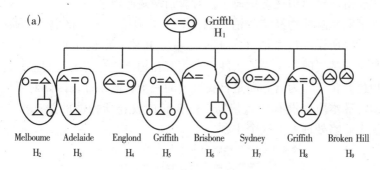

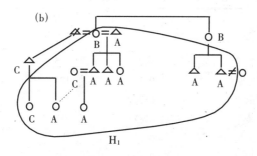

图4.7　家庭结构对比

（a）一户澳洲工人阶级家庭的结构。（b）一户巴布亚新几内亚家庭的结构。注：△死亡，╌收养，≠离婚，Griffith H_1 为一户人家的位置，A为氏族成员关系。

① 但这一主题在近几年得到了很大重视。见 Himmelweit 和 Mohun（1977）对此论点的回顾。

一个澳大利亚家庭，父母有七个孩子，除了两个留在其出生的城市外，其余的都另立了门户。作为比较，在巴布亚新几内亚家庭中，父母的孩子，这些孩子的孩子，以及父母的一些亲戚的孩子都生活在一个屋檐下。但最鲜明的对照是，巴布亚新几内亚家庭成员是通过氏族分类的。人的分类是礼物经济自我替代的一个必要条件，礼物经济没有商品经济[①] 中那样的东西的量化。

B. 通过礼物手段的礼物消费

一、消费的方式

你们的风气是仅仅把食物吃掉。我们的食物既是为了展览又是为了食用。对你们这是一回事，对我们却是两回事。

当你试图理解礼物经济的消费意义时，必须把一名沃格奥（Wogeo）岛民对人类学家所说的这番话（Hogbin, 1967, P.89）牢记在心。尽管食物消费显然是自我替代的一个必要条件，但理解礼物再生产的关键却正是食物所扮演的角色。食物作为营养品是自我替代的一个普遍条件，因而对于理解礼物经济的特殊本质并没有什么帮助。但在转向食物所扮演的第二个角色之前，必须先简略处理一下这个主题。

表 4.1　1959 年巴布亚新几内亚高原地区
西亚内成人日食物消费测算

项　目	重　量		卡路里数
甘蔗	4.20	1890	65
甘蔗	2.20	305	10
薯蓣或芋头	0.33	135	5
玉米	0.25	105	3
蔬菜	0.87	90	3
黄瓜	0.66	31	1
猪肉与坚果	0.17	371	13
总计	—	2927	100

资料：Salisbury, 1962, P.80.

---

① 并不总是如此。见 Humphries（1977）和 Stone（1977）。

西亚内成年人每日食物消费估量如表 4.1 所示。食谱中主食甘薯占主导地位，每天要消费 4 磅。将其与实施初级农业的巴布亚新几内亚其他社会作一对比。一些地区的主食是薯蓣属植物，另外一些地区的主食是芋头。生态因素通常是决定一个地区以什么为主食的决定性量。比如说，芋头生长要求雨量充沛。有些社会更类似于狩猎采集社会，西米椰子是常见食物。然而，"狩猎采集"部落的食谱花样更多些。他们的大部分热量摄取于芋头、薯蓣属食物、可可果、香蕉以及诸如猪或小袋鼠的肉类。

食物所扮演的最重要的角色是婚姻关系以及性关系的象征，正像卡恩（Kahn，1980，P.268）在研究沿海地区巴布亚新几内亚的瓦米拉人（Wamira）时所指出的：食物"似乎具有象征的价值，这一价值超过了食物作为生计和生存之营养品的直接意义。"她补充道（P.26）：

芋头和猪是对人类生产和再生产能力传送的隐喻……在养猪和吃下猪肉时，便象征性声明了有关男人和女人之间所必有的性合作和对立。

这种象征联系不是人类学理论的制造物，而显然是由礼物交易者自身所制造的。参见下面这首巴布亚新几内亚高原一位男子唱出的求爱歌：

你告诉我："我将在我的炉上为你做饭。"
你告诉我："我将在我的火上为你做饭。"
但我一点也没吃着这些食物
我住在我遥远的男人住所
Mbiltik 上的姑娘 Wakle
皮肤尤如熟透的香蕉
让我带你离开去那 Kendipi Rapa
（A.J.Strathern，1975，P.191）

正像人类学家所指出的（P.191），所谓煮饭是在用另一种方式说："我要来同你做爱。"

由于食物所扮演的如此重要的象征角色，有关食物消费的共享是遵循着各种规则的。食物共享规则同食物禁忌一道，被用于调节不同群体之间的关系。比如说，共享食物通常暗示着兄弟姐妹般的亲密关系（Salisbury，1962，

P.188)。在西亚内人中，它表示一个群体的共同成员（Salisbury，1962，P.188）。达里比人（Daribi，巴布亚新几内亚）与此相似，他们说："我们同那些不与我们一道吃肉的人结婚"（Wagner，1967，P.168）。在超布连群岛上，共享食物象征着群体之间的婚姻纽带。食物是私下里由夫妻消费的，薯蓣属植物是主食，每一块都被划成两半由夫妻共享。（Weiner，1976，P.196）

食物共享象征聚合，而食物禁忌象征分离。比如说，在巴布亚新几内亚高原的卡卢里（Kaluli）部落，丛林动物袋狸是男童女童、中年男子、老人、鳏寡者的食物，但却是新婚男子、幼童的父亲、经期妇女的禁忌。换句话说，一个人只能在其生命周期的始末期间食用袋狸。希费林（Schieffelin）指出："这些对人的食物限制的主要效用是，禁止同一长房社区内新婚男子与其亲戚、老者之间的关系。同时，他们鼓励靠所谓的姻亲来追求社区外的特定关系。"

食物禁忌不仅起到调节个人之间的关系的作用，而且还将氏族和亚氏族分层。在超布连群岛这个巴布亚新几内亚少数存在酋长制的地区，食物禁忌是等级的一个重要表现：

> 等级禁忌在食物上包括各种各样的限制，某些动物尤其受到禁止，而且还有一些其他显著的限制，如禁止使用珊瑚脊洞中涌出的水之外的其他水。超自然制裁以及犯忌后即便是偶然的生病，都加强了这些禁忌。但是使禁忌得以保持的真正力量，是禁忌保持方面的强烈信念，即禁忌食物本质低劣，其本身便肮脏不堪，令人作呕。（Malinowski，1929，PP.26～37）

在意识形态主要为等级原则的印度，这类禁忌相当正规。（Dumont，1966，PP.83～91）

因此，礼物经济中的消费并不是简单的进食行为，而是主要涉及社会再生产和生物再生产中的人与人之间关系的调节。这些调节的表现形式通常是高度正规化的规则，而确立这些规则是为了保证氏族自我替代。现在要转向论述的正是对这类自我替代体系的研究。

（a）限制性再生产。氏族结构的最基本形式是双氏族或半偶族。这种结构把人口和土地划分成两个相等的部分——A和B。每个氏族由男性（A、B）和女性（a、b）所构成。这类社会的自我替代形式简单，如图4.8所示。

氏族土地	父系氏族	母系氏族	儿子系氏族	女儿系氏族
A	A	b	A	b
B	B	a	B	a

图4.8　限制性再生产

在土地 A 上，氏族 A 的年长男性成员与其来自氏族 B 的妻子 B 所生的孩子，属于氏族 A；在土地 B 上，氏族 B 的成年男性成员与其来自氏族 A 的妻子所生的孩子，属于氏族 B。这个消费的生产过程对土地上的人口起到了再分配的作用。要使消费的初始条件复位，需进行图 4.9 所示形式的交换。换句话说，为了使该过程得以重复，年幼男性必须交换氏族姐妹。这是个父系（因为氏族成员资格由父亲的血统所决定）和从父居（因为儿子在其父亲的土地上生活）系统。

$$A \xrightarrow{a} B \xrightarrow{b} A$$

图4.9　限制性交换

氏族自我替代过程把一个家庭中的个人以图 4.10 所示的方式加以分类。这种分类支配着人与人之间的关系，从而支配着作为氏族自我替代基础的生物再生产过程。在这种情况下，氏族 A 的一个男子（自我 ego）可能娶其父亲的姐妹的女儿（fzd 或其母亲的兄弟的女儿 mbd），因为她们都被划归氏族 B。下面我们可以看到，不同的氏族自我替代体系产生不同的这类堂表兄弟姐妹的划分。

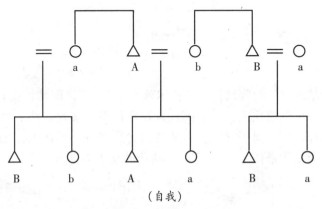

（自我）

图4.10　限制性分类

　　我们并不打算找出这类限制性再生产的简单模式。然而，这种基本原则在诸如联族类型的更为复杂的氏族结构中运行着。这种组织类型（见第二章）包含着将氏族再划分成如图 4.11 所示的间隔同代群 1A、1B、2A 和 2B。此例中自我替代更为复杂（见图 4.12），在这里，群体 1A 以及他们的妻子群体 1b，出生的孩子属于群体 2A 和 2a。2A 的男子与 2B 的男子交换"姐妹"，在土地 A 上再生产出群体 1A 和 1a。这样，该个案产生出如图 4.13 形式的限制性交换。

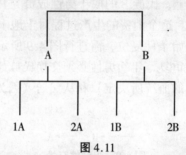

图 4.11

氏族土地	父亲组	母亲组	儿子组	女儿组
A	1A	1b	2A	2a
A	2A	2b	1A	1a
B	1B	1a	2B	2b
B	2B	2a	1B	1b

图 4.12

$$1A \xrightarrow{1a} 1B \xrightarrow{1b} 1A$$
$$2A \xrightarrow{2a} 2B \xrightarrow{2b} 2A$$

图 4.13

　　在这种情况下，每隔两代一个群体就会"再生"，即其自我替代周期为二。在个体家庭的层次上，这个氏族自我替代系统实现如图 4.14 所示的分类模式。这样，一个男子（自我）及其祖父属于同一群体 1A，而这一群体的男子可以娶属于群体 1b 的同代或下两代的女子为妻。

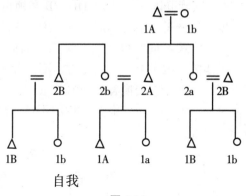

图 4.14

澳大利亚西部的卡列拉人是这种类型的经验性个案（见 Brown，1913）。
该社会的四个群体（1A 巴纳卡人 Banaka，2A 布龙人 Burung，1B 帕列里人
Palyeri 和 2B 卡里马拉人 Karimera）属于两个半偶族 A 和 B。这些群体的自我
替代是以与上述线索相同的线索组织起来的。卡列拉人所使用的分类式亲属
称谓（上一章讲到过）可以根据这种自我替代模式加以理解。至于个人之间
的关系，所实现的是如图 4.15 所示的分类。这些称谓描述了自我（2A）划
分其亲戚的某些关系。有趣的是，其替代周期为四代：

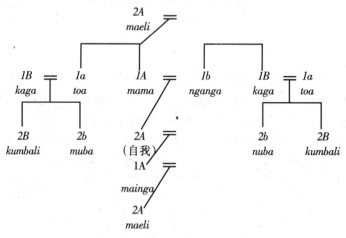

图 4.15　卡列拉人分类

自我用同一称谓 Maeli 来称呼其父亲的父亲和其儿子的儿子。这意味着为了

再生产一次 *maeli* 群体，联族群体 1A、2A、1B、2B 必须再生产两次。这样可以从社会中心的角度，把分类式亲属称谓当作一个四代群体模式的再生产关系加以分析。由于再生产关系同时也是交换关系，因而可以用图 4.16 所示的矩阵加以描述。该矩阵扩展了上一章的分析，不仅考虑到被交易者之间的关系，而且还研究了交易者与被交换者之间的关系。它用具体的术语表明了"交易者的互报依赖"（即 *Kumbali*）概念，以及"不可异化的交换物"的概念（*mama* = 优势关系）的意义。

		接 受 方				已 接 受			
		1A	1B	2A	2B	1a	1b	2a	2b
给出方	1A	0	3	1	2	12	13	1	2
	1B	3	0	2	1	13	12	2	1
	2A	4	5	0	3	8	4	12	13
	2B	5	5	3	0	4	8	13	12
已给出	1a	14	13	8	6	0	9	7	6
	1b	13	14	6	8	9	0	6	7
	2a	10	11	14	13	11	10	0	9
	2b	11	10	13	14	10	11	9	0

图 4.16　卡列拉人交换关系

解释：首行的 1A 是第 4 列 2B 的 *Kaga*。注：1 为 *mama*，2 为 *Kaga*，3 为 *Kumbali*，4 为 *mainga*，5 为 *Kaling*，6 为 *nganga*，7 为 *Yaro*，8 为 *toa*，9 为 *bungali*，10 为 *kundal*，11 为 *ngaraia*，12 为 *Kaja*，13 为 *nuba*，14 为 *turdu*。

（b）普遍性再生产。随着亚群体被不断再划分，双氏族组织可变得极为复杂。结果使得这些群体的自我替代变得非常复杂（见第七章）。然而，不管双氏族组织体系变得多么复杂，限制性再生产，进而限制性交换的基本原则却仍然起作用。随着以双氏族体系向三个或三个以上氏族为基本的社会转变，才会发生原则变化。

氏族土地	父系氏族	母系氏族	儿子系氏族	女儿系氏族
A	A	b	A	a
B	B	c	B	b
C	C	a	C	c

图 4.17　普遍性再生产

现在假设有三个氏族 A、B 和 C，它们是父系和从父居的再生产体系。在这种情况下，自我替换呈现出图 4.17 的形式。到消费性生产的后期，男性和女性都在自己的土地上了。如果交换表现出图 4.18 所示的形式，那么初始条件就复位了。这个再生产体系对个人的划分如图 4.19 所示。至于自我，这种分类把其 mbd（b）划入可通婚范畴，把其 fzd（b）划入禁忌范畴。

$$A \xrightarrow{\ a\ } C \xrightarrow{\ b\ } B \xrightarrow{\ b\ } A \xrightarrow{\ a\ } C$$

图 4.18　普遍性交换

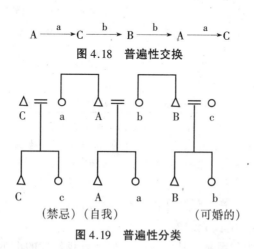

（禁忌）（自我）　　　　　（可婚的）

图 4.19　普遍性分类

缅甸的克钦人（见 Leach，1954）是这类氏族自我替代的经验性个案。要说明克钦人对人们进行分类的基本体系，需要一个五氏族的模式（图4.20）。这些关系可用图 4.21 所示的矩阵来表示。此矩阵只表示自我辈之内的关系。要表示两代的关系需要比这个规模大两倍的矩阵，要表示三代的关系则需比此矩阵大三倍的矩阵来表示，如此，等等。

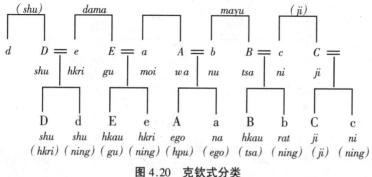

图 4.20　克钦式分类

礼
物
与
商
品

	接受方					已接受				
给出方	A	B	C	D	E	a	b	c	d	e
A	0	1	3	2	1	10	14	13	12	11
B	1	0	1	3	2	11	10	14	13	12
C	2	1	0	1	3	12	11	10	14	13
D	3	2	1	0	1	13	12	11	10	14
E	1	3	2	1	0	14	13	12	11	10
已给出										
a	4	8	7	5		0	9	9	9	9
b	5	4	8	6	9	0	9	9	9	9
c	6	5	4	7	9	9	0	9	9	9
d	7	6	5	8	9	9	9	0	9	9
e	8	7	6	9		9	9	9	9	0

图 4.21 克钦人的交换关系

注：1 为 *hkau*，2 为 *ji*，3 为 *shu*，4 为 *na*，5 为 *rat*，6 为 *ni*，7 为 *shu*，8 为 *hkri*，9 为 *hing*，10 为 *hpu*，11 为 *tsa*，12 为 *ji*，13 为 *hkri*，14 为 *gu*。

(c) 延迟性再生产。限制性再生产和普遍性再生产的中间情况涉及一个如图 4.22 所示形式的氏族结构。

如果该体系为父系制和从父居制，那么自我替代的再生产关系必定呈现如图 4.23 所示的形式。在该阶段的末期，如果交换呈现出图 4.24 所示的形式，那么初始条件便会复位。这样，一个氏族给出了一名妇女又转过来接受了她的女儿。这与用一个姐妹交换一个姐妹的限制性交换以及礼物回报距离更远的普遍性交换形成了对照。

延迟性再生产对个人的分类如图 4.25 所示。此分类把自我的父亲的姐妹的女儿归入可通婚的范畴，把自我的母亲的兄弟的女儿归入禁忌范畴，与普遍性再生产的情况恰恰相反。

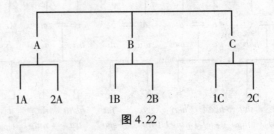

图 4.22

氏族土地	父亲组	母亲组	儿子组	女儿组
A	A	b	A	a
A	A	c	A	a
B	1B	1c	2B	2b
B	2B	2a	1B	1b
C	1C	1a	2C	2c
C	2C	2b	1C	1c

图 4.23 延迟性再生产

$$1C \xrightarrow{1c} 1B \xrightarrow{1b} 1A \xrightarrow{1a} 1C$$

$$2C \xleftarrow{2b} 2B \xleftarrow{2a} 1A \xleftarrow{2c} 2C$$

图 4.24 延迟性交换

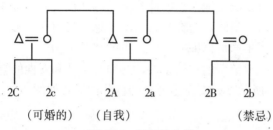

2C   2c   2A   2a   2B   2b

（可婚的）   （自我）   （禁忌）

图 4.25 延迟性分类

这种类型的再生产的一个个案来自巴布亚新几内亚超布连群岛。该个案值得详细地研究，因为体系是母系制和"从舅居"（即一名男子及其妻婚后迁至男子母亲的兄弟的土地上）。这便为到目前为止所分析的父系/从父居体系提供了一个参照物。

民族土地	父系氏族	母系氏族	子女系氏族	
A 鬣蜥氏	1A 鬣蜥氏	1b 狗氏	2B	2b 狗氏
A 鬣蜥氏	2A 鬣蜥氏	2s 蛇氏	1D	1d 蛇氏
B 狗氏	1B 狗氏	1c 猪氏		2c 猪氏
B 狗氏	2B 狗氏	2a 鬣蜥氏		1a 鬣蜥氏
C 猪氏	1C 猪氏	1d 蛇氏	2D	2d 蛇氏
C 猪氏	2C 猪氏	2b 狗氏	1B	1b 狗氏
D 蛇氏	1D 蛇氏	1a 鬣蜥氏	2A	2a 鬣蜥氏
D 蛇氏	2D 蛇氏	2c 猪氏	1C	1c 猪氏

图 4.26 超布连岛民的再生产

超布连群岛上有四个氏族：A 鬣蜥氏族、B 狗氏族、C 猪氏族和 D 蛇氏族，优先婚是男子与其父亲的姐妹的女儿之间的婚姻（Malinowski，1929，PP.416~452）。由这些事实所导致的氏族自我替代表现形式如图 4.26 所示。为了理解这一制度，我们最好集中在一个要素之上——1A 鬣蜥氏族的再生产。他定居在自己的土地上，与 1b 狗氏族通婚，生出 2B 和 2b 狗氏。男性后代 2B 狗氏移至他自己的土地上，与 2a 鬣蜥氏结婚，生孩子为 1A 和 1a 鬣蜥氏。所有其他男性成员的迁移都与此类似。现在研究一下女性后代 2b 狗氏。她移至猪氏的土地，同那里的 2c 猪氏结婚。这一结合的后代是 1B 狗氏和 1b 狗氏。现在，如果把 2B 狗氏的移动与其"姐妹"2b 狗氏作一比较，显然，2B 狗氏的移动是占据自己的土地，而 2b 不管是作为婴孩还是成人，都绝不会定居在自己的土地上。因此，交易者和被交易者都在移动，但移动的方式却是确保男性最终定居在其自己的土地上，而女性则不然。通过研究所有其他成分的再生产可以证明，所发生的移动是相似的。

因此，为了重建消费的初始条件，必须有男性和女性的空间交换。前者的形式如图 4.27 所示。妇女在土地上的再分配形式如图 4.28 所示。

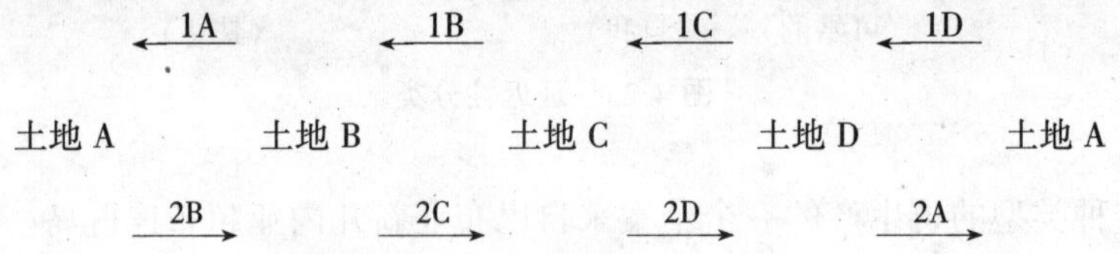

图 4.27　超布连岛男子交换空间

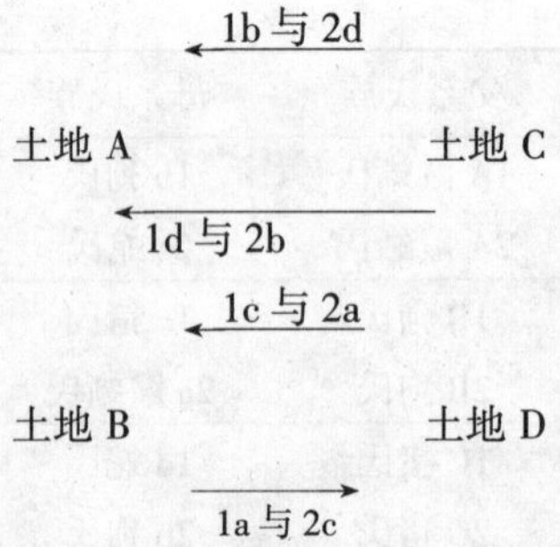

图 4.28　超布连岛女子交换空间

这些图描述了该制度的两个重要特点：男性和女性一生下来都不在自己的土地上，而女性则移至其母亲诞生的土地上。这显然是再生产男性优势的同源体系。因为这意味着如果遵循这些规则，那么妇女将永远不会定居在自己的土地上。

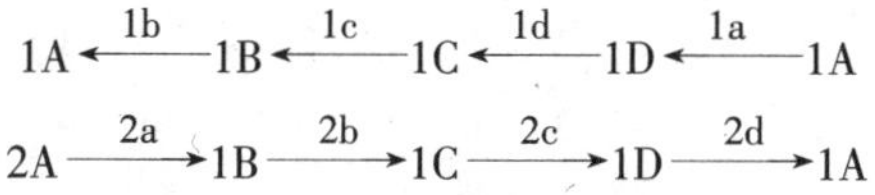

$$1A \xleftarrow{\text{1b}} 1B \xleftarrow{\text{1c}} 1C \xleftarrow{\text{1d}} 1D \xleftarrow{\text{1a}} 1A$$

$$2A \xrightarrow{\text{2a}} 1B \xrightarrow{\text{2b}} 1C \xrightarrow{\text{2c}} 1D \xrightarrow{\text{2d}} 1A$$

图4.29　超布连岛的延迟性交换

中间体系——延迟性妇女礼物交换的标准特征也在这一体系中得到表现。如果注意力集中在男性交易者身上，便会出现如图4.29所示的交换模式。

超布连群岛用来区分这些关系的全套亲属称谓如图4.30所示。

所以，超布连的母系/从舅居体系兜了个大圈子：男子作为成年人定居在自己的氏族土地上，并以交换妇女的方式确保他们绝不定居在自己的土地上，从而与父系/从父居体系殊途同归。只有母系制才可能打破这种分类。但这种制度却是极为罕见的。

（d）象征性再生产。礼物再生产及其暗示的妇女—礼物的交换，产生了一个将社会所有成员结合在一起的礼物债务网。然而由于再生产人要花一代的时间，所以这些礼物债路径承受着被破坏的风险。男人和女人被象征性替代物所取代的过程可以看成是缓解此问题的一种打算。食物再生产所花费的时间相对较短。氏族内共享食物以及氏族间的食物交换以日常生活为基础。这些日常行为不断再生产出氏族内的团结和氏族间的异化。它们不仅能保持婚姻道路的畅通，而且还起到产生新礼物债的结构。婚姻道路并不决定着这些新债务的结构，但却的确为之提供了基础。因此，东西礼物的平衡交换与限制性再生产相关联，延迟性交换和增值性交换与延迟性再生产相关联，而纳贡礼物与普遍性交换相关联。

礼物与商品

(a)		接收方								已　收							
		1A	1B	1C	1D	2A	2B	2C	2D	1a	1b	1c	1d	2a	2b	2c	2d
给出方	1A	7	5	-	1	3	1	4	-	6	4	-	1	3	1	4	-
	1B	1	7	5	-	-	3	1	4	1	6	4	-	-	3	1	4
	1C	-	1	7	5	4	-	3	1	-	1	6	4	4	-	3	1
	1D	5	-	1	7	1	4	-	3	4	-	1	6	1	4	-	3
	2A	-	-	-	-	7	1	-	5	-	-	-	-	6	1	-	4
	2B	-	-	-	-	5	7	1	-	-	-	-	-	4	6	1	-
	2C	-	-	-	-	-	5	7	1	-	-	-	-	4	6	1	
	2D	-	-	-	-	1	-	5	7	-	-	-	-	1	-	4	6
已给出	1a	6	5	-	4	2	4	-	2	7	4	-	4	2	4	-	2
	1b	4	6	5	-	2	2	4	-	4	7	4	-	2	2	4	-
	1c	-	4	6	5	-	2	2	4	-	4	7	4	-	2	2	4
	1d	5	-	4	6	4	-	2	2	4	-	4	7	4	-	2	2
	2a	-	-	-	-	6	4	-	5	-	-	-	-	7	4	4	4
	2b	-	-	-	-	5	6	4	-	-	-	-	-	4	7	7	-
	2c	-	-	-	-	-	5	6	4	-	-	-	-	-	4	4	4
	2d	-	-	-	-	4	-	5	6	-	-	-	-	4	-	-	7

(b)		接收方								已　收							
		1A	1B	1C	1D	2A	2B	2C	2D	1a	1b	1c	1d	2a	2b	2c	2d
给出方	1A	-	9	-	9	-	-	10	-	-	13	-	10	-	-	-	
	1B	9	-	9	-	-	-	10	-	-	-	-	-	10	-	-	
	1C	-	9	-	9	10	-	-	-	-	-	13	-	-	-	-	
	1D	-	9	-	9	-	10	-	-	13	-	-	-	-	10	10	
	2A	3	-	-	5	-	9	-	9	5	-	-	4	-	14	-	13
	2B	5	3	-	-	9	-	9	-	4	5	-	-	13	-	14	-
	2C	-	5	3	-	-	9	-	9	-	4	5	-	-	13	-	14
	2D	-	-	5	3	9	-	9	-	-	-	4	5	14	-	13	-

		接收方						已　　收						
	1a	–	–	–	14	–	10	–	–	12	–	12	–	– 10
	1b	14	–	–		10	–	12	–	12	–	10	–	–
	1c	–	14	–		–	10	–	12	–	12	–	10	–
已给出	1d	–	–	14	–	10	–	–	12	–	12	–	– 10	
	2a	3	–	–	–	14	–	5	–	4	–	12	–	12
	2b	5	3	–	–		14	–	5	–	12	–	12	
	2c	–	5	3	–		14	–	5	–	12	–	12	
	2d	–	–	5	14			–	4	–	12	–	12	

(a) 预交换关系；(b) 后交换关系。

解释：1A（1行）是1B（2栏）的 *latu*（5）的优先交换对象，而 *lubou*（9）则是交换后的1A。

注：1 *tama*（F），2 *ina*（M），3 *kada*（MB），9 *lubou*（WB，ZH），10 *yawa*（WF，WM），11 *mwala*（H），12 *ivata*（HZ），137＋11，147＋8，鬣蜥氏，B 狗氏，C 猪氏，D 蛇氏。

图 4.30　超布连群岛分类亲属关系

礼物经济中东西的人化，并不仅仅是克服人的再生产过程中时间问题的一种手段，而且是消费方式占主导地位的一个方面。正如我们一直强调的，消费方式是个人化过程——消费行为把东西转化成人。在礼物经济中，此过程是以形形色色的方式用隐喻来建构的。比如说巴布亚新几内亚的克瓦人（Kewa），丈夫有规律地送给其妻子的兄弟贝壳礼物，后者用送给猪肉加以回报（Leroy，1979）。这似乎是一项商品交换（2 枚贝壳 = 一边猪肉），但这种解释却忽视了物品的不可异化性和人化价值。贝壳是男子使自己具有个性的物品，猪是妇女使自己具有个性的物品。送出贝壳是为了"吃猪肉"（Leroy，1979，P.189），也就是说这种交换行为象征着性交——再生产的一个必要条件。库拉礼物交换系统也是同样，其中臂贝被当成女性，而项链被当成男性。"当两个相反的宝物在库拉相遇并交换时，人们便说这两件东西结婚了"（Malinowski，1922，P.356）。这类例子数不胜数。

东西—礼物只有生产出来才能进入消费范畴，并被当作象征进行交换。但东西—礼物若仅仅在消费范畴内，是不需要象征地位的，它们被作为象征进行生产，而这赋予礼物再生产以一个特殊的社会形式。

二、生产的方式

在资本主义经济中，生产范畴是利润的源泉，因而也是整个社会动机的源泉。作为对比，获取最大利润在礼物经济中并非动机力量。为理解生产和消费提供钥匙的正是礼物的消费方式。因此以自我替代为基础的动机，源于消费范畴而不是生产范畴。所以，东西—礼物的生产方式受到消费意识的制约——土地、劳动力以及土地产品是根据从消费范畴抽取的隐喻加以人化，而不是物化为"工资"、"利润"和"价格"的。礼物生产必须理解为用于消费领域的象征生产过程。它具有两个相反的方面：一方面它是为了氏族内消费而进行的食物生产，另一方面是为了氏族间礼物进行的东西的生产。后者的自然属性在耐久性上通常有别前者。比如说在巴布亚新几内亚高原地区，甘薯是为私人的日常消费而生产的，而猪是为交换而生产的（A.M.Strathern，1972，P.35）。另一方面，在诸如米勒恩海湾的沿海地区，薯蓣属植物的生产既是为了消费，又是为了交换。然而，为了消费而生产的薯蓣属植物同为交换而生产的薯蓣属植物之间的区别，却是小心翼翼地保持着的，通常为后者拨出特殊的园地。最好的薯蓣属植物才送出。通常为此目的而种植特大的品种。   （Malinowski，1979，PP.104～105；Weiner，1976，PP.137，168）

巴布亚新几内亚伍德拉克岛（Muyuw 岛）的人遵循的园地习俗，说明了生产方式从属于消费方式的论点。在该岛上设计园地要遵循一些法则，而且人们认为若不这样，便不会种出食物来。园地必须有一个特殊的空间取向，必须是长方形而且为东西走向，西端被称为"眼睛"（matan），东端被称为"基础"（wowun）。园地被两条小路所划分：一条 atakot 道，它必须"跟随太阳"，即东西走向，另一条 katubal 道必须南北走向。这两条道的交点叫做园地之"脐"（pwason）。伍德拉克岛有四个氏族，各以特殊的方式定位于脐的周围—— dawet 氏族面北，kwasis 氏族朝南，kwbay 氏族朝西，malas 氏族向东。商讨婚姻是利用这种园地设计的图形进行的。薯蓣属植物是主要农作物，主要栽培两种类型。一类叫做 kuv，块根大，长得快，与男性相关联；另一类叫 parawog，其块根是一串的，长得慢，与女性联系在一起。人们相信，只有把这两类薯蓣属植物种在一起才会真正生产。不同植株的藤子应爬向同一根杆。kwv 向右旋转，Parwog 向左旋转。人们将藤子的交汇与人的性交联系在一起（Damon，1978，PP.199～215；220～229）。这一主题的变异随处可见。在新几内亚高原农作物有性别，有的农作物只能由男子栽培管理，另一些农作物只能由妇女栽培管理。另外还有第三类，两性均可栽种的作物（Silitoe，1981）。在巴布亚新几内亚的塞皮克地区，作为主食之一的西谷椰子被划分成阴性，在男子食用西谷椰子之前必须将其"阳性化"。

如果使西谷椰子转化为食物的最后一道工序［过滤（水漂）过程］是男子自己操作，方能实现西谷椰子的阳性化。(Williamson，1979)

生产过程的重要投入是魔法，前面提到过，魔法的目的是尽可能多地把灵魂吸引到农作物之中，因为只有具备灵魂的农作物才会生长。比如说，瓦维拉人（Wawira）相信是魔力使他们的芋头生长。农作物歉收被归咎于耕作者的仪式不适当，或者是敌人的巫技。除收获之外的耕作过程的每一步骤都伴随着仪式性咒语。男子拥有栽种芋头的魔法，妇女具备后面各耕作阶段所使用的魔法（Kahn，1980，P.129）。在栽培薯蓣属植物的多布岛，魔法是随着母系世系群内的薯蓣属植物种的遗赠而遗留后世的。人们相信，只有以这种方式获得的魔法和种子才能生产食物。因此，如通过以物易物获得的薯蓣属植物种被认为是没用的（Fortune，1932，PP.70～71）。多布人薯蓣属植物的消费是一件私人的家庭事务，人们从来不邀请来访者分享食物。如果主人给了食物，客人须背对着给者吃（P.74）。这样薯蓣属植物生产与消费方式便起到使该植物的灵魂保留在这个家庭世系内的作用。这种魔法源于对将自己变成薯蓣属植物或生出的孩子为薯蓣属植物的最早祖先名字的了解。这种知识不可随意传授，它是拥有此知识的人物魔力源（P.95）。与此相仿，在巴布亚新几内亚的加里亚人（Garia）中，仪式知识的垄断赋予领导者以权威，没有仪式的艰苦体力劳动被认为毫无用处。(Lawrence，1967，P.100)

从以上对文献的简单归纳中可以清楚地看出，东西—礼物再生产的社会组织受到人的再生产方式的制约。人的再生产方式是一个给予东西—礼物灵魂和性划分的人化过程。因此，东西—礼物的再生产必须被当成人来加以组织。

消费方式还决定着技术水平。在礼物经济中没有利润动机，没有积累资本和提高生产效率的驱动力。因而，土地和劳动力的生产率在礼物经济中远远低于资本主义经济。在礼物经济内，土地和劳动生产率的区别似乎与再生产类型相关联。限制性再生产通常与狩猎采集相关联，而普遍性再生产与更为集约的食物再生产方式相关联。实行限制性再生产的澳大利亚土著是狩猎采集者。据列维－斯特劳斯所述（1949，PP.460～461），普遍性再生产的中心地带是亚洲，那里的食物生产技术比澳大利亚土著的高。在存在着再生产中间形态的美拉尼西亚，这一颇为明晰的界线变得模糊不清了。在巴布亚新几内亚，没有纯粹的妇女—礼物的普遍性交换（Forge，1971，P.139）。交换倾向于限制性类型或延迟性类型，而且没法用任何毫不含糊的方式把这些类型与不同生产技术联系在一起。无论如何，任何一个社会往往同时都使用着多种不同的生产技术。

见图 4.31 所示巴布亚新几内亚塞皮克地区的乌米达人的年周期。这里的经济活动模式与狩猎采集者的生活相类似（Gell，1975，PP.15～19）。一年分为两季，湿季从 9 月或 10 月至次年 2 月或 3 月；其余月份为干季。准备西谷椰子是湿季的主要活动，湿季不消费的西谷椰子是为干季储存的。湿季，人们为芋头和薯蓣属植物的收获进行园地准备工作。这些农作物在干季收获，应当指出的是，只有薯蓣属植物才能储藏。芋头储存几天，因而一旦收获就必须吃掉。诸如狩猎和捕鱼等其他活动都在干季进行。湿季是分散的季节——各家庭独自生活在丛林中加工西谷椰子，以相当单调的食物为生。另一方面，干季是回村聚集的时期。其标志是各式各样高价值食物的消费以及许多集体活动。其中最主要的活动之一，是西谷椰子繁殖力仪式。有趣的是，"不仅棕榈树的生命与其主人的生命相对应，而且栽培时用的椰子的移动也与在各组成小村之间通婚的妇女的移动相对应"（Gell，1975，P.150）。这是消费方式制约生产方式这个主题的另一说明。

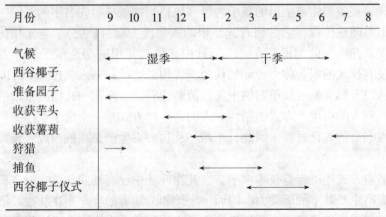

图 4.31 塞皮克地区乌米达人的年周期

资料来源：Gell，1975，P.161.

卡保库人（Kapauku）实行着更为集约的生产方式，那里使用着三种耕作方法——"粗放游耕"、"集约游耕"和"综合集约"。

表 4.2 描述了在 900 平方米甘薯地上所花费的劳动时间，通过考察该表可以看出耕作方式几种划分所涉及的内容。划分出了三个土地耕作阶段：开垦、备耕和耕作。

表 4.2 伊里安查亚地区布塔克博人 1955 年
花在 900 平方米甜薯种植上的时间

劳动类型	耕作方法			劳动者的性别分类
	粗放游耕（%）	集约游耕（%）	综合集约（%）	
第一阶段				
清除杂木	19	27	18	男/女
伐木	3	–	–	男
总计	32	27	18	
第二阶段				
建围栏	29	16	10	男
挖沟	–	10	7	男
做床	–	–	31	男
总计	29	26	48	
第三阶段				
耕地	2	2	8	女
播种	12	20	5	女
收割	25	25	21	女
总计	39	47	34	
占总数的%	100	100	100	
总时数	263	299	455	
产量（公斤/M^{-2}）	0.81	1.38	1.69	

资料来源：Pospisil, 1963, 表 12、24.

"粗放游耕"（长期休闲的耕作方式）在第一阶段使用了总劳动量需要的 32%。"综合集约"和"集约游耕"方式耕作的土地上都不长树，但"集约游耕"方式却是休闲期居中的阶段，其第一阶段使用总劳动时间的 27% 便是证明。

现在研究一下第二阶段。如果要使土壤具有生产性，短期休耕方式便需要施肥。施肥是通过垒土堆完成的。土壤被堆入：

被大约深于 3 英尺的沟所围的 6 至 10 平方英尺的土墩。在建土墩之前进行清理时，长草被拔除并在每个土墩旁堆成一堆。然后让草再长起来并对这第二次长出的草加以利用，人们将它们清除并堆在第一次的顶上。接下来在每堆草周围挖沟，并把泥土履盖在腐草之上。周期性清沟所得到的有机泥土被有规律地加在土墩的顶部。从技术的角度看，这类真正具有混合肥的农业类型是高度发展的。(Barran, 1958, P.29)。

从表 4.2 可以看出，"综合集约"方式用 31% 的时间来垒土台。"集约游耕"方式中没有这一操作，但却要挖沟。"粗放游耕"方式中这两项操作都不需要。在第三阶段，"综合集约"方式比起其他两种耕作方式来，栽种的过程需要较多的时间，但除草的时间则较少。"集约游耕"方式除草过程所需时间最多，它用了其总时间的 20%，而"粗放游耕"用 12%，"综合集约"用 5%。

表 4.2 还揭示了妇女在生产过程中的重要经济意义。三个过程的第一和第三阶段几乎全是由男子来完成的。男子砍树、挖沟和打园地土墩。妇女在头两个阶段的作用仅仅是协助清理矮灌木，在这一任务中，她们的工作量与男子相等。第三阶段——栽种、除草和收获，几乎 100% 是妇女的工作。

这三种方式甘薯的产量分别是："粗放游耕"方式每平方米 0.81 公斤，"集约游耕"方式每平方米 1.38 公斤，"综合集约"方式每平方米 1.69 公斤。

表 4.3 伊里安查亚地区布塔克博人 1955 年
甜薯生产投入—产出系数

耕作方法	土地 (每平方米)	+ 男劳力 (小时)	+ 女劳力 (小时)	→甜薯 (公斤)
'粗放游耕'	1.23	+ 0.18	+ 0.18	→1
'集约游耕'	0.72	+ 0.10	+ 0.14	→1
'综合集约'	0.59	+ 0.17	+ 0.013	→1

资料来源：Pospisil, 1963, 表 12.211.

这些资料使我们可以计算出三种方式的甘薯生产系数，参见表 4.3。区分这些方法的因素是土地的集约性。"粗放游耕"方式是土地最集约的生产方式，"综合集约"是土地最不集约的方法（这里有一个描述的问题）。尽管土地最为集约的耕作方式在空间意义上也是土地最为粗放的，但宁可根据单位输出所使用的土地来描述这些方式。不局限于三个相当蹩脚的术语，取而代之，将三种方式想成属于一个连续统一体，该连续统一体的一端是土地高度集约的生产方式。随着土地集约性的降低，如果输出保持不变，熟练劳动力的投入必须提高。如果我们将表4.3中的两个极端情况作一对比，在同质工时的基础上，显然土地集约高低的方式（"综合集约"）更省劳力——0.36比0.30。请注意，所节约下来的劳动力主要是妇女劳动力，男子从事涉及低土地集约过程的技术性劳动。

表4.4显示了如何用不同方法来生产不同农作物：总面积的90%用于甘薯耕作；种甘薯土地的面积90%是"粗放游耕"方式种植，占甘薯作物的81%；1%的土地用于"集约游耕"方式，占甘薯作物的2%；9%的土地用于"综合集约"方式，占甘薯作物的17%。大多数次要作物都是用"集约游耕"方式栽培的。应当指出的是，"粗放游耕"方式主要在村庄背后的山地运用，而其他方式则运用于溪谷底。

有些人重新分析了波斯皮西亚的资料，试图解决这些资料所提出的技术选择的问题。为什么要以放弃单位输出需要劳动力较少的其他生产率更高的技术为代价来运用"粗放游耕"方式呢？莫伊伦（Moylan, 1973）提出了精心设计的假设。然而答案却相当简单，而且是由波斯皮西尔提出的——下大雨时溪谷作物便会腐烂。因此，为了避免全部作物歉收的灾难性后果，便在不同的地方栽培需要不同技术的不同作物。另一理由是前面提到过的：在礼物经济中不存在最大限度地增加单位土地产量的动机。

表 4.4　伊里安查亚地区布塔克博人 1955 年
产品 × 土地面积 × 耕作方法

| 产品 | 单位面积所使用的耕作方法 | | | | 总计 |
	土地面积 （%）	粗放游耕 （%）	集约游耕 （%）	综合集约 （%）	
甘薯	90	90	1	9	100
甘蔗	5	–	100	–	100
芋头	2	–	100	–	100
Idaja	1	–	72	28	100
Pego	1	–	100	–	100
其他	1	–	97	3	100
	1/100				
总面积	172 482				

资料来源：Pospisil 1963，表 12、13.

　　表 4.5 说明了一个氏族八个月期间甘薯的生产与分配，其资料从食物生产的角度刻画了氏族自我维持的本质。由 181 人组成的该氏族分成 16 户，生产 138 830 公斤甘薯。其中 62％用于消费，每个标准消费单位平均日消费量为 2.86 公斤（6.35 磅）。在剩下的 38％中，27％用来喂猪，10％用来养活人类学家和他的助手。[1] 只有无足轻重的 1％是与其他氏族的净交换。从食物的角度看，不仅氏族是自给自足的，而且构成氏族的家户单位也是自给自足，或者说应该如此。比如说，布干维尔（Bougainvile）的西瓦伊人期望每户能够充分提供自身生计和仪式最低需要的产品，而且将之当作传统的社会义务加以贯彻（Oliver，1955，P.337）。巴布亚新几内亚的恩加人要求每名妇女生产出其核心家庭（即她的丈夫、她自己和她未婚的孩子）的食物。（Meggitt，1965，P.236）

---

[1]　萨林斯（1972，PP.115~123）在分析 Pospisil 的资料时似乎忽略了这一点。如果猪被算成（P.121 fn.9）村庄的"剩余产品"，食物未必能养活人类学家及其助手。因此，萨林斯关于"家务劳动集约性的分叉'鱼尾'式分配，在美拉尼西亚大人物制度中普遍存在"（P.117）的假说被人们所摒弃。

表 4.5　1955 年 1 ~ 8 月间布塔克博村民的
甘薯生产与分配

生产	公斤	%
埃诺纳氏族（16 户）	133 173	96
外人	5 657	4
总计	138 830	100
分配		
每户消费	86 193	62
喂猪	37 200	27
喂鸡	47	
人类学者与 21 位助手口粮	13 830	10
出口	2 774	
减去进口	140 044 1 314	1
统计误差	138 730 100	—
总计	138 830	100

资料来源：Pospisil, 1963, PP.395, 459.

食物生产单位的自给自足性质，是生产范畴居于从属地位的原因之一。主要经济问题不是食物的再生产而是劳动力的再生产，以及牢固的土地所有权的建立。

C. 小　结

前述三章的讨论概要，可归结如下：

（1）所有社会欲自我再生产，都必须进行生产、消费、分配、东西的交换与劳动。因此，它必须遵循着具有普遍适用性的特定的经济类型。"生产与生产性消费"和"消费与消费性生产"之间的区别，为我们去把握这些普遍的经济类型间的相互关系，提供了框架。

（2）在特定的历史情景中，东西与劳动具有特殊的社会形态。支配着这些特殊社会形态的再生产的原则，因社会的不同而有所区别。理解这些原则的关键在于，去找出人们之间生产手段上的差别。

（3）在阶级社会里，东西与土地表现为商品的形式。当生产者丧失对其生产手段的支配时，便形成了各种阶级。资本主义商品再生产，是商品经济的一种特殊形式。其存在的条件，是贫穷的劳动阶级能自由地提供并出卖其劳动力。亦即在资本主义社会里，劳动表现为一种商品的形式。

（4）在氏族制社会里，东西、土地与劳动表现为礼物的形态。这是一种生产者与生产手段相统一的特殊形态。一个氏族即是一个拥有一块土地的家户群体，他们与氏族外的成员通婚，由此界定出与其他氏族的关系。这种社会群体可以同无土地的家户群体——劳动阶级作一对比。劳动阶级与资产阶级的唯一区别，即在于所拥有的财产的不同。

（5）商品交换是一种在拥有互相独立性地位的人们之间进行可异化物品的交换，所交换的物品间建立了一种定量的关系。这种关系来源于生产与生产性消费的方法，支配着生产与作为商品的东西的交换的原则，可解释为对生产性劳动的支配。

（6）礼物交换是一种在拥有互相依赖性地位的人们之间进行的不可异化物品的交换，交易者之间建立了一种定性的关系。这种关系来源于消费与消费性生产的方法，支配着生产与作为礼物的东西的交换的原则，可解释为对出生、婚姻与死亡的支配。

（7）礼物再生产可以是限制性的，也可以是延迟性的或普遍性的。限制性再生产产生限制的妇女—礼物交换，这种交换与老人统治相关联。延迟性再生产（在巴布亚新几内亚的）产生延迟性的妇女礼物交换，这种交换可能与东西的延迟性增值交换及大人物统治相关联。

第五章 对传统与现代货物的批判

　　经济学与政治经济学对现实的理解各不相同，也使用不同的概念和分析方法。因此，不存在对两种方法进行比较和评价的共同领域——对一种观点的结构性批判，必定是从另一种方法的角度进行的，也就是说肯定是外部的。[①] 对经济学方法的批判，必须用政治经济学的标准揭示出政治经济学方法在概念、感性和方法上的优越性，这正是本章的目的。本章确定了经济学方法内部的三个问题。第一个可称为"概念问题"，主要集中于生产、消费、分配和交换的一般关系。在经济学方法中，这些范畴是被当作各不相干的部分来片面地进行分析的。比如说，没有生产同时又是消费的概念，反之亦然，也就是说没有生产性消费与消费性生产的概念。在有些情况下（我们在下面将会看到）没有交换和分配。第二个问题叫做"感性问题"，主要集中在"货物"理论家（新古典经济学家）礼物交换的方法上。他们的范畴要么束缚在礼物交换的现象上，要么不得不用商品交换的术语来理解。第三个问题不妨称为"方法论问题"，这些资料呈现出个人主观偏爱的形式，而且使新古典经济学的所有概念带有内在的主观性。结果，新古典经济学家没有区分不同经济体系的客观方法。

　　对一种方法的最终检验是看其解释在特定的时期和地点所发生的经济活动的能力。这种检验可以确定出经济学方法的第四个问题，我们把这个问题称为"解释问题"，这将在以下几章中进行讨论。

A. 概念问题

　　新古典经济学关于生产、消费、分配和交换的一般关系的标准概念如图

[①] 一种批判也可以是内部的，这包括用一种方法本身的术语来揭示其逻辑的前后矛盾。有关新古典经济学家使用的"资本"概念的恰当性的"资本论战"（参见 Harcourt, 1972），就涉及到这类批评。为了本书的目的，这一批判的有效性被当作资料运用。

5.1 所示。由公司所代表的生产同由家户所代表的消费相对立。交换（生产市场）和分配（市场因素）调节着这个对立关系——家庭供给劳动力并需求消费品，公司需求劳动力并提供消费品。

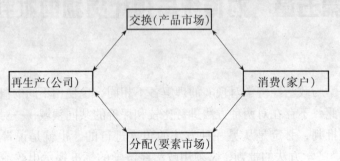

图 5.1　总体经济中的新古典主义概念

　　这种生产与消费一般关系的概念，与第二章中的插图（其中"生产和生产性消费"与"消费和消费性生产"相对立）形成了鲜明对照。要指出的第一个对比是，图 5.1 中的四个要素是被当作各不相干的部分看待的。马克思（1857，P.89）批评他所处时代的"资产阶级"经济学家以这种方式来理解这些范畴，"把相互联系的活动生硬地分离出来"，而且没有把各要素当成相互依赖的一个整体的各部分。这一批评至今仍然有效，1960 年斯拉法（Appendix D）便做出类似评论。斯拉法把现代理论展示的画面描绘成从"生产因素"通向"消费品"的"单行道"。他把这种现代理论与魁奈提出的早期经济画面进行对比。早期经济的图画是一个环形过程，即一个生产性消费过程，其中某些产出同样也是投入，在生产单位之间交换分配一些产品，而在组成社会的不同社会群体中分配其他产品（剩余）。

　　斯拉法的批评提出了第二个问题——消费概念的片面性。正如生产没有被当成消费过程加以理解一样，消费也没有被当成生产过程加以理解。换句话说，生产被片面地理解为一个创造过程，而消费则被片面地理解为一个破坏过程。图 5.2 所示斯拉法的"单行道"观点便清楚地表明了这一观点：

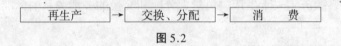

图 5.2

从这个角度对消费进行观察时，消费只有投入而没有产品。被遗漏的要素是消费性生产，即人的再生产过程。消费（参见第二章）是东西（食物）转化成人的人化过程。在一般性层次上，产生出婚姻问题。贝克（Becker, 1974）是意识到这一疏忽的少数新古典经济学家之一。研究一下他克服这个问题的打算很有益处的，因为其中表现了新古典主义一般经济概念的其他几个问题。

贝克的婚姻理论是在众所周知的最优化框架内建立的：

最大值 $\quad Z = f(x_1, \cdots\cdots x_m; t_i, \cdots\cdots t_k; E)$

假定 $\qquad \overset{m}{\Sigma} P_{iXi} = \overset{h}{\Sigma} w_j l_i + V$

Z 代表家户生产物品的集合量，并包括"饮食质量、孩子、声誉、娱乐、爱情和健康状况的质与量（P.301）；"x_i 代表各种市场货物和服务：p_i 代表其价格；t_j 代表不同家庭成员的时间投入；E 为环境变量；W_j 为第 j 户成员及其在市场部分花费的劳动时间的工资率；V 为财产收入。贝克的革新是打算"说明效用并非直接取决于市场的货物和服务购置，而是直接取决于由每个家户所生产出来的商品（P.301）。"因此，找出 Z 的最大值，便最大限度地增加了效用。

此模式仅仅与单个男性（M）或女性（F）有关。然而，贝克的确把他的分析扩展到了覆盖很多男女的场合中。假定每个人都知道表示 M 和 F 的任何结合所能生产的最大家户产出的结清矩阵中的相关条目。他认为："婚姻市场不会选择单个婚姻的最大家户产出，而是选择所有婚姻的最大产出总数，正如竞争的生产市场最大限度地增加所有公司的产出总量（P.30）。"他以下列结清矩阵说明这一问题：

	F_1	F_2
M_1	8	4
M_2	9	7

尽管任何婚姻中的最大产出是 M_2 同 F_1，但最佳选择却是 M_1 同 F_1、M_2 同 F_2。贝克（P.300）认为，这一模式适用于所有社会。

该理论表明了图 5.1 中所隐含的一个问题，即把特殊性普遍化的倾向。公司、市场、工资、利润以及价格等，都被当成所有社会共有的经济形式看待。换句话说，商品经济所特有的范畴与一般性范畴被混为一谈了。但是，正如前面几章指出的那样，商品形式是历史上昙花一现的历史形式，是以特

第
五
章

对
传
统
与
现
代
货
物
的
批
判

定的条件为存在前提的。比如说价格以商品为前提，商品转过来又以异化和相互独立性为前提。新古典经济学家采用了他们自己生活中所熟悉的范畴，并把这些范畴强加在所有其他社会上。他们的错误是认为资本主义是经济组织的形式。这种把特殊性普遍化的倾向，意味着对一般性和特殊性不作任何区分，其结果是对一种特殊性与另一种特殊性也不作任何区分。比如说，贝克的婚姻理论便混淆了性（一般性）与婚姻（特殊性）。还有，不同婚姻类型之间的重要区别也被抹煞了。在巴布亚新几内亚，婚姻通常包括货币朝向新娘的传送（聘礼），而在印度货币却是随同新娘传送的（嫁妆）。这样，即使是在最肤浅的层次上都无法用同样的术语分析这两种婚姻形式。从较深的层次来看，聘礼是礼物交换的一种形式，而嫁妆则是商品交易（继承）（Goody and Tambiah, 1973）。由于商品经济的普遍化，这样细致的划分在经济学范例内是不可能存在的。

把特殊性普遍化的倾向，在"交换"范畴内产生出特别的问题。熟悉巴布亚新几内亚经济的新古典理论家对交换的问题持有相互矛盾的立场。有的说交换以商品交换的形式普遍存在，而在巴布亚新几内亚的特例中则以"原始资本主义交换"的形式出现。另一些人则说，交换并非普遍存在的，因为巴布亚新几内亚的特例中不存在交换。

爱泼斯坦（Epstein，1968）持前一种观点。她认为美拉尼亚的大人物是"资本家"，他们表现出"一种积累的狂热。"他们用"贝币"（*tambn*）来进行买卖以及有息借贷：

> "大人物"为了增加财富，通常将诸如各类农作物、矛、棍和装饰品等礼物在其亲戚邻里中分送，然后这些人在为此而举办的一个特别的宴会（*vuvue*）中还回礼物。大人物为 *vuvue* 而组织建立一个特别茅屋，并用彩色羽毛将它装饰起来。很多人身着盛装前来赴宴，其中一些人表演舞蹈。接下来每个接受过礼物的人用 *tambu* 进行偿还，通常比礼物的价值要高一点。*ngala*（大人物）对他原先分送的每件礼物的价值记得一清二楚，并且确信还回的会超过原来礼物的价值。接着便是为来宾准备的盛宴。一次这种宴会累计花费 300 口寻 *tambu*，而收回总数却多达 420 口寻。（PP.27~28）

从此例中可以清楚地看出，爱泼斯坦把增值礼物馈赠同资本的有息投资混为一谈了。300 口寻的礼物被 420 口寻的偿还所反击，产生了 120 口寻的新礼物债。

爱泼斯坦忽略了这一点，因而混淆了商品债和礼物债。由于第三章已经详述了这一区别的基础，这里就不再进行解释了。

斯滕特和韦布（Webb，1975）持有相反的观点，即一般意义上的交换并不存在，因为它不存在于巴布亚新几内亚的特例中。他们认为在巴布亚新几内亚：

> 经济单位……小。大约与家庭规模相等，尽管有时可能大一些，并包含一个亚氏族甚至整个小村子。这个单位完全是自给自足的，只使用自己的劳动力，而且不与其他单位进行交换，没有节约和浪费，因此生产和消费是等同的。（PP.523～524，加了着重号）

从这个角度来看，生产和消费的一般关系如图 5.3 所示。在这种一般经济概念中，交换和分配从画面上消失，剩下了生产与消费的同一。作为对巴布亚新几内亚经济的描述以及作为交换的一般概念，图 5.3 都是对现实的彻底歪曲，因为无论在一般情况下还是在巴布亚新几内亚的特例中，交换都调节着生产与消费。新古典经济学概念所没能做到的是同时抓住这样一个事实——一方面生产与消费同一，而在另一种意义上它又与消费相对立。

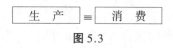

生　产　≡　消　费

图 5.3

B. 感知问题

米达尔（Myrdal，1968，PP.16～20）在批评把新古典经济学动用到对非欧洲经济进行分析时指出，概念框架会束缚观察者，只允许他看到框架指导他看的东西，而对资料的其他解释加以排斥。换言之，概念问题引起了感知问题。比如说把一般交换与商品交换相混淆，必然导致把礼物交换看成是"原始资本主义"。但是，认为生产等同于消费因而根本没有感知到交换的存在，其后果则完全不同。用一个不包括交换的概念框架如何来分析礼物交换呢？这是斯滕特和韦布力图做的事情，考察一下他们如何克服这个问题很有启发性。按他们的分析，巴布亚新几内亚农业的关键特点是：

> 园地耕作者并不认为他们的劳动十分单调辛苦，尽管这些工作

通常如此。这样会把人们引入歧途，使人们认为劳动必然是无益之源。事实上它一般是快乐的源泉。用西方人的措词来讲，巴布亚新几内亚人对其园地工作的态度，与其说像商业市场中的园丁，还不如说像是业余玫瑰栽培爱好者。(P.523)

这样，礼物交换生产便被比作了业余玫瑰栽培爱好者。这个比喻接下来又根据一个极为精致的三维几何模式加以发展，并得出了土地的边际生产可能为负值的结论。正是这一特殊概念克服了用"单个无交易生产"模式分析礼物交换时存在的逻辑问题，其意义如图 5.4 所示。

土地 （公顷）	总产品 （吨、薯蓣）	边际产品 （吨、薯蓣）
10	20	
20	40	+ 20
30	20	− 20

图 5.4 巴布亚新几内亚土地的负边际产品

薯蓣属植物消费需求量是 20 吨，其生长要占用户 10 英亩土地。但是，由于巴布亚新几内亚耕作者与玫瑰爱好者相类似，因而他们使用 30 亩土地而不是 10 英亩。这些土地也生产所需求的 20 吨产出。出现这种反常情况的原因是，20 英亩的土地利用包含着 20 英亩的边际产品，而 30 英亩的土地利用则包含着负 20 英亩的负边际产品。因此，20 英亩边际土地使用使总产量保持不变。当然，如果使用 30 英亩的土地，总产量实际上应该说是 60 吨。这便有了消费之外的 40 吨剩余，可用于礼物交换。这样，通过发明"土地的负边际产品"概念，斯滕特和韦布便抹煞了 40 吨的剩余产品，进而抹煞了礼物交换现象。

菲斯克所采用的概念框架与斯滕特和韦布的相类似，他使用颇不相同的方法来克服这一问题。见下列论述：

> 在新几内亚境内的大多数土著部落的社会结构中，仪式活动的某些形式是最为重要的。我们在本文中所关心的是经济活动，但在我们的经济活动中，经济活动和仪式活动是被当成性质不同的分离活动来看待的。因此，我们将把仪式活动及其准备视为闲暇活动的范畴，而作为对经济活动的影响程度仅仅在于，一定数量的闲暇活

动被社会视为必不可少的，从而使可提供经济活动的劳动力数量受到限制而已。对于大多数仪式活动中起到如此重要作用的宝物交换来说，这个假设不难使之与参与单位的正常经济活动没有了什么关系或者根本不相关，例外只有一个——猪。猪是个复杂因素，因为尽管猪的消费完全限制于仪式之中，但其生产却与生计单位的正常经济活动存在着十分直接的关系。……在新几内亚的许多地区，……猪从耕种园地的生产直到所谓的"猪周期"的结束（猪数量接近最大值时），都是用于喂养的，猪使耕作园地生产的需求大大增加。……消除对园地生产需求的周期性变更这一复杂情况相当令人满意。如果不使这种模式失效，那么一个小生计单位将根本不可能做到这一点。然而从我们的观点来看，猪宴仪式可取的情理是，它们往往形成这样一个模式，其中，举办主要宴会的义务在特定的氏族和部落群体内从一个亚单位向另一亚单位有规律地移动。因此，每个亚单位在其"猪周期"的不同阶段，将经历园地生产需求的巨大变动。但假如我们在生计单位数定义中取一个足够大的群体，那么，猪食物的园地生产总量将理应保持不变。所以，通过假设纯生计单位具有相当规模（由参加这些仪式交换的大量亚单位所构成），我们就可以把养猪视为食物生产正常而恒定的一部分。（Fisk，1962，PP.464～465）

因此，菲斯克所做的是建立起"仪式活动"和"经济活动"的区别，并将前者表现出来。这表现出了礼物交换的问题，但却没有表现出为了礼物交换而进行生产的现象，如所谓的猪所表现出的例外。然而，猪并非例外。在沿海地区，生产薯蓣属植物既是为了消费，也是为了交换。值得称道的是，斯滕特和韦布打算勇敢地正视这一问题。

这两个个案以颇为戏剧化的手段说明了米达尔的理论——概念框架会限制观察者，只使他看到自己想要看到的东西。

C. 方法问题

每种理论都必须有其不加解释的资料。这些资料是概念和理论推导意义的基础，可使无限回归的问题得到克服。在政治经济学方法中，有关土地在不同群体之间进行分配的历史资料是出发点，这些资料定义了"阶级"、"氏族"以及这些群体内部的种种亚划分。另一方面，用经济学方法，阶级和氏族的区分便无足轻重了，为分析提供资料的是最大限度增加效用的个人优先选择。这种资料是主观的、心理方面的，因而无法进行观察。其结果是，不能用任何客观的方法对不同经济体系加以区分。比如说，艾因齐希（1984，P16）关于礼物交易者智力低下而且心理与我们完全不同的声称，以及斯滕特、韦布（1975，P.524）关于巴布亚新几内亚礼物交易者处在效用曲线的"极乐"点上的断言，都是既不能证实也无法驳倒的主观论断。因此，"传统"货物与"现代"货物的区别随理论家的不同而改变。

力图以"生产因素"边际产品的相对规模为基础来区分不同体制也是失败的。这是由于上面谈到的对特殊范畴和一般范畴的混淆。除了把商品市场与"交换"混为一谈之外，另一普遍的混淆是"资本"与"生产方式"。比如乔根森（1961，P.31）主张"在二元经济理论中，传统部分的产出仅仅是土地和劳动力的一种功能，根本没有资本积累。"另一方面，萨里斯伯里（Salisbury，1962，P.4）则提出：对于理解西亚内人的资料来说，传统的西方经济学潜在的最适用和有效的概念是"资本"。这样，乔根森认为不存在生产方式，因为在礼物经济中没有资本。而萨里斯伯里则认为存在着资本，原因是存在着生产方式。两者皆误。礼物经济中存在着生产方式（一般经济范畴），但却不存在资本（一个历史特殊范畴）。

这些例子足以说明，同政治经济学相比，经济学包含着很多的概念混淆和自相矛盾。在一般性层次上，生产、消费、分配和交换被当作孤立的范畴加以对待。这些一般范畴与商品经济的特殊范畴混淆在一起。这种混乱导致了礼物经济在有些场合被看成"原始资本主义"，而在另一些场合又被当成既无交换也无分配的"生计经济"。与历史无关的、主观的经济学方法范例的注意力集中于个人，而不是集中于阶级和氏族。这便阻碍了对不同经济体制的客观定义，该问题与无法区分特殊性与一般性相配合。因此，概念问题、感知问题和方法论问题是相互联系的。这些问题还产生了另一个问题——解释问题，下章将对此进行论述。

下　篇

第六章　殖民地巴布亚新几内亚礼物向商品的转化

A. 巴布亚新几内亚的交换诸学说

前面几章已按逻辑时间对经济学和政治经济学的概念及方法作了对比。现在的任务则是按历史时间，透过一个具体情景的描述、分类和分析，去表明后一种方法的相对优势。作为分析对象的殖民地巴布亚新几内亚，涵盖了一段较长的时间（近100年）及一个复杂的生态和社会区域，因此，在分析中有必要对之作某些限定。这可通过对如下四个任何交换学说都必须涉及的基本问题的答案的比较中，来作出限定：本土经济是如何被概念化的？殖民地经济是怎样被概念化的？这两种互动的经济是如何被理论化的？以及殖民化所提出的工资学说的特殊问题是什么？

新古典经济学家们对上述四个基本问题的回答，可归纳如下：

本土经济：一种"落后"、"传统"的经济，生产生活物品，拥有大量剩余劳动和一种低效率的资源分配。

殖民地经济：一种"有生气"的"现代"经济，生产物品出售，并能有效地使用资源。

交换学说："现代"经济是"传统"成分向"现代"成分转化的增长动力。这种转化过程呈一种线性台阶状形式，当传统经济停滞在某一台阶上时，便会导致萧条。克服这些萧条点，能够实现传统经济的自我增长，需要进行政策性干预，直到达到这一台阶时，传统经济向现代经济的最终转变才会发生。殖民地经济被认为是一种"二元经济"。

工资理论：二元性的存在导致了要素市场的一种"畸变"。这造成了现代成分工资与传统成分收入之间出现一个30%或更多的缺口。

这些主张是由刘易斯于1954年首先提出来的。尽管他的学说已有所发展和修正，但其所有的变更都始终围绕着同一个中心主题。例如，已出现了关于传统成分中某一要素的边际产品规模的种种辩论，其为零、为负数、抑或很小？又如舒尔茨（Schultz, 1964, P.56）在辩论中提出劳动的边际产品为零的主张，他认为其数额极小，而这样"很容易误导那种习惯于用美元去衡量差额的临时观察者，使其很难分辨出零与小额赚头之间的不同"。这些争论从经济学的角度来看是很重要的，但从政治经济学的角度而言，却又是毫无意义的，因为"边际产品"这一概念没有含义。尚在争议中的问题是，对一般方法的解释上的恰当。因此，这些固有的理论上的差别，可以忽略不计。

菲斯克（1962, 1964, 1971）、香德（1965）、斯滕特、韦布（1975）以及其他学者，已经运用这些一般性主张去解释巴布亚新几内亚的情况。菲斯克认为（1964, P.156）：

> 生存群体拥有的剩余生产能力超越了满足其生存的需要。在传统的可以接受的消费水准上，这种剩余生产力可用于农业或别的生产上，而无须削减生活用品、住房和衣物等。

他称此为"生计富裕"，并认为这种情况在非洲及太平洋地区的许多国家都存在。发展问题是利用这种剩余生产力的诸多方式中的一种。菲斯克对这种台阶状过程的特定描述，是根据对收入的描述的一种二维几何模型，对闲暇时资金使用的不同层次的描述，则使用了中性曲线。收入随着发展而增加，资金的使用亦随之出现量的飞跃。每当这种情况发生时，闲暇便被劳动所替代，而剩余劳动也最终消失了。该过程并不平稳，因为传统经济在某个台阶上可能会停滞。萧条的结果和外部非市场因素的影响，必定导致下列结果中的一种或多种：

一、靠资金投入的人为增长，去充分提升每个萧滞点，达到另一个增长点（即通过说服或强迫）。

二、靠每个劳动单位资金回笼的人为增长，导致 C 曲线（资金）跳跃到一个低劳动输入（以及由此引起的作物输出）点上，而非单独对市场压力作出回应。这会造成对市场发育、运输及加工业等的临时性补贴，或在准备亏损数年的情况下，为达上述目的而由政府去经营。

三、靠资金使用的人为增长，去造成 U 曲线（使用）跌落在下一个较早点上（较低的总收入），而非单独对市场压力作出回应。这会导致在该区域范围内对物品供应和金融服务业的临时性补贴，或在准备亏损数年的情况下，由政府对零售商品储存进行调节。(Fisk，1964，P.123)

菲斯克的工资学说，即论证生活收入超过了城市工资，是与公认的正统学说相违背的。其辩护理由如下：

> 由于这种不熟练的雇佣劳动的生产力如此低下，雇主觉得不能支付更多的工资。这与一个以农为生的家庭的生活水准比较起来，是不够维持一个工人及其家庭生计的，反而使其陷入更辛苦和时间更长的工作之中。其结果是，迫使工人们在熟练掌握劳动技巧，变得世故以及在工资雇佣中挣得高薪之前，更倾向于为有限的现金收入去工作，并返回到生计农业中去。(Fisk，1971，PP.317～318)

在 1972 年至 1974 年间出现城市工资六倍增长之前，菲斯克的这一观点是先进的。城市工资的这种戏剧性增长，以及随之而来的城乡工资级差的扩大，改变了新古典主义有关工资问题的观念，使之变得与正统观念一致。例如，加尔诺（Garnaut，1973，P.173）承认，1972 年当城市最低工资为 8 澳元时，情况似乎是"乡村成为种植园的补助，而与乡下相比，城镇的工资则超出了乡下劳动的价值"。但到了 1973 年初工资增至 11.8 澳元时，他又声称："新的最低工资会通过一种有效差额高于在乡下获得劳动的机会费用。"

必须对这些主张建立一种批判，因为它们对本土经济和殖民地经济特性的描述，是不妥当的，交换学说亦未作描述，而工资理论则是经验主义的谬误。从某种程度而言，这两项任务中的首项任务，已在前几章中得以完成，它指出了新古典主义经济学家们无法将不同的经济体制加以区分。关于这一点，将在下一章中得到详细说明，我们将就本土经济的性质及其业已经历的转变，提出更多的经验主义证据。

如果对传统货物与现代货物区分不当，那么根据这些分类随之而来的任何交换学说，在逻辑上也是欠妥的。但即使这并非实际，新古典主义交换学说亦对之缺乏描述，因为它并未提出正确的问题。他们自己阐述的问题是"经济的发展"。这既造成了对传统成分向现代成分转化中不间断步骤的描述，也为克服萧滞点开出了处方。然而，在巴布亚新几内亚必须得到解释的问题，不是传统成分的消失与现代成分的出现，而是生产与礼物生产的同步增长。巴布亚新几内亚的礼物经济并未受到殖民化的破坏，而是得到了繁荣。致力于生产与将东西作为礼物交换的劳动时间，不是减少了而是增多了。交换随着经济作物和雇佣劳动的进入而同时发生。要了解该过程，须抛弃划分"现代"经济的此部分（城市部分）与"传统"经济的彼部分（乡村部分）的二元主义概念。实际情况是，全部经济都是"现代"的。在今日的巴布亚新几内亚，礼物交换的活动不是前殖民地时期的遗存，而是一种在现有条件下的当代回应。可以确信，礼物交换是一种本土经济的活动，只是前殖民地时期的礼物交换（当时情形已无法详知）与今天的礼物交换有所不同而已。经济活动不是一种自然活动，而是一种社会性行为。对其意义的理解，必须以人们在具体历史环境中彼此间的社会关系作为参照系。巴布亚新几内亚今天的经济的本质，是一种两可的。一样东西是礼物或商品，完全取决于交易时的社会关系。一头猪今天可以作为商品被卖出，而明天则可以作为礼物被交换。正是由于这种模棱两可性，这种二元主义的概念连同它对传统成分的明确限定，必须加以抛弃。巴布亚新几内亚的殖民化，并未创造出一种单向的"传统货物"向"现代货物"转化的形式，却创造了一种复杂的情况：相同的东西在不同的地点和时间里，呈现出不同的社会形式。

对此问题应作何解释呢？本章前面已涉及的论题是：尽管殖民化在巴布亚新几内亚创立了商品的生产，但它仅仅只是成功地将劳动和初级产品转化成了商品，而未将土地变成商品。在巴布亚新几内亚，除了3%的土地被国家和外国公司强行占有外，土地并未成为个人的私有财产。总的来看，氏族控制着土地的所有权，防止了土地市场的发育，它也为氏族组织得以存在而未受破坏提供了物质基础。这个尚在争议中的事实，解释了巴布亚新几内亚礼物交换的繁荣。这并不意味着在氏族土地与礼物交换之间存在着一种简单的因果联系。事实上，人们思想中存在着一种土地为氏族拥有的观念，因为礼物交换得到了繁荣。对礼物交换来说，氏族土地仅仅只是一种必要条件，而非最重要的东西。它不能决定其自身的具体形式。其他因素诸如氏族间的关系、男女间的关系、年轻人与老人间的关系、教会间的关系、国家与村寨间的关系的本质，才是其中最重要而复杂的变量。对于这当中的某一项与其他项之间的相对重要性，是不能作出评估的。礼物交换全盛期的精确行列式，随着时间地点的变更而改变。

氏族组织的存在，对某一种工资学说而言，具有某些言外之意。它意味着不存在为了生存而被迫劳动的无地可耕的无产者。这并非说不存在丧失土地的人，而恰恰是指这种现象不是大量存在。人们愿意去工作，但这些人大部分都是季节工，他们出生在某个氏族里，并要返回他们的村庄去结婚、安家。因此，劳工的再生产费用是由氏族分担的。换言之，工资只发给单身男子，负有赡养责任的已婚男子不给薪资。他们所得的工资体现着再生产的条件，而非所谓的季节工的低下的生产力。从某种程度上而言，种植园工人的生产力比城市工人的相对要低一些，这是由于代表着种植园主的改种计划的贫乏所致。

上述议题将在下文中得到详尽论述，我们可归结如下：

本土经济：一种极为复杂而多变的礼物经济，再生产呈现出受限制或被延迟两种形式。

殖民地经济：一种资本主义式的商品生产的经济。

交换理论：一种"模棱两可"的经济，东西作为礼物或商品，取决于它的社会关系。殖民化导致了商品生产的大规模的出现，外国政府、公司和教会的政治力量，带来了礼物向商品的转化。与此同时，一种反向的趋势——商品向礼物的转化，也迅速地进行着。礼物交换的这种全盛期的物质基础，是土地未作为商品的出现，以及在农村阶级组织取代氏族组织的最终失败。但这种情形是充满斗争和不稳定的，随着地区的不同而不同。

工资理论：礼物经济通过提供低于再生产费用的劳动来补贴雇佣劳工的雇主。

本章将从商品经济的角度来考察巴布亚新几内亚的经济，下一章将从礼物经济角度来考察。

B. 巴布亚新几内亚商品生产的出现

巴布亚新几内亚的有关背景情况，在导论章里已作了介绍。该背景情况亦即表6.1中的资料，将有助于不熟悉该地区情况的读者进入下面的讨论。殖民地巴布亚新几内亚分为十八个行政区域，这些自独立以来鲜有变动的行政区域，将在本节中使用。为方便起见，又可将其划分为岛屿区、海岸区和高原区。岛屿区在1971年时占有250万总人口的17%，海岸区占总人口的44%，高原区占39%。岛屿区和海岸区沦为殖民地始于17世纪80年代，而高原区沦为殖民地则在第二次世界大战后。其所以先后沦为殖民地，是由于该地的成年男子的劳动力，以及大地蕴藏着黄金。

表 6.1　巴布亚新几内亚 1971 年各区出生人口统计

		数　量	%
岛屿区：			
米勒恩湾	巴布亚	113 050	5
布尔干维尔	新几内亚	82 033	3
新不列颠	新几内亚	149 796	6
新爱尔兰	新几内亚	53 866	2
马努斯	新几内亚	25 591	1
岛屿区总计		424 336	17
海岸区：			
西部	巴布亚	72 965	3
海湾	巴布亚	69 072	3
中部	巴布亚	147 836	6
北部	巴布亚	67 375	3
莫罗比	新几内亚	241 441	10
马当	新几内亚	169 034	7
塞皮克	新几内亚	289 640	12
海岸区总计		1 057 363	44
高原区：			
东部	新几内亚	417 405	17
西部	新几内亚	334 255	14
南部	巴布亚	200 686	8
高原区总计		952 346	39
各区合计		2 434 045	100

资料来源：1971 年人口普查。

一、劳动力作为一种商品的出现

普通常识认为，礼物经济曾为商品市场提供过无限的劳动。然而事实并非如此，礼物经济下的社会成员并无将自己的劳动力作为商品提供出来的经济需要，所以，殖民者们就制造了这种需要。殖民者在美拉尼西亚制造这种需要，如同在非洲的情形一样，经历了一个漫长的过程。[①] 按照工人们在劳动市场上所享有的自由程度，可将该过程分为以下四个漫长阶段：

(a) 强迫劳动阶段（海外契约劳动），1863 年—1904 年。

---

① 可将这些阶段与爱泼斯坦（1968）的年代学阶段作一严格对比。

（b）半强迫劳动阶段（国内契约劳动），1883 年—1950 年。

（c）半自由劳动阶段（协议劳动），1951 年—1974 年。

（d）自由劳动阶段（雇佣劳动），1927 年至今。

（a）强迫劳动阶段（海外契约劳动），1863 年—1904 年。在 19 世纪 60 年代，澳洲"最北端"的昆士兰州建立了蔗糖工业，其生产及运作只须投入大量的廉价劳工。这种廉价劳工可在美拉尼西亚找到，并且其招募条件也不同于美国"最南端"的种植园补充劳工的奴隶制。这两种制度的重要法律区别在于，昆士兰种植园劳工的招募是以契约形式进行的。但在实际运作中，这两种制度的差别甚微，尤其是在运作的招工者一方。随着提供劳工的新地域的开辟，残忍的暴力手段会用到招工中。这种徒劳的招募方式，在一旦寻到一位首领或头人充当代理人时，便很快被一种更有序的方式所取代。[1] 然而，这种方式随着招工的广为人知，以及成交条件的强硬，而终于变得昂贵了。招工者被迫去开辟新的招募天地——一种新的"劳工边远区"，如法炮制，继续招工。在昆士兰，招来的劳工要签一份为期三年的合同，领取一只盒子及微薄的口粮。[2] 合同到期不想续签者，会被送回故里。[3] 这种合同制一直持续到本世纪末叶，澳洲白人工人阶级与其他反对派联合起来改变了生产方法之后，才宣告结束（Graves，1979），所有依然生活在澳洲昆士兰的美拉尼西亚劳工，全部被强制遣返。接踵而来的澳洲种植资本，与德国资本一道，都在美拉尼西亚建立过契约劳动制度。

表 6.2 为 1863 年到 1904 年的这种强迫劳动制度提供了一项统计数字，这期间共有 62 475 名男子被征募做工。19 世纪 80 年代，劳工招募曾达到一个高峰，此后势头便衰退了。也正是在 19 世纪 80 年代，一种新的生产方法——中央集约制得到了介绍。此时也是公众反对这种制度最激烈的时候。1883 年至 1884 年，是 2 808 名巴布亚新几内亚劳工的一个转折点，此时新赫

---

① Ada Gehe 的 Kwaisula 便是一位著名的招工代理人。作为交换条件，他向招工方提供军队、煤油、砒霜、斧头、栅栏及建筑材料（贝，Docker，1970，P.132）。这些代理人经常欺骗劳工。例如，在 Mota 岛一名当地代理人 Wenlolo 与返回的劳工面谈时，好言哄骗合同期为三个月，不是三年（Parliamentary Papers，1867—1868，XLVII，P.4）。

② 许多应征者报怨说："如果我没有盒子，乡下男人会冲我抗议的。"（Docker，1970，P.266）礼物经济中的这种机构和地点，将在下文中进一步讨论。

③ "通常情况下，要让这类劳工返回原籍是不可能的事，他们要么随着人口的减少而消失，要么被官方遣送到不为人知的地方……有时滞留在相去故里数百英里之遥的海滨，成为敌对民族的牺牲，或一贫如洗的异乡人。"（Belshaw，1954，P.36）

布里斯人充当了劳工的主角。但到了 1883 年时，新赫布里斯劳工已经熟悉了在这种制度下的劳动，他们开始为争取较好的工作条件而讨价还价，从而使得巴布亚新几内亚和所罗门群岛成为一个富有魅力的地方。许多巴布亚新几内亚人被拐骗，致使巴布亚新几内亚政府对通往该国的 32 条海上航道中的 14 条，进行了管制和调查（Corris, 1968, P.9）。昆士兰的巴布亚新几内亚劳工死亡率较高，一名男子会由于糟糕的饮食供应、恶劣的气候条件、超负荷的工作或生病时得不到应有的照料等四种原因中的一种而丧命（Docker, 1970, PP.205~206）。巴布亚新几内亚的实况，为改革者提供了他们所需要的依据，并在 1885 年通过一项立法，规定 1890 年后，不再许可从美拉尼西亚招募劳工前往昆士兰做工。（Corris, 1968, P.103）

（b）半强迫劳动阶段（国内契约劳动），1883 年—1950 年。种植园和矿业资本于世纪初进入了巴布亚新几内亚，契约劳动体制的确立，为其提供了廉价的劳动。这种体制的运作与昆士兰种植园的劳动管理方式大致相同，所不同的是，劳工不须作长途跋涉，并且要服从当地政府的管理。这种制度的发展情况参见表 6.3。该表列出了 1890 至 1940 年间从事契约劳动的劳工人数。新几内亚（New Guinea）是大多数活动的中心，因为它首先接受了德国种植资本的涌入，1914 年时德国种植资本方被澳洲资本所取代。当时，德国人雇佣着17 529名巴布亚（Papua）契约劳工，澳洲人则只雇佣着 7 681 名劳工。在第一次世界大战爆发前夕，共有 49 253 名巴布亚新几内亚人受雇为契约劳工。

表 6.2　1863 年—1904 年昆士兰的美拉尼西亚籍
劳工资料（实招劳工数/五年一个间断期）

地　　区	1867	1872	1877	1882	1887	1892	1897	1904	总数	%
Loyalties	421	643	59						1 123	2
新赫布里斯	1 308	2 950	7 811	9 648	7 845	4 594	2 598	3 177	39 931	64
所罗门群岛		82	908	1 704	3 179	3 588	3 094	5 201	17 756	28
新几内亚					2 808				2 808	5
其他地区	34	42	74	70	205	114	318		857	1
总　　计	1 763	3 717	8 852	11 422	14 037	8 296	6 010	8 378	62 457	100

资料来源：Price and Baker, 1976, PP.114—115.

表 6.3　1890 年—1940 年间巴布亚新几内亚
契约劳工统计

年　　份	巴布亚[(a)]	新几内亚[(b)]
1890	——	869
1909	4 266	8 311
1914	7 681	17 539
1921	7 495	27 728
1925	6 879	23 421
1930	7 274	30 062
1935	5 964	34 150
1940	9 828	39 424

（a）1907—1922 年的数字为雇佣劳工数，而 1923—1940 年的数字则为契约劳工的平均数。

（b）这是一个年终（6 月 30 日）的雇工数。

1930 年时，巴布亚的一位殖民官员曾说过：

雇主在我们的契约体制指导下的最大优势在于，遇有民事纠纷时契约制可为他提供刑事补偿。例如，根据法令，我们可以对擅自逃跑或玩忽职守的土著劳工处以罚款或监禁。当然，这些"刑事支持"并非单独针对巴布亚劳工的法规，而是适用于雇佣双方的，从而把雇主置于一个能够履行控制其劳工的位置上。一旦违约，他们会当场在许多方面受到非难，劳资双方都应避免民事补偿。从理论上讲，通过刑事程序来判断民事投诉的实施，是不可能的事。任何尊重公道的人，其首要和非常自然的感情，必须是对滥用刑法充满忿恨。但在像巴布亚这种地方进行管理的实际体验，会诱使他去掩饰这种感情。但值得考虑和需要认识到的是，如果是一份合同，违约时就必须得到补偿。然而，民事补偿又是毫无用处的，因为被告除了有几先令的工资外，便一无所有……因此，一旦违约，他可免受惩罚。（Annual Report, Papua, 1930, P.10）

当然，一名契约劳工没有财力而使他违约而又不受处罚的事，并非事实。实际情况是，他没有将劳动力作为商品出售的经济需要，这使得刑法条款具有了契约劳动的需要。许多自由雇工一无所有，但他们不能违约而免受处罚。为了生存，他们必须出卖自己的劳动力。这就为雇主无需刑法的帮助去控制劳工提供了必然性。

由于不存在"劳工的无限供给"，招工的困难使得在招工中采用了许多不正当的手段。例如，1922 年的新几内亚年度报告中说：

> 在德国人的管理下，出现了一种令人指责的活动，利用当地女色去诱骗劳工，在原立合同终了之后续签合同。大多数种植园主的老婆雇有数名当地女子，用她们去充当土著劳工的老婆，去勾引土著劳工续签合同。当地的任何风俗习惯对之都无裁判权，因为在当地的绝大多数部落中，婚姻法典是有严格限定的。……这就可以明白，为什么当这些劳工和妇女返回原籍时，碰到诸多抱怨和麻烦。(Annunal, Report, New Guinea, 1922, P.53)

招工者在招工活动中也支付一笔红利给那些愿为其效劳的村寨头人，这一行为是得到澳洲当局认可的。但人们也承认："如果这位头人淫威无忌，便会滥用职权。为获取招工人支付的红利，头人会强迫不愿去的土著人去应招。"(P.53) 人们也承认，这种做法正是造成过量招工而使有些地区人烟稀少的原因。1922 年颁布的《土著劳工法令》中，对这种滥用职权与收取红利的行为，作出限制性规定。

一名契约劳工必须每天工作 10 个小时，每周工作六天，每月所得现金津贴仅为 5 磅，每日口粮共 3.5 磅，要么是甘薯，要么是芋头，要么是英国土豆，外带 6 盎司肉或鱼，每月有一磅烟草。对所有劳工来说，最重要的是领到一个盒子，其规格按 1922—1928 年颁布的《土著劳工法令》规定如下：

a. 内部尺寸：$24'' \times 10'' \times 6''$

b. 盖子（全为深色）：$2''$

c. 各边及底端：$\frac{3}{4}''$

d. 盖顶和盒底：$\frac{5}{8}''$

e. 盒底角空位：$2\frac{1}{2}'' \times 2\frac{1}{2}'' \times \frac{5}{8}''$

f. 盒面（盖内）：$\frac{3}{4}'' \times \frac{3}{8}''$

g. 手柄（铁制/2个）：$4'' \times 1\frac{3}{4}''$

h. 铰链（黄铜制成/2个）：$2'' \times \frac{3}{4}''$

i. 螺钉（黄铜）：$\frac{3}{4}''$

j. 搭扣和锁环：$4''$

k. 挂锁及钥匙。

该盒子是劳工与礼物经济间的链环。他们把自己受雇期间所获得的各种商品存在盒中，回家时再把这些商品作为礼物送给各种大人物（Big-men），以便自己在礼物经济中重新获得平等待遇（详情见下章）。

表6.4　1889年—1928年间巴布亚金矿统计

日　　期	外国矿业主	契约劳工	生产的黄金量（盎司）
1889—1899	232	988	81 109
1900—1909	102	862	206 784
1910—1919	57	511	134 443
1920—1928	27	294	129 899

资料来源：Annual Reports, Papua, 1927—1928.

契约劳动制的持续，是无法与其所运用的资本类型相脱离的。在这方面，矿业资本与种植园资本之间存在着很大的差异。矿业资本漫游世界去寻找原材料，使其能够挪用自身的级差地租，剥削廉价劳动力并非它的原始意图。种植园资本却恰恰与之相反。它要求从"劳工边远区"招募未婚而不谙世故的劳工。它将伴随着劳工边远区的长期存在而存在下去。就20世纪30年代在巴布亚新几内亚"发现"的情况来看，40%的人口居住在高原区，在那里开辟的新的劳工资源直到70年代才告枯竭。种植园资本把不能生产的老树和劳动关系中剥削制度遗存下来。另一方面，矿业资本的主要遗物却是大地上的矿洞。表6.4归纳了矿业资本进入巴布亚后的第一波的冲击情况。这种冲击从1889年至1928年持续了40年，生产了552 235盎司黄金，其中的65%都是在米勒海湾各岛开采的，26%采自北部地区，其余的黄金则采自中部地区。尽管这种资本在巴布亚契约劳动制的建立中发挥了毫无疑问的作用，但它已不再是一个大雇主了。例如，1921年时矿业资本所雇用的劳工还不到全部契约劳工的 3%。

表 6.5　1932 年—1941 年新几内亚莫罗比
地区金矿统计

年　份	契约劳工（a）	黄金产量（b）（盎司）
1932	2 800	6 890
1933	3 875	65 355
1934	5 142	89 737
1935	6 369	127 901
1936	6 816	121 352
1937	7 394	137 325
1938	7 189	134 715
1939	7 162	158 970
1940	7 150	185 016
1941	6 438	167 462
		1 194 723

（a）莫罗比地区雇佣劳工数。资料来源：Annual Report，NG。

（b）莫罗比地区 Bulolo 地区挖泥回土量。资料来源：Healy, 1967, P.61。

与表 6.5 中显示的莫罗比地区金矿统计的第二波矿业资本相比，这种资本显然是高产的。在 1932 到 1941 年的 10 年间，共生产了 1 194 723 盎司黄金，是第一波矿业资本 40 年中生产黄金的两倍多。这种大比例地使用合同劳工（详见下文），使得莫罗比地区由原来的纯契约劳工供给区，变成了纯契约劳工需要区。

第三次矿业资本浪潮于 20 世纪 60 年代到来，主要投资在布干维尔地区。该地区迄今仍是世界上最大的铜矿之一，黄金仅只是铜矿中的一种副产品，但在最初的 1971 至 1973 年的头两年中，生产了 650 000 盎司黄金。这比首次投资浪潮中 40 年所产黄金还多，为第二次投资浪潮 10 年中产金量的一半，形成了首次开采高峰。第三次矿业资本浪潮的另一个重要特征是，在相对较高的工资基础上，使用了自由雇工。种植园资本则没有这种浪潮式的运动。表 6.6 提供了 1885 至 1939 年间，巴布亚和新几内亚的耕地情况。在巴布亚，最初的投资发生在 1907 年至 1917 年的 11 年间。此后，对高原地区 23 000 公顷耕地的投资便终止了。这批投资的大部分被集中用在了米勒恩海湾地区的椰子种植园里。在中部地区，橡胶也是一种重要树种。这两个地区分别占去了整个种植业面积的 52% 和 38%。

表 6.6　1885 年 ~ 1939 年巴布亚与
新几内亚的耕地面积

年　份	巴布亚地区		新几内亚地区	
	面积（公顷）	数　量	面积（公顷）	数　量
1885			60	n.a.
1907	594	n.a.	n.a.	n.a.
1909	3 132	130	16 024	n.a.
1914	17 370	228	31 099	n.a.
1918	23 309	244	54 213	375
1922	24 408	259	70 122	n.a.
1931	23 838	338	89 570	416
1939	23 967	n.a.	106 085	497

资料来源：Annual Reports, 1885—1939.

新几内亚的耕地面积也在稳步增加，于 1914 至 1922 年期间达到一个最高峰。1922 年的年度报告说明了这种增长的原因：

> 德国人希望获取更多财富，但有一个办法为他们的新老棕榈树支付统一的费率，于是他们就抢占了大量的种植园（很多情况下种植得草率和差劲）。为掩饰这种不良印象，每当得到一点补偿时，他们便声称获利较丰。（Annual Report, New Guinea, 1922, P.124）

应该注意的是，新几内亚种植业的规模比巴布亚的大得多。例如，1931年时，新几内亚的 416 个种植园的平均面积为 215 公顷，而巴布亚的 338 个种植园的平均面积只有 70 公顷。这种事实的重要性在于，规模越大的种植园，其条件也就越糟。这可从其劳工的死亡率上部分地反映出来（见表6.7）。

表 6.7　1926 年—1940 年巴布亚新几内亚契约
劳工死亡及逃跑数统计

年份	巴布亚地区		新几内亚地区			
	死亡人数		死亡人数		逃跑人数	
	数量	占巴布亚劳工%	数量	占新几内亚劳工%	数量	占新几内亚劳工%
1926	118	1.22	525	2.22	494	2.09
1927	131	1.57	589	2.18	631	2.33
1928	94	1.12	488	1.72	378	1.33
1929	57	0.84	622	2.07	1 110	3.69
1930	95	1.31	557	1.84	601	1.99
1931	51	0.83	457	1.64	892	3.21
1932	144	2.74	665	2.55	849	3.19
1933	110	2.17	450	1.59	917	3.24
1934	67	1.29	489	1.58	1 041	3.37
1935	63	1.05	519	1.52	898	2.62
1936	91	1.31	604	1.63	936	2.53
1937	87	1.09	501	1.24	1 051	2.61
1938	177	1.83	616	1.47	1 116	2.67
1939	132	1.35	646	1.55	1 218	2.92
1940	181	1.84	595	1.51	877	2.22

资料来源：Annual Reports，1926—1940.

　　矿业资本和种植园资本对新几内亚各地区造成的冲击情况，可参看表 6.8 中所列。种植园资本首先投资在新不列颠地区（the New Britain District），到 1925 年时，该地区的劳工资源区消失，所需劳工转而向其他地区寻求。稍后，种植业在其他岛屿地区——新爱尔兰（New Ireland）、马努斯（Manus）等地区发展起来，使得这些地区也变成了劳工净需区。这种劳工需求在新几内亚大陆，尤其是塞皮克地区的沼泽地区得到了满足。矿业资本对莫罗比地区的第二次冲击力是显著的，使得该地区由原来的劳工净供区变成了净需区，1936 年时还从外地招收了 6 688 名劳工。

　　巴布亚也存在同样的情况。资本集中在米勒恩海湾和中部的两个地区，而劳工则来自尚无投资的海湾和西部地区。没有这种资本的不规则分布，契约劳动制便不可能存在。

表 6.8 1925 年—1940 年新几内亚各区契约
劳工供需统计

年份	净需数					净供数		
	新不列颠	新爱尔兰	马努斯	莫罗比	塞皮克	马当	布干维尔	净流入劳工
1925	4 492	75	675	– 1 202	3 254	75	711	5 242
1926	4 654	543	903	– 1 338	3 414	639	709	6 100
1927	4 819	181	747	– 489	3 305	1 144	809	5 747
1928	4 657	1 237	896	– 373	4 571	941	905	6 790
1929	4 642	1 648	705	0	4 449	1 712	834	6 995
1930	4 633	1 405	706	7	5 156	961	634	6 751
1931	3 892	1 413	793	534	5 291	773	568	6 632
1932	3 014	1 299	750	1 254	5 010	632	675	6 317
1933	3 841	1 200	597	2 066	5 535	660	509	6 704
1934	2 325	1 778	518	3 910	6 840	1 182	509	8 531
1935	2 418	1 466	475	5 667	7 691	1 846	489	10 026
1936	2 854	1 544	463	6 688	9 022	1 993	534	11 549
1937	4 205	1 813	576	5 305	9 117	2 073	709	11 899
1938	5 012	2 200	394	4 536	9 674	1 750	718	12 142
1939	4 996	2 191	295	4 935	9 516	2 100	801	12 417
1940	4 554	2 028	177	4 663	8 388	2 239	795	11 422

资料来源：Annual Reports，New Guinea，1925—1940.

表 6.9 1948 年—1952 年巴布亚新几内亚契约
劳工向合同工和自由雇工转化统计

年 份	契约劳工	协议劳工	自由雇工		总 计
			私人雇工	政府雇工	
1948	133 778	——	12 614	11 399	37 391
1949	15 593	——	15 355	12 536	43 484
1950	16 890		17 532	13 763	48 185
1951	9 192	11 001	18 572	12 748	51 513
1952		24 488	18 719	13 705	56 912

资料来源：Annual Reports，1948—1952.

C. 半自由劳动阶段（合同劳动），1951 年—1974 年。第二次世界大战中，日本人占领了新几内亚，结果使得劳资双方的伤亡都十分惨重。战争也延迟了对最后一个劳工资源区——高原地区的剥削。战后的中期阶段，澳洲工党废除了契约劳工制的刑事法规，使之变成众所周知的"协议劳动制"，所有高原劳工都应招在这种体制下工作。与此同时，在老的劳工资源区随着礼物经济的转化，使得自由雇佣劳动成为了现实。到了战后，这种体制成为了雇工的主要形式，并为劳动力向商品的成功转变提供了依据。表 6.9 中列出了战后中期的各类雇工趋势。1948 年总雇工数为 37 391 人，其中有 13 378人为契约劳工。及至 1952 年，总雇工数为 56 912 人，其中 43% 为协议劳工，而无一名契约劳工。协议劳工制在 1972 年时仍然存在，只是仅占总共 120 014 人的 26%（见表 6.10）。1974 年时，协议劳工制才被废除。只是种植园劳工的条件几乎没有什么变化。

表 6.10　1971 年—1972 年巴布亚新几内亚
劳力与人口统计

劳动力（1972）农村地区	人口（1972）		劳力/人口		
	数　量	%	数　量	%	%
协议劳工	32 071	（26）			
雇佣劳工	39 369	（33）			
农村劳工总计	71 440	（59）	2 203 636	（91）	（3）
城市雇佣劳工	48 574	（41）	231 873	（9）	（21）
总　计	120 014	（100）	2 435 509	（100）	（5）

资料来源：Maro Board Report，1974，PP.15，24；1971 Census.

就雇主提供的实际费用看，在昆士兰运作的强迫劳动制与协议劳动制之间的差别甚微，见表 6.11 所列。该表比较了 1867 年昆士兰所雇每个劳工按规定所得的每日定量口粮与 1951 年巴布亚新几内亚每个劳工每日口粮的情况。1951 年规定的食品品种有所增加，但主食品的质量却有所下降：1867年的每日定量口粮为 4 磅甘薯和 1 磅肉；1951 年时则为 3.5 磅甘薯 $6\frac{2}{3}$ 盎司肉。雇主需要支付的其他主要费用即是招工费，即使将这笔费用也考虑进去的话，协议劳工的费用也是便宜的。昆士兰的种植园资本则面临着招工费的上涨，1867 年时为每人 7 英镑，到 1882 年时则涨到了 22 英镑（Docker，1970，PP.45，164）。然而，在战后的巴布亚新几内亚，协议劳工主要是由国家招收，而非私人企业招用，其统一的招工费为 7 英磅（Cochrane Report，1970，P.28）。这些都是最新的价格，协议劳工的实际招工费要更低。

表 6.11　1867 年和 1951 年劳工定量口粮量

项　　目	契约劳工（1867）	协议劳工（1951）
1. 甘薯	4 磅	3.5 磅（b）
2. 花生	——	4 盎司（c）
3. 大麦	——	4 盎司
4. 肉	1 磅	$6\frac{2}{3}$ 盎司
5. 油脂	——	2 盎司
6. 糖	2 盎司	$2\frac{2}{7}$ 盎司
7. 茶	0.5 盎司	$\frac{2}{7}$ 盎司
8. 盐	——	$\frac{1}{5}$ 盎司
9. 水果	——	1 磅
10. 水	6 品脱	6 品脱

（a）可选择 1.5 磅大米或 1.5 磅玉米面。

（b）可选择 1 磅大米或 1.5 磅面包，或 3.5 磅可可，或 3.5 磅芋头，或 3.5 磅英国土豆，或 1 磅西谷米。

（c）可选择表中的第 2，3，4，5，6，7 和 9 项。

资料来源：Parliamentary Papers，1867—1868，XLⅧ；Annual Reports，1951，PP.134~135.

最后的劳工资源区。表 6.12 中清楚地列出了劳工资源区的变化。1949 年时，所有的协议劳工和自由雇工都招自海岸地区，其中大部分又来自塞皮克地区。在 20 余年里，塞皮克地区所提供的劳工绝对数从 9 145 人减至 6 437 人，相对数则由 87％减至 22％。高原地区作为劳工资源区的重要性相应突出出来。1949 年时，高原地区没有提供一名劳工，但到了 1968 年时，它却提供了 13 267 名男工，占净供劳工总数的 45％。劳工资源区变化也在高原地区出现了。首先打开的劳工资源区的是高原东部地区，接着是高原西部地区，高原南部则于本世纪 60 年代被打开，成为了最后开放的劳工资源区。1969 年的一份《劳动部报告》中曾提到："最后的劳工资源区高原南部，被认为达到或接近了劳工供给的顶峰，当然今后进一步的大幅度供给劳工，仍有许多局限"（Highlands Labour Report，1969，P.10）。"这些劳工中的大部分，既被送往新不列颠地区的椰子园工作，也被输往中部地区的行政总部，或椰子园和橡胶园受雇。

表 6.12　1949 年～1968 年间巴布亚新几内亚
劳工供需统计

	1949	1960	1968
净需地区：			
中部区	4 586	7 620	13 487
岛屿区	5 875	15 128	16 225
总　计	10 461	22 748	29 712
净供地区：			
海岸区			
塞皮克区	9 145	9 964	6 437
其他海岸区	1 316	5 164	10 008
高原各区			
东部	——	6 772	10 084
西部	——	796	（－2 213）
南部	——	52	5 396
总　计	10 461	22 748	5 396

资料来源：Cochrane Report，1970，P.31.

表 6.13　1953 年—1968 年协议劳工占总劳力成分统计

高原地区协议劳工		总协议劳工		总劳力
年　份	人　数	占总协议工%	人　数	占总劳力%	人　数
1953	2 101	7	29 390	49	59 459
1960	6 979	22	31 192	42	72 938
1965	14 481	55	26 215	29	91 753
1967	14 718	60	24 569	23	109 000
1968	14 178	62	22 746	20	115 517

资料来源：Cochrane Report，1970，P.33.

　　20 世纪 60 年代末期，种植业资本开始面临着危机，其情况见表 6.13 所列。1953 年至 1968 年时，协议劳工的百分比从 7% 升到 62%，但这个增长幅度不足以抵消供给量的下跌。政府通过对支配量 25% 的招工申请数的控制，进一步限制了劳工供应。这个办法是从残酷的经验中学会的。随着时间的推移，过量的劳工招募造成了劳工资源区的枯竭和劳工的短缺，人口亦随之下降。为了克服这个问题，地区官员便去检查协议劳工招募中是否违反了不得超出该村男劳力 25％的规定。

表 6.14　1967 年在外地做工的 16 岁～45 岁男性高原劳工统计

地区/隶属地区	16～45 岁男工（a）	占在外地工作的%（b）	
东部地区：			
Henganofi	7 995	988	12
Wonenara	3 328	707	21
Okapa	10 297	1 392	14
Kainantu	9 288	1 513	16
Goroka	19 111	2 643	14
Kundiawa	20 430	6 202	30
Gumine	9 188	2 265	25
Chauve	6 972	1 744	25
Kerowagi	7 173	2 019	28
总　计	93 782	19 473	21
西部地区：			
Hagen	29 839	962	3
Webag	19 795	1 557	8
Mini	8 086	315	4
Lagaip	11 782	234	2
Lake Kopiago	1 986	46	2
总　计	71 488	3 114	4
南部地区：			
Mendi	7 769	666	9
Kagua	7 122	905	13
Ialibu	8 647	1 363	16
Nipa	7 249	600	8
Tari	8 167	1 384	17
Koroba	4 835	647	13
总　计	43 789	5 565	13
合　计	209 059	28 152	13

（a）人口的大规模普查是在 1966 年 8 月至 1968 年 8 月间进行的。

（b）包括了协议劳工和其他劳工。

资料来源：Highlands Labour Report，1969，App. F.

该规定的落实情况，可参看表6.14和表6.15。表6.14列出了高原地区及其隶属区受雇成年男工占总成年男工的百分比。1967年时随着21%的成年男工的被招收，高原东部地区的劳工资源区显然已告枯竭，而高原西部和南部的劳工资源区，分别占总招成年男工的4%和13%，依然存在很大的招工潜力。

表6.15把两个隶属地区的劳工数分别列在各自的人口普查部分中。高原地区东部的属区昆低畦（Kundiawa）及其西部的拉加坡（Lagaip）属区的数字已选入表中，因为它们分别是劳工招募的最高数和最低数的两个地区。昆低畦为高原地区的一个主要中心区，该地区招工过量的两个地区分别是Mitnande（占47%）和Niglkande（占49%），但与其他地区相比，招工量都处在或低于法定限招标准。拉加坡为高原地区的一个偏远地区，1967年时招工量在标准之下，该地区未作人口普查的村庄占被招成年男工总数的5%多一点。

表6.15　1967年巴布亚新几内亚的昆低畦及
拉加坡两地做工的16岁～45岁男工

人口普查地区	16~45岁男性总人口	占在外地做工总数%	
Kundiawa:			
Waiye	2 742	684	25
Dom	1 792	409	23
Sinasina	6 000	1 516	26
Yonggaamugl	2 593	704	27
Mibnande	3 549	1 663	47
Niglkande	1 963	963	49
Karimui	704	145	21
Daribi	765	40	5
Bomai	184	19	10
Tura	52	8	15
Pio	86	6	7
总　　计	20 430	6 202	30
Lagaip:			
N. E. Lagaip	1 209	9	1
S. E. Lagaip	902		
W. Lagaip	1 222	66	5

续　表

人口普查地区	16~45 岁男性总人口	占在外地做工总数%	
Wage	2 089	40	2
Lai Mariant	1 781	27	2
N. W. Mariant	2 370	33	2
Porgera	796	32	4
Paiela	788	1	
	625	25	4
总　计	11 782	234	2

注释及资料来源见前表。

　　这种招工模式似乎是，当首次在某地招工时，应招者为青年男子，其后才有壮年男子应招。例如，在高原南部的科罗巴（Koroba）地区，哈里斯氏发现 1966 年时有 80% 的应招劳工年龄在 19 至 24 岁之间，而在 1970 年时应招劳工中只有 51% 属于该年龄组。他还发现在应招劳工中已婚百分比有明显提高：1996 年为 11%，1970 年为 25%（Harris，1972，P.129）。当然，大多数已婚劳工的妻子都留在了村里。要是雇主同意的话，法律是准许男工携眷同往的。遇有这种情况时，雇主有义务为劳工的妻室提供食宿。在劳工部进行的一项调查中表明，有 48.9% 的劳工已婚，但其中只有 27.6% 的劳工带着家眷（Maro Board Report，1974，p.6）。

　　种植业资本的退出。资本依靠支付给单个工人工资对其劳动进行剥削，工资本身并不能再生产出资本本身，因为劳动不能再生产出它自己来。资本只能随着劳工资源区的存在而存在下去。一旦劳工资源枯竭，资本也必须以别的方式进行投资。若为外国资本，则往往会撤离投资的东道国。这正是 1972 年时巴布亚新几内亚的情形。

　　在巴布亚新几内亚经营的种植园资本中，大约有一半属于"三大"贸易公司所有：W.R. 木工公司（W.R.Carpenter）、轮船贸易公司（Steamships Trading Co.）及新几内亚本恩思·菲力蒲有限公司（Burns Philp〈NG Ltd〉）。在截至 1968 年 6 月 30 日的两年时间里，这三家公司雇用了总协议劳工的 49%，另一家英属新几内亚开发公司（The British New Guinea Development Co.）则雇用了协议劳工的 13%。其余协议劳工则为私人种植园所雇用。（见表 6.16）

表 6.16　1968 年高原地区协议劳工主要雇主

公司名称	截至 1968 年 6 月 30 日 两年中雇工数	%
W.R. 木工集团公司	3 250	21
汽轮贸易公司	2 398	15
新几内亚本恩思·菲力浦有限公司	2 038	13
英国新几内亚开发公司	1 954	13
其他公司	5 857	28
总　计	15 497	100

资料来源：Highlands Labour Report，1969，P.11.

表 6.17　1973 年本恩思·菲力蒲有限公司各地纯利统计

地　区	利润（千澳州元）	%
澳州	4 433	59.2
巴布亚新几内亚	1 963	26.2
南部海区[a]	695	9.3
新赫布里斯	390	5.3
总　计	7 481	100

（a）包括斐济、西萨莫亚、美属萨莫亚、汤加和纽埃岛。
资料来源：Chairman's Address，BPNG，1973.

　　新几内亚本恩思·菲力蒲公司是本恩思·菲力蒲有限公司的一个附属公司，是一个以澳洲人为主组成的多国公司。该集团公司与巴布亚新几内亚有着较长时间的联系，并在其初创时期，因从美拉尼西亚招收劳工到昆士兰开办甘蔗园而赚了一大笔钱（Bolton，1967，pp.119～120）。该集团 1973 年在各地区所获利润见表 6.17，是年共获利 7 481 000 澳元，其中 4 433 000 澳元或总利的 59% 来自澳洲，26% 来自巴布亚新几内亚，其余的 15% 来自其他太平洋群岛。1972 年，该集团提出"使集团更少依赖岛上经营"的策略（Chairman's Address，BPNG，1973）。事实上，这意味着集团要退出种植业资本。

表 6.18　1965 年—1973 年巴布亚新几内亚
Burns Philp 集团上缴利润

年　份	上缴利润（澳元）
1965	437 500
1966	211 875 （a）
1967	550 000
1968	550 000
1969	550 000
1970	550 000
1971	2 750 000 （b）
1972	9 625 000 （c）
1973	1 500 000

（a）包括 150 万美元的津贴股息。

（b）包括 200 万美元的津贴股息。

（c）包括 450 万美元的津贴股息。

资料来源：Registxar General's office，Pt.Moresby.

　　表 6.18 与表 6.19 表明了这一点。在表 6.18 中列出了巴布亚新几内亚各公司给澳州总公司上缴的年利润。1972 年上缴利润高达 962.5 万澳元，其中包括了 450 万美元的津贴股息。要抓住这种转变的本质，我们必须对资料作进一步分析。表 6.19 对此作了分析，并给出了截至 1973 年 6 月的四年里，巴布亚新几内亚各分公司的股息和利率。非常清楚，这种转变的根源来自于公司种植园的减少。总的来看，其股息及利率超过了 100%，达到了 140%。另一方面，由于公司致力于商业运作，其等值数仅为 90%。

表 6.19　1970 年—1973 年本恩思·菲力蒲有限公司
从巴布亚新几内亚各公司所获利润

公司名称	平均利润 （澳元/年）	平均红利 （澳元/年）	利润%
初级产业：			
Kulon 种植有限公司	148 295	206 006	138
新爱尔兰种植有限公司	64 879	127 000	195
新 Hanovr 种植有限公司	113 202	151 425	133
新几内亚种植有限公司	136 583	10 750	103
新不列颠种植有限公司	30 585	170 000	124
罗宾逊河种植有限公司		47 812	156
合　计	503 910	712 993	141
第三产业：			
本恩思·菲力蒲（NG）有限公司	2 059 632	1 981 250	96
BNG 贸易有限公司	425 473	229 120	53
Moresby 酒店有限公司	13 613	14 375	105
Moresby 租赁公司	374	–	
Warirata Estates 有限公司	(– 5 072)	–	
本地洗衣公司	15 297	18 000	117
巴布亚酒店有限公司	11 435	11 250	98
Bunting Stevedores 公司	116 400	120 000	103
合　计	2 637 252	2 373 995	90
总　计	3 141 062	3 086 988	98

资料来源：Registrar General's office，Pt. Moresby.

在 W.R. 木工有限公司的账目中也可发现种植资本的退出。表 6.20 中列出了该公司上缴澳洲总公司的年利润。1972 年该公司的上缴利润高达552.57 万澳元。这种情况之根源仍是"种植业的再开发已无须保留"。表6.21 展示得十分清楚。公司种植业资本股息利率为 171%，而第三产业股息利率则为 92%。

表 6.20 1970 年—1973 年巴布亚新几内亚 W.R.

表 6.20　1970 年—1973 年巴布亚新几内亚 W.R.
木工有限公司上缴年利

年　份	利润（澳元）
1970	9 370 000
1971	950 000
1972	525 700
1973	976 000

资料来源：Registrar General's office，Pt.Moresby.

表 6.21　1970 年—1973 年巴布亚新几内亚 W.R.
木工有限公司各公司获利统计

公司名称	年均获利（澳元）	年均红利（澳元）	获利%
初级产业：			
Cocunt 产品有限公司	1 349 268	2 503 900	185
Estates 岛有限公司	209 620	286 660	136
Garua 种植有限公司	40 272	41 701	103
Tovarur 种植有限公司	54 840	54 952	100
Dylup 种植有限公司	67 015	61 654	92
合　计	1 721 015	2 948 867	171
第三产业：			
新几内亚有限公司	128 131	73 750	57
Boroko 摩托有限公司	71 443	34 750	49
W.R. 木工（财产）有限公司	46 646	27 250	58
南方十字航海保险有限公司	43 331	175 000	403
Taubmans（PNG）Pty 有限公司	41 427	22 500	54
Pty 煤气供应有限公司（NG）	77 743	45 000	57
合　计	408 721	378 250	92
总　计	2 129 736	3 327 117	156

（a）仅指 1971 年—1973 年。

资料来源：Registrar General's office，Pt.Moresby.

另一个大贸易公司汽轮贸易有限公司则是一个例外情况，已列在表 6.22 中，1972 年时它未分到高额红利。

礼
物
与
商
品

表 6.22　1970 年 ~ 1973 年间汽轮贸易
有限公司上缴红利

年　份	红利（澳元）
1970	815 314
1971	815 314
1972	815 314
1973	592 955

资料来源：Registrar General's office，Pt. Moresby.

　　当然，1972 年这一年是有意义的，不仅劳工资源区于是年告罄，而且
巴布亚新几内亚自己的政府也宣告建立，并提出了预扣红利的 25% 为赋税
（1973 年提出）。这些情形综合起来有效地刺激了"三大"公司中的两家将
其种植资本输回澳洲，并怂恿说：种植业的所有权将最终落到巴布亚新几内
亚政府手中。如今巴布亚新几内亚政府的政策正是，将移往国外的种植业转
让到巴布亚新几内亚集团手中，并且建立了一个用于购买种植园的专门基
金。这样做的初衷在于，使巴布亚新几内亚人能够通过种植资本重新恢复对
土地所有权的控制。然而，他们所得到的是，一些破烂不堪的产业，须投入
低支付劳动方可维系其运作。正如一份最新政府报告所说的那样，在椰子和
橡胶业里，"大量的树林已经老化，或正在迅速老化，已改种的部分微乎其
微，须进行数年改种之后，树林方可见效。"　（Maro Board Report，1974，
P.10）

表 6.23　1945 年—1976 年协议劳工
口粮价值（澳元/周）

年　份	现金成分	实物成分	总　计
1945	0.35	3.86	4.21
1956	0.58	3.86	4.44
1960	0.63	3.86	4.49
1961	0.75	3.86	4.61
1962	0.75	3.86	4.61

续 表

年　份	现金成分	实物成分	总　计
1963	0.75	3.86	4.61
1964	0.75	3.86	4.61
1965	0.75	3.86	4.61
1966	0.75	3.86	4.61
1967	1.00	3.86	4.86
1968	1.00	3.86	4.86
1969	1.00	3.86	4.86
1970	1.00	3.86	4.86
1972	1.13（a）	3.86	4.99
1973	5.90（b）	——	5.90
6 月　1974	6.40（c）	——	6.40
8 月　1974	8.00	——	8.00
3 月　1975	8.50	——	8.50
9 月　1975	8.90	——	8.90
7 月　1976	9.43	——	9.43

（a）实物成分由下列津贴构成：宿费 0.87 澳元，食物费 2.50 澳元，衣服费 0.36 澳元，烟草费 0.13 澳元，合计 3.86 澳元。一位已婚男子可收到额外的供养妻室的一份口粮，价值为每位被赡养者 1.31 澳元到 2.59 澳元之间。

（b）这种"全现金"工资包括下列扣除额：住宿费 0.87 澳元，食品费 2.5 澳元，衣服费 0.36 澳元，遣返费 0.25 澳元，延期工资 0.5 澳元，合计 4.48 澳元。若合同已过期，遣返费和延期工资扣除部分是必须支付的。对已婚男工无额外补贴。

（c）扣除费用额已调整如下：食品费 3.00 澳元，衣服费 0.43 澳元，延期工资 0.50 澳元，合计 4.43 澳元。

资料来源：Fleay Report, 1974, P.12；Cochrane Report, 1970, PP.1415, 161～164；Waka Board Report, 1974, P.3；Maro Board Report, 1974, P.16；PNG Department of Labour and Industry.

新古典经济学家的作用。表 6.23 中列出了 1945 至 1976 年间协议劳工口粮的价值。直到 1972 年时，这种工资数量仍以实物方式支付。包括有食品、衣服、住宿及烟草，其价值为 3.86 澳元。工资除用实物支付外，也给一小部分现金补贴。这种现金补贴在 1945 年时为每周 35 分，1971 年时涨至每周

1.13 澳元。1972 年时，全额现金工资得到推广，每周工资从 5.90 澳元涨至 1976 年 7 月的 9.43 澳元。工资运动所反映出来的并非协议劳工中贸易工联主义力量的增长，其实它们仍然弱小且毫无组织性，而是对新古典经济学理论实际运用的结果。一大批澳洲经济学家应召去作调查报告，工资运动所反映的正是对他们推出方案的贯彻。

首份主要报告是《伊萨克报告》(*Isaac Report*)，是由莫纳西大学的伊萨克教授 (Prof. J. E. Isaac, Monash University) 于 1970 年提出的 (他现任公众财产调解仲裁委员会副主席)。

伊萨克在报告中将协议劳工制描述成"一种从低收入地区将剩余劳动力吸收到高收入而剩余劳力不足的实用而经济的方式 (1970, P.24)。"他指出：劳工短缺正在出现，而这又为"农村工资的提高和劳动条件的改善"，提供了"一个证据确凿的个案" (P.14)。用刘易斯式的劳动剩余术语来对协议劳工制进行描述的话，必然导致采用刘易斯式的解决办法。伊萨克认为："每个劳工每年的生活费生产约需 200 澳元" (P.15)，并论证说："如果我们把 200 澳元作为从农村招工的最新机会费用，按刘易斯教授的公式在此基础上增加 50% 的话，那么'恰如其分'的农村工资每年将超出 300 澳元 (P.15)。"他主张引入全额现金工资制，按其方案每周每个单身男工的工资总的将增加 0.9 澳元。可是，对一个已婚劳工而言，按照伊萨克方案，其家属人均收入将从每周 1.67 澳元向后递减。该方案 1970 年以法律条例颁行时，伊萨克曾对之作了阻止和辩论：

> 对于带有家眷的劳工的雇用，由于实际上大量直接的雇用费的原因，比之雇用单身劳工或那些无妻室拖累的劳工而言……一项建设性的政策方能有助于保证劳工队伍的稳定，须对该法规的这个部分进行修改，起码要修正有关携带家眷及雇主对劳工口粮方面的条款。(P.27)

这便是围绕减少协议劳工工资四分之一的提案所展开的逻辑辩论。

工资应与"生活所需收入"相关的概念，已在第三世界国家工作的新古典经济学家中广为传播。① 然而，从现实情况来看，"生活所需成分" (Subsistence Sector) 是一个错误概念。它使得人们无法去估价礼物生产与交换的

---

① 见 Berg (1969), Bhagwati (1971), Johnson (1965), Jorgenson (1961) 及 Turner (1965)。

数量，提出"生活所需收入"这一概念本身就有毛病。因为"生活"的最小单位是某个男子、他的妻子及其孩子。这意味着这个家庭至少有两个工人。按伊萨克的办法估算，这个家庭每年可收入 400 澳元。通过提出每个协议劳工年工资 300 澳元的建议，伊萨克实际已提出了用"生活成分"去补贴"现金成分"的办法。在我们看来，伊萨克提出了用礼物经济去负担协议劳工的再生产费用的主张。这恰恰是自 1883 年以来就一直被采用着的方法。低于再生产费用的劳工只能从劳工偏远区招募，因而只有劳工偏远区不复存在时，危机才会出现。

伊萨克的建议被采纳后，成立了一个调查委员会，去对农村的最低工资进行调查。该委员会由莫纳西大学经济学教授科克伦（D.Cochrane）领导，成员包括一位"原始富裕"派理论学家香德博士（Dr.R.Shand，1965）。他们提交的政策性方案与伊萨克原先提出的方案完全一致，最后于 1972 年付诸实施。该方案所产生的效果，参见表 6.24。只有单身男工的工资增加了，即增加了 0.91 澳元，已婚男工的工资则减少了 1.54 澳元，而已婚带有一个孩子的男工的工资减少量从 2.85 澳元到 4.13 澳元，这种减少量系根据其孩子的年龄及性别。一名已婚带有一个以上孩子的男工的工资，则减至 4.16 澳元以下。这种工资被描述成"虽与家庭工资不一致，但多少有些类似"。（Cochrane Report，1970，P.60）

表 6.24　科克伦方案产生的效果

家庭单位[a]	1971 年的口粮价值（澳元）		全额现金工资	增加（＋）或减少（－）	
	最小值	最大值		最小值	最大值
男工	4.99		5.90	＋0.91	
男工＋妻子	7.44		5.90	－1.54	
男工＋妻子＋1 个孩子	8.75	10.03	5.90	－2.85	－4.13
男工＋妻子＋2 个孩子	10.06	12.62	5.90	－4.16	－6.72

注：家属补贴按孩子性别年龄分配，住宿费用不纳入其中。

资料来源：Cochrane Report，1970，P.115.

只有单身男工的工资增加了，即增加了 0.91 澳元，已婚男工的工资则减少了 1.54 澳元，而已婚带有一个孩子的男工的工资减少量从 2.85 澳元到 4.13 澳元，这种减少量系根据其孩子的年龄及性别。一名已婚带有一个以上孩子的男工的工资，则减至 4.16 澳元以下。这种工资被描述成"虽与家庭工资不一致，但多少有些类似"。（Cochrane Report，1970，P.60）

实施中的科克伦方案虽与伊萨克方案完全一致，但在各自的理论推论上也略有差别。争论重点很少放在把"生活所需收入"作为衡量工资的尺度上，而是放在利润上。即认为"尽管这个概念落后于刘易斯的概念，并为修改工资政策提供了有益指导，但我们不相信这个概念本身已经十分完善，以致能用于工资的制定上来（P.49）。"他们把工资确立在"乡村产业能力和经济能够承受的最高水准上"（P.116）。辩论中较明确的问题还有，随丈夫住在种植园的妻子应通过整理花园等工作，在工资上去补助丈夫，在经济上去共同填补结婚津贴的亏空。（P.116）

1974 年时 0.5 澳元的加薪，则是根据另一个调查委员会的方案作出的。该委员会由两名雇主代表、两名雇工代表、克卢尼斯·罗斯教授（A.Clunies Ross）（他系巴布亚新几内亚大学前经济学教授）和一名主席组成。委员会中的一名雇工代表辞去了代表职位，因为他认为该报告偏袒了雇主。

该委员会报告中最重要的特征是被工会称作"增长中的悲惨条款"。这是一项为超时工资提供自动调整机制的条款。其核心便在于：当利润增加时，实际工资保持一个常数；当利润下降时，实际工资亦随之下跌。因此，若利润随着时间波动起伏，实际工资便会呈台阶状平稳下跌。只有当消费价格指数出现异常下跌时，实际工资才有可能增长。该条款写到：

若该年有关的 a 在代数里小于 b，则每周的最低工资将定为 6.4 澳元的百分之（100 + a），计算到 0.1 元的最低近似倍数。若该年有关的 a 在代数里大于 b，则每周的最低工资将定为 6.4 澳元的百分之（100 + c），计算到 0.1 元的最近似倍数。（Waka Report，1974，App，P.7）

这里的 a 是消费价格指数变化的百分比，b 是出口价格指数变化的百分比，而 c 则是 a 和 b 的算术平均数。

因此，若 $a < b$，

则 wt = （100 + a）6.40 = 恒定的实际工资

若 $a < b$，

则 wt = （100 + c）6.40 = 下降的实际工资

因为 $a > c$。

负数 a 被视作增长，那么用这种算式实际工资也会增长。

该委员会报告的另一个重要特点，是决定将延迟支付的扣除额从 0.5 元增加到 1.0 元。于是，在合同期满后，一名协议劳工每周工资便由原来的 52 澳元增至 104 澳元。事实上，这种延迟付款制意味着雇主充当了劳工的银行主。合计起来，这又意味着劳工每年要为雇主提供一笔约 200 万澳元的无息贷款。

正当该委员会提出其方案之时，国家开发部部长立即又设立了一个新的委员会，来负责调查协议劳工的工资问题，因为他"不完全满意于该方案对农村劳工利益的捍卫"（Maro Report，1974，P.2）。作为法兰克学派"不发达的开发"学派的一位经济学家，威廉森（P.G.Williamson）被任命为该委员会的一名成员，是非常重要的。

该报告就协议劳工制为我们提出一个截然不同的观点，报告指出：

> 在这些地区，一旦大量强壮劳力消失，不论是一时的冲动，或是通过政府的行动，发展是不可能出现的。季节劳工制本身（与一种低薪政策相关联）事实上可能会被分配到想象中的需援助地区的"不发达的开发"之中。（Maro Report，1974，P.45）

人们认为，种植园劳工低下的生产力在很大程度上是由管理不善造成的，而非劳工缺乏技术和诡诈。引用的论据是"约有 45% 的椰树和棕榈树至少是在 50 年前种下的，因而已经老化或接近老化。在过去的八年中更种的新树，充其量只占老树的五分之一"（P.11）。该委员会迄今所关心的是，劳工没有领到家庭工资的事实，成为了"多年来农村收入成分补贴种植园收入"的证据（P.6）。这是由贝尔肖（Belshaw，1957，P.214）和罗利（Rowley，1965，PP.110～111）以前提出的观点。莫罗委员会建议废除这种补贴，而以 8 澳元的工资作为朝这个方向迈进的第一步。这项工资包括了一个单身劳工工资量的 12.5%。就是每六个月进行一次调整，使实际工资保持在通货膨胀之上。这项由沃克（Waka）委员会提出的"增长中的悲惨"条款由此被废除。

回顾该时期巴布亚新几内亚的工资历史，一位工会鼓倡者认为："沉闷科学（即古典经济学）的悲观教授们"的工资学说，是"建立在具有倾向性或失败的消费基础之上，靠含混而经过渲染的逻辑为之辩护的"（P.S.A，1974，b，P.2）。对此评论，我们不敢苟同。

(d) 自由劳动阶段（雇佣劳动），1927 年迄今。1927 年通过的一项法案允许雇用自由雇工。该法案的目的在于"从时间上为契约劳工制的废除作好准备"。1927 年时，人们认为："一旦时机到来，自由雇工对契约劳工制的取代可能带来的动乱和不便会要少得多。"（Annual Report，1927，P.2）

契约劳工制与协议劳工制为该时机的到来铺平了道路。它将劳工引入了资本主义商品生产和交换之中，并且极大地开阔了工人的眼界，使工人很快知道了劳动对于资本的从属地位。前协议劳工（Ex-agreement workers）"如今被欧洲那种'吃'去他们劳动利润的人说成是耍花招的，撇开他们为挣取微薄工资的那一面……（他们）重申了这一点，即无论他们获利多少，作为挣取工资者，他们都没有产业主（雇主）获利多"（A.M.Strathern，1975，PP.33.38）。因此，他们不会再从事协议劳动，而是代之以返回故乡的礼物经济中，从事于副商品的生产，赚取所需现金，去缴纳税金，购买各种商品。那些由于某些原因不能从事副商品的生产的人（如与村里关系较疏远者），则从事于附带的自由雇佣劳动，去挣取所需现金。于是，一种自愿在一段有限时间里出卖自己劳动力的群体随之出现。

甚至早在 1928 年时，我们便发现这种进程已在发展之中。例如，在1928 年巴布亚的年度报告中，我们已看到有"成千上万富有经验的当地农村劳工愿意从事合同期为一年的工作"（Annual Report，1928，P.65）。可是，雇主却不愿雇用这种自由劳工，他们担心这类劳工难以管理，而更愿雇用合同期为二至三年的契约劳工。

在第二次世界大战后的一段时间里，我们看到仍有这种愿意从事短期自由雇佣的劳工，而且资方也愿意雇用他们。这种劳工只愿短期受雇的意图极为重要，礼物经济是其参照点，而商品经济则被视作他在出发作短期旅行前的一条平行道路（A.M.Strathern，1975，P.313）。那些喜欢冒险的青年人作为一名自由雇工在商品经济道路上的短暂停留，通常被认为是一种入会仪式。但实际情况是，商品经济是高路，而礼物经济是低路，并且前者支配着后者。

商品经济转化为礼物经济，由于各种原因，短期停留趋向于长期停留，而归家日期变得更不确定。雇佣劳动把一个人从礼物债的藩篱中解放出来，但又使之掉进了雇佣劳动合同的陷阱里，并在其中把他所挣来的钱花在吃住上。如同他们所说的那样："恰恰是我们自己吃尽了自己的钱！我们所有的钱都花在了吃饭上，我们养活了自己！"（P.110）这使得他们为积攒作为礼物带回家去的钱，需要花去更长的时间。最后，他们只好把妻子带到城里来。由于工作的不可能，她们变得完全仰赖自己的丈夫，而她们在礼物经济中曾拥有的无论什么地位和权力，都丧失殆尽了。她们变得从属于那些属于雇主们的男人。当她们在城里生儿育女时，因其所生孩子又将成为未来的自由雇工，她们与雇主的间接从属性于是获得了一种新内蕴。她们在礼物经济中作短途旅行，但这种短期旅行宁可短而不可长。她们所受教育通常不过六年，之后就准备步入不同的人生。她们已被提升为劳动力再生产的一种商品。

在季节工人中，凡与氏族有关的各种支配关系及控制关系，都丧失了所有的意义。在这种关系中人人平等。"在城市关系里，存在着反对任何企图扮演大人物的强大压力（P.372）。"

表 6.25　1963 年—1974 年巴布亚新几内亚
贸易工会成员

	1958	1963	1965	1966	1967	1974
P.S.A.	nil	2 064	3 879	6 432	8 030	15 886
其他	nil	2 556	5 504	7 043	19 284	24 335
总计	nil	4 620	9 383	13 475	27 314	40 220

资料来源：R.M.Martin，1969，P.16；PNGLIB，1972.

表 6.25 列出了自由雇工工会的发展情况。第一个工会于 1959 年组成，在其后的 15 年里，工会运动得到迅速发展：1966 年工会成员总数为 13 475 人；1974 年为 40 220 人，代表着劳工总数的约 33%，自由雇工的 45%。其中公众服务协会（P.S.A）为最大的工会组织，1974 年时，它拥有 40 220 名工会会员中的 15 885 人，占总数的 39%。然而，必须记住的是，43% 的城市劳力为国家所雇用。

表 6.26   1961 年—1976 年巴布亚新几内亚
城乡最低工资（澳元／周）

年　份	农村（种植园）最低工资	城市（Pt.Moresby）最低工资	城乡口粮　%
1961	4.61	6.00	130
1962	4.61	6.00	130
1963	4.61	6.00	130
1964	4.61	6.00	130
1965	4.61	6.50	141
1966	4.61	6.50	141
1967	4.86	6.50	134
1968	4.86	6.50	134
1969	4.86	6.50	134
1970	4.86	7.00	144
1971	4.99	8.00	160
1972	5.90	13.80	234
1973	5.90	13.80	234
1974	8.00	20.00	250
1975	8.50	25.80	303
1976	9.43	27.18	288

资料来源：PNG Department of Labour.

表 6.26 中列出了工会对经济中工资结构的影响。情况十分清楚，从 1972 年以来，城乡工资级差已发生了戏剧性的扩大。这反映了各工会为了把提供劳动力作为一种商品的再生产费用的工资所作斗争取得的相对成功。城市工会几乎都在取代从礼物经济中得到补偿方面获得了成功，但农村工会则几乎未开始这样去做。例如，我们已经看过协议劳工的情况，1974 年 8 月的工资增加，仅仅是朝着家庭工资方向迈出的一步，它代表了一个单身汉工资加上其工资总额的 12.5%。

在 1974 年时，对城市工资进行了一次详细地调查。组成了一个由勒派尼（C.Lepani）为首的委员会，成员中没有经济学家。委员会分析了由社区开发工人、雇工、家庭主妇、教师和经济学家（包括笔者）提供的大量材料依据。这些材料表明，在其他很多事件中，小学生们正忍受着营养不良的痛苦。该委员会在建议中提出了一个 25 澳元的工资标准。但人们认为这个数字对于维持一名男子、其妻子及一个孩子的生活费用而言，显得有些保守。换言之，按该委员会的观点，在 25 澳元的工资基础上，礼物经济仍在补贴着劳动力作为一种商品的生产。

新古典经济学家在分析工资级差时的倾向是这样的，用边际费用去代表再生产费用，创造出许多有关转化过程的幼稚理论。哈里斯 – 托达罗（Harris-Todaro）移民群模式（1970）便是其中之一。该模式已被世界银行应用于对巴布亚新几内亚情况的分析（1978）。它认为城乡工资比率的扩大，"已促使过多的移居者从乡下涌入城市，并提高了城市的非雇工比例"（P.36）。毫无疑问，在工资级差与移民群之间存在着一种很大的共联关系（correlation），但该模式对此又无从解释。

工资意义上的"城乡"差别来源于政治，而非地理因素。表 6.27 中清晰地列出了工资意义上的主要城市人口及其分类情况。人口在 2 500 人以上的所有城镇都归在城市（urban）类里，但也有人口低于这个数目的异常城镇出现。如 Mendi 有 2 493 人划在"乡下"，而 Vanimo 有 1 877 人却在"城市"里。情况最异常的当推 Bwagaoia 地区，该地只有约 200 人口，却被归在"城市"类里，因为它是一位杰出的贸易工会领袖的故乡。我们还应注意到的是，在"城市"部类里也存在两种情况，而这两种情况与城市实际人口之间也多少有些关系。

其次，理解移民群的参照点不是"乡村"雇佣制，而是礼物经济。事实上由于许多种植园坐落在大城镇附近，许多人习惯于签署协议劳动合同，以便能迁入这些城里居住。在一份对高原地区某一部落移民的研究中显示，受雇在种植园工作的 41 名协议劳工中，只有 21 人返回村里，其余的劳工则离开种植园住到了城里。更有趣的是，这些劳工都是在 1956 年至 1971 年间受雇的，而其中的 18 人受雇时间在 1967 至 1971 年之间，这 18 人都离开了种植园。第二代劳工离开种植园的这种趋势较为普遍（A.M.Strathern，1975，PP.46~47）。这种移民模式用工资级差无法作出解释。因为在 1971 年之前，工资级差业已出现，于是年才开始扩大。

礼
物
与
商
品

表 6.27　1974 年城市人口与工资分类情况

城镇地区	人　口（a）	工资类别
Port Moresby	76 507	城市Ⅰ类
Lae	38 707	城市Ⅰ类
Rabaul	26 619	城市Ⅰ类
Madang	16 865	城市Ⅰ类
Wewak	15 015	城市Ⅰ类
Arawa – Kieta – Panguna	14 431	城市Ⅰ类
Goroka	12 065	城市Ⅰ类
Mt. Hagen	10 621	城市Ⅰ类
Daru	5 744	城市Ⅱ类
Poplndetta	4 494	城市Ⅰ类
Lorengau	4 323	城市Ⅱ类
Bulolo	4 001	城市Ⅱ类
Kavieng	3 301	城市Ⅰ类
Kerema	2 653	城市Ⅱ类
Alotau	2 499	城市Ⅰ类
Mendi	2 493	乡村类
Kundiawa	2 380	乡村类
Angoram	2 159	乡村类
Sohano	2 158	乡村类
Kainantu	2 124	城市Ⅱ类
Kokopo	2 062	乡村类
Samarai	1 948	城市Ⅱ类
Wau	1 914	城市Ⅰ类
Vanimo	1 877	城市Ⅰ类
Kimbe	1 172	乡村类
Kwikila	1 154	乡村类
Kiunga	1 114	乡村类
Maprik	1 081	乡村类
Wabag	1 077	乡村类
Aitape	1 035	乡村类
Kerowagi	1 030	乡村类
Sogeri	1 013	乡村类
Banz	998	乡村类
Ambunti	989	乡村类
Balimo	765	乡村类

续 表

城镇地区	人 口（a）	工资类别
Minj	744	乡村类
Buin	727	乡村类
Kagamuga	710	乡村类
Laiagam	691	乡村类
Bogia	678	乡村类
Bereina	670	乡村类
Kikori	670	乡村类
Baimuru	666	乡村类
Tapini	660	乡村类
Losuia	625	乡村类
Tari	604	乡村类
Miak	586	乡村类
Bwaguoia	200（b）	城市Ⅱ类

（a）包括移居国外者。

（b）估计数。统计部门未将该城归入"城市"部类中。

资料来源：Census, 1971.

表6.28　截至1972年6月30日巴布亚新几内亚
政府所雇城市劳工

部　门	本地劳工数量%		外地劳工数量%		总计数量%	
政府部门	20 908	（33）	8 134	（13）	29 042	（46）
非政府部门	27 666	（44）	6 827	（11）	34 493	（54）
	48 574	（77）	14 961	（24）	63 535	（100）

资料来源：PNGLIB, 1972.

表 6.29　截至 1972 年 6 月 30 日巴布亚新几内亚
财政年度城市工人工资

部　门	本地劳工		外地劳工		总　　计	
	（万澳元）	（%）	（万澳元）	（%）	（万澳元）	（%）
政府部门	713	（32）	881	（39）	1594	（71）
非政府部门	271	（12）	380	（17）	651	（29）
	984	（44）	1261	（56）	2245	（100）

资料来源：PNGLIB$_a$，1972.

　　国家的角色。自由雇佣劳工的出现不能单独理解为国家的作用。自从第二次世界大战以来，国家成为了劳工的主要雇主。这一点可从表 6.28 的统计数中看出来。1972 年总城市劳工为 63 535 人，政府雇用的劳工就有 29 042 人，占总劳工数的 46%。其中有 20 908 人为本国人，8 134 人为外国人，主要是澳洲人，后者占劳工中高薪阶层的大多数。他们仅占劳工总数的 13%，而在工资总额上却占去了 39%（见表 6.29）。这类公务人员的平均收入是巴布亚新几内亚籍公务员的三倍，是受雇于私人资本的巴布亚新几内亚劳工的十一倍。后一个劳工群体显然是所有劳工中受剥削最多的人，他们占去了城市劳工总数的 44%，却只享受到工资总额的 12%。

　　于是，国家以一个支付工人工资相对较高的雇主身份出现了。但国家雇用工人的资本来源是什么呢？答案已在表 6.30 中给出了。从 1960 年以来，大量的澳洲援助流入了该国。从通行的价格来看，工资从 1960 年的每月 25 澳元上升到了 1970 年的每月 97 澳元，占去了该年度国家预算收入的 50%。这样便可以得到答案。直到 20 世纪 60 年代时，澳大利亚对巴布亚新几内亚的政策的制定，都是根据它对巴布亚新几内亚维持一段长时期的行政控制的设想来作出的。其主要作用在于确保敌对部落与氏族之间达成停战，从而保证协议劳工对种植业资本的供给。这项政策在 1962 年受到了一个联合国访问团的批评，澳大利亚政府方认真地改而由巴布亚新几内亚去自治。但是，澳大利亚的新旧政策之间并无多大差别。他们提供了足够的免税期去鼓励矿业资本再度进入巴布亚新几内亚。矿业资本进入后，政府又毫不客气地强迫村民离开他们赖以生存的土地，去帮助矿区的建立。最后建立的矿区位于布干维尔地区，于 1972 年投产，并通过其国内的总产品对经济产生了戏剧性影响。1970 年时，其国内总产值为 53.1 亿澳元，但到 1974 年时则翻了一番，为 100.3 亿澳元。然而，矿业公司在开采头年所获的 15.8 亿澳元巨额利润，是因为有免税协议（该协议后来被废除了）。此外，它在雇工中使用了边际效应（Margial Effect）作为生产的资本集约方法，其经营只用了三千男工。

因此，澳大利亚援助的主要影响是，按澳洲模式产生了大批官僚，这些官僚全靠澳洲食品供养。关于这一点，可参照表6.30中提供的1972年至1973年巴布亚新几内亚进口商品的价值统计。价值为1.2134亿澳元的商品系自澳洲进口，占去了进口商品总价值的54％。除机械外，最主要的一项进口商品便是食品。这当中有84％的进口商品来自澳洲。所以，情况很明显，凡是以援助方式进入巴布亚新几内亚的澳方资本，很快又寻到了以购买食品及其他进口物资的方式，返回了澳大利亚。

6.31   1972年—1973年从澳大利亚及各地
进口商品价值

商品名称	澳洲商品价值（百澳元）	进口商品总价值	澳洲商品占总商品％
粮食	40 129	47 734	84
饮料与烟草	3 154	5 025	63
燃料	2 103	11 851	18
动植物油脂	314	357	88
化学用品	8 558	12 435	69
制造商品	23 352	39 214	59
机械	27 503	73 533	37
杂货	16 227	35 347	46
合　计	121 340	225 496	54

资料来源：International Trade Statistics，1972/73，Bureau of Statistics，Pt.Moresby.

表6.31通过对进口食物商品的分解，把移居国外收入丰厚与收入微薄的巴布亚新几内亚人的消费模式作了对比。一名巴布亚新几内亚城市居民的典型饮食包括：大米、罐头肉和白面包。这些食品全来自澳大利亚，只有很少一部分东西是巴布亚新几内亚生产的。罐头鱼正在流行，大部分从日本进口。总价值457.4万澳元的进口罐头鱼中的90％来自日本。

移居国外的人的饮食要卫生且丰富许多。他们消费的东西有：鲜鱼、奶制品、新鲜水果和蔬菜。而这些商品几乎都不是巴布亚新几内亚自己生产的。它们必须依靠进口，而正如表6.31所列的那样，其中的大部分又来自澳洲。

表 6.32　1972 年—1973 年从澳大利亚进口
食品、蔬菜和烟草价值

大部分移居国外者 消费品	澳洲进口 价值（百澳元）	进口商品 总价值	澳洲商品 占总值%
罐头肉	6 270	6 681	94
罐头鱼	164	4 574	3
白米	6 767	6 778	99
面粉	2 164	2 234	97
糖	3 380	3 499	96
香水	699	700	99
啤酒	565	588	96
烟草	557	1 443	39
总　计	20 566	26 497	78
大部分移居国外者 消费品			
鲜肉	6 071	6 385	95
奶制品及蛋类	2 849	3 119	92
冻鱼	241	589	41
红米	1 031	1 031	100
蛋糕及甜点等	2 846	3 151	90
水果及蔬菜	3 435	3 899	88
精糖及蜂蜜	668	888	75
咖啡、茶、可可及香料	921	1 349	68
酒类	881	1 733	51
雪茄和香烟	449	1 003	44
合　计	19 392	23 147	84

这些统计数字表明，种植业资本与国家合伙发展了不发达的。种植农业

在种植经济范围内，未能满足食品供应的需求，相反，却满足了海外消费的需要。基本食品的需要不得不靠进口，而外国援助则增加了对这些食品的实际需求。

二、初级商品生产的出现

在前一节里，我们分析了种植资本和矿业资本是怎样进入巴布亚新几内亚的，怎样得到了国家的援助与支持，以及劳动力是如何转化为商品等诸问题。该进程的第二阶段，则是契约劳工与协议劳工向着少量商品生产者的转化，以及初级商品生产的出现。

在这个转化过程中，国家也发挥了积极的作用。它在税收方面提供了一种消极的鼓励政策，而在建议及基础供应方面，则提供了一种积极的鼓励。

在殖民地世界里，使用税收武器是迫使人们进入初级商品生产的一种普遍手段。它也可以在市场条件欠发达地区迫使返乡劳工重新出卖劳动力方面发挥作用。这在诸如塞皮克沼泽地区、海湾和西部毫无天然出产的地区，情况尤其如此。某个地区的天然出产，也支配着该地所能生产的商品类型。

表 6.32 按地区及作物列出了 1971 年本土初级商品的生产情况。岛屿地区和海岸地区主要生产可可和椰子，高原地区由于自然条件的相对优势，则主要出产咖啡。

表 6.32　1971 年巴布亚新几内亚各地区初级商品生产情况

地　区	椰　子	可　可	咖　啡	其他(a)	总　数	％
岛屿地区：						
米勒恩海湾	9 896	15	261	– –	10 172	8
布干维尔	12 023	4 091	149	9	16 272	13
新不列颠	26 952	6 379	42	– –	33 373	27
新爱尔兰	12 990	376	23	2	13 391	11
马努思	1 673	65	2	– –	1 740	1
合　计	63 534	10 926	477	11	74 948	60
海岸地区：						
西部	480	– –	4	– –180	1	
海湾	5 425	– –	68	64	4	

续 表

地 区	椰 子	可 可	咖 啡	其他(a)	总 数	%
中部	7 036	4	101	99		6
北部	1 178	1 032	925	– –		3
莫罗比	3 007	214	2 232	– –		4
马当	6 232	891	377	– –		6
塞皮克	5 700	129	1 812			6
合 计	29 058	2 270	5 519	343	37 190	30
高原地区：						
东部（含钦布人地区）	– –	– –	7 755	279	8 034	6
西部	– –	– –	4 476	710	5 186	4
南部	– –	– –	117	105	222	– –
合 计			12 348	1 094	13 442	10
全国总计	92 592	13 196	18 344	1 448	125 580	100

(a) 橡胶种在低洼地区，茶叶和 Pyrethrum 种在高原地区。

资料来源：PNG Summary of Statistics，1972—1973，Table 60.

　　某一地区的天然出产并不取决于对某种作物的选择，而只是提供了许多强制因素，私人资本的各种需要与国家的政策是其增长的重要决定因素。在这方面应该注意的是对作物的引进——椰子、咖啡、可可等，这些作物生产出来后全部用于出口，满足的是外国的消费需要，而非本国的需要，当然，本国的唯一需要会从工资及其他劳工那里得到，但这些人需要进口的大米、听装鱼和肉来供养，正如我们在表 6.31 中所看到的那样。

　　从表 6.32 中我们可以看到，60％的经济作物面积位于岛屿地区，而其中的新不列颠地区就占去了几乎一半。这些地区便是种植资本首先招收契约劳工的地区。换言之，它们建立了第一个劳工资源区。第二个劳工资源区在大陆的海岸地区，这里拥有第二个最大的作物种植区，占 30％。最后一个劳工资源区在高原地区建成，其种植面积最少，只占总数的 10％。这些数字在总体上展现了协议劳工向少量商品生产者的转化进程，以及随之而来的土地产品向商品的转化进程。当一名协议劳工回到家乡时，他发现自己需要钱去纳税，也需要钱去满足他新发现的诸如对衣服、钢斧和烟草等商品的需要。于是，他便通过在这里种上椰子，在那里种上咖啡来满足他的这种需要。这样他便开始了在礼物经济的关系中的附带商品的生产。在有些情况下，还变成了主要商品的生产，于是便将各种压力与世系导入了经济中，并对之构成了威胁。

表 6.33 表明出现了一些冲突。这些资料系由爱泼斯坦氏（Epstein）从新几内亚的新不列颠地区的一个村庄收集来的。该村属于 1883 年德国的首批殖民地之一。由于基础开发不足，给他们提供的选择较少，直至第二次世界大战之初，该村男子都在出卖自己的劳动力。然而，随着这种情形的改变，返乡的劳工开始种植椰子树。其他人家由于他们的示范作用，也跟而从之，但由于开始时间滞后，他们与前协议劳工人家之间出现了差距。到 1960 年时，前协议劳工人家已种了 668 株椰树，1 824 株可可树，而这些人家才种了 445 株椰树和 925 株可可树。

表 6.33　1960 年巴布亚新几内亚新不列颠地区
Rapitok 村住户演变进程

前协议劳工人家				其他人家			
	老人	青年	总数	老人	青年	已婚单身	总数
粮食作物面积（公顷/户）	1.52	1.37	2.89	1.10	1.02	1.40	352
植物作物面积（公顷/户）	8.73	4.67	13.40	6.62	3.92	0.98	11.52
椰树数（每户）	476	192	668	260	123	62	445
可可树数（每户）	1261	563	1 824	527	398	- -	925

资料来源：Epstein, 1965, P.179.

然而，对礼物经济而言，超越新旧之间的分界是极为重要的。在前协议劳工组内，老手种的树比新手种的要多。在"其他人家"组里，其情形也差不多。但是，前协议劳工人家首先将此导入了商品生产，而非劳工出身的老手所种的树，则须看做是一种在交换情景中维持控制的企图。

类似的进程也在其他地区进行着。可参见表 6.34 所列例子。该表列出了高原地区咖啡种植的模式。高原地区第一个开放劳工招募的地区是东部，时间在 20 世纪 40 年代后期。当他们从协议劳动的空闲中返乡后，又进入了商品生产中，并且所种树木也有相应增加：1955 年为 408 株，1960 年为 3 979株，1965 年为13 914株，当时的咖啡收入估计为 363.5 万澳元。当该地劳工资源枯竭后，高原西部地区又取而代之。一个相似的过程又在那里运转起来：1955 年种树 19 株，1960 年 451 株，而 1965 年时则达到了 4 900 株，

第六章　殖民地巴布亚新几内亚礼物向商品的转化

该年产值估计达 126.6 万澳元。及至 50 年代末期，高原南部这块最后的劳工资源区向雇主敞开了门户。咖啡种植到 1960 年才开始，记录下来的只有 5 株，到 1964 年时，种植的咖啡已增至 80 株。

表 6.34　1955 年—1965 年巴布亚新几内亚
高原地区的咖啡生产

年　份	高原东部		高原西部		高原南部	
	种树数	收入（百澳元）	种树数	收入（百澳元）	种树数	收入（百澳元）
1955	408	n.a.	19	n.a.	– –	– –
1956	425	n.a.	30	n.a.	– –	– –
1957	700	n.a.	35	n.a.	– –	– –
1958	1 100	n.a.	140	n.a.	– –	– –
1959	3 122	290	202	30	– –	– –
1960	3 979	n.a.	451	n.a.	5	n.a.
1961	4 610	n.a.	886	n.a.	30	n.a.
1962	6 155	n.a.	1 107	n.a.	39	n.a.
1963	7 391	n.a.	2 257	n.a.	51	n.a.
1964	10 498	n.a.	2 648	n.a.	80	n.a.
1965	13 914	3 635	4 900	1 266	n.a.	2

资料来源：Labour Report of Highlands，1969，PP.15～16.

前协议劳工成为初级商品生产的农民，并未限制了他在生产领域的各种活动。他转移到交换领域里，开办了小商店生意。近年来在巴布亚新几内亚，土著人拥有的贸易商店数量有了迅速增长，当然，这种增长进程反映了初级商品生产的发展。

这可以从表 6.36 中看出来，它归纳了 1968 年至 1969 年的一份有关贸易商店的调查结果。这些材料是有关高原地区的，它展示了发展的普通模式。高原地区东部是第一个劳工招募区和初级商品发育区。在 1968 年至 1969 年期间，贸易商店已发展到 2 190 个。这个数字可与最后的劳工资源区的高原南部的 218 个商店作一对比。正如我们所预料的那样，这些商店在其发展初期的失败率较高。在交换的礼物债权制和现金债权制之间，存在着一个矛盾。许多店主被迫无限期地向其亲属延长现金债权，而这将在短期内造成财政崩溃。另一方面，在商店的经营中也会发现无偿劳动（Trade Store Surrey，1968—1969，P.10）。在其发展的后面阶段，随着店主将之从附带活动变为主要活动，商店的盈利变得十分可观。比较每个地区每个商店年销售平均量，岛屿区和海岸区因与商品经济联系时间较长，其数额较高：岛屿区为487澳元，海岸区为715澳元，而高原地区则为26.9澳元。

这些商店除了为店主创利外，还为村民提供了新的食品：大米、罐装鱼、面粉和糖。正如贸易商店调查所报告的那样，"对存货调查表明，几乎全为进口货物，其中尤以罐装鱼、面粉、大米和食糖居多（P.4）。"

私人贸易商店并非人们设立的零售批发商品的唯一方式，合营商店的数量也占有相当比例，在很多地方它们是首先开设的商店。

表6.35　1968年—1969年土著人零售贸易商店与
私人贸易商店统计

地　　区	商店数量	年销售总额（澳元）	每店平均销售额（澳元）
岛屿地区：			
米勒恩海湾	118	79 400	672
布干维尔	299	117 800	393
新不列颠	565	272 300	482
新爱尔兰	155	86 800	560
马努恩	92	42 000	456
合　计	1229	598 300	487
海岸地区：			
西部	56	37 700	673
海湾	348	309 500	889
中部	463	553 600	1195
西部	225	96 000	426
北部	596	261 900	439
莫罗比	356	209 600	588
马当	212	144 300	681
塞皮克			
合　计	2 256	1 612 600	715
高原地区：			
东部	2 190	465 100	212
西部	593	304 800	514
南部	218	37 500	172
合　计	3 001	807 400	269
总　计	6 486	3 018 300	465

资料来源：Trade Store Survey in 1968~1969，PP.5~6.

礼
物
与
商
品

⊛

正如贸易商店调查所报导的：

　　合营商店通常是与可可、椰子生产的合作市场连在一起的。这些消费者和生产者组成的合作社成功地在全国许多地方经营着。在别的地区如莫尔斯比港附近，这种合营商店仅开有一个。在某些村庄，合作组与个人贸易商店在竞争，已迫使合作贸易商店停业。在合作贸易商店不能正常发展的地方，私人贸易商店提供了充分的服务。(P.17)

有关合营商店的资料，已在表 6.36 中列出。将该表与前一个表相比较，最引人注目的是合营商店的规模。1968 年至 1969 年，每个合营商店的年销售额为 9 310 澳元，而私人商店的年销售额才 465 澳元。有趣的是，1969 年时高原地区只开有一家合营商店，却开有 3 001 家私人商店。

表 6.36　1968 年—1969 年土著人零售商店及合营商店统计

地　区	合作社数量	年销售额（澳元）	每社平均销售额（澳元）
岛屿地区：			
米勒恩海湾	36	245 700	6 825
布干维尔	12	203 400	16 950
新不列颠	23	244 600	10 635
新爱尔兰	26	75 200	2 892
马努思	11	119 000	10 818
合　计	108	887 900	8 221
海岸地区：			
西部	3	138 600	46 200
海湾	33	288 300	8 736
中部	50	317 500	6 530
北部	8	51 000	6 375
莫罗比	7	86 100	12 300
马当	14	54 100	3 864
塞皮克	12	109 100	9 092

地　　区	合作社数量	年销售额（澳元）	每社平均销售额（澳元）
合　计	127	1 044 700	8 225
高原地区：			
东部	1	264 700	264 700
西部	－ －	－ －	
南部	－ －	－ －	
合　计	1	264 700	264 700
总　计	236	2 197 300	9 310

资料来源：Trade Store Survey, 1968—1969, P.6.

　　这种本国商人资本与外国商人资本的结合，通过把提高出口价格转化为对啤酒、听装鱼、肉及大米的进口量的增加，为扩大国内初级商品生产的再生产提供了各种手段。换言之，这种手段便是通过经济方式，使之成为商品生产和再生产的环球体系中一个完整的组成部分。1976 年咖啡价格过高曾导致巴西咖啡树的毁灭证明了这一点。正如 1976 年高原地区的一位政治家所报道的：

　　　　根据我自己最近在高原东部地区发现的事实，我想我会主张生活在高原大部分地区的人们在既往三个月里，买下两倍以上的啤酒、听装鱼、大米和冻肉。高原乡村地区的一家之主，在许多情况下为买这些东西每天平均要多花去 20 澳元。男人修建新花园甚至会遭到邻里的嘲笑。（B.Holloway, Post Courier, 20, 10, 76, P.4）

三、土地作为商品的出现

　　在巴布亚新几内亚，只有总土地的 3.3% 被转让了所有权。其中的大部分土地是由国家占用掉的（参见表 6.37）。外国公司占用了 0.47% 用于建立种植园，只有 0.03% 的土地在没有外部压力的情况下，成为了商品。这是根据 1963 年的土地法案进行的。该法案之所以出现，是由于广泛考虑到促进国家农业发展的最有效的办法，须符合保证个人对土地所有权的原则（Fitzpatrick, 1980, P.114）。对话程序尚未拟定，除非所有拥有土地所有权的人都赞同对话。Sinake Giregire 这位高原地区主要的咖啡种植者和政治家的个案，便是这样的一个例子。他现在拥有约 60 公顷的土地，这些土地从前分属三个氏族。但他能够通过氏族首领签署像下面这份声明的方式，获取对这些土地的完全支配：

> 我是申请人的一位近亲，根据 Yanowa 当地习俗，我拥有土地权利。我自己很清楚，如果这份申请成功，我将丧失我的所有权利。但为了支持 Sinake 对土地的开发，我乐意放弃我的这些权利。
> （引自 Finneg，1973，P.112）

不能理解为什么只有这么一点土地以这种方式被占用掉。它要求人们去作出选择，要么成为无地者，要么干脆毫无报偿地放弃一些土地的所有权。文盲村民对这种土地交易的本质有不同的看法，他们会被骗去签署这样的声明。但以这种方式得到的土地不可靠。土地是最基本的交换礼物，由于蕴涵在其权利中的等级的复杂性，它要转化为某个人的直接私有财产并非易事。芬灵顿（1980）最近对土地占有权转化中许多有趣个案的研究，表明了这一点。他指出，卷入对土地占有权变更的有关人，对这种转变的理解与实际的法律情形大相径庭。在土地所有权的转化中，看不到对氏族义务的拒绝。例如，他发现在 Sinak Giregire 所占用的大量土地中，有一份以占有权转换的方式被他的"叔叔"们无偿占用着。这些"叔叔"似乎同意在 Giregire 计划建立商业冒险的第一块地的占有权转换声明上签字，以期能共享利润。一旦商业冒险失败，他们就违背承诺，恢复对土地的所有权。作此调查时（1978），Giregire 尚未采取收回这份土地的行动。一旦他采取行动，接着而来的将是严重的对抗（PP.288～290）。在任何情况下，Giregire 都没有领悟到交换者赋予他的蕴涵在土地中的私人财产权。正如他所说的："我不能卖掉土地。按照我们的习俗，如果我卖了土地，我就毁了氏族，也毁了我自己的名誉。"（P.295）

表 6.37　1968 年巴布亚新几内亚转让土地统计

土地所有者	公 顷	%
外国人	218 919	0.47
国家行政部门	1 308 676	2.83
土地占有转让后的土著人	1 999	0.03
转为商品形式的土地总计	1 529 594	100.00

资料来源：Compendium of Statistics for PNG，1973.

氏族所拥有的土地转让权的大小，透过新不列颠地区的托莱（Tolai）地区个案，可以得到较好的说明。该地既是新几内亚人口压力最大的地方，也是种植经济作物历史最悠久的地区之一。此外，该地区转让给外国公司用于种植园的土地数量之大，也胜过其他地区。然而，这种压力在氏族之间土地支配权的内部分配所产生的影响相对要小。的确，只有通过对土地占有的固有态度的维系，方能转向更公正的土地分配（Salisbury，1970，P.91）：

　　最近一个时期以来，随着所有权不清的土地变得稀有，通过对产权清楚的土地的购买，"家族土地"（family land）已普遍出现……虽然有这些购置，但除了禁忌与贝币的大宗付出外，不能使土地变为"家族土地"，变成永久所有。在买主的有生之年里，如果原土地所有者偿还了全部土地款，则土地应该归还原来的氏族。如果所有者临终前未指定继承人，则按通行的母系原则将其土地转为氏族所有。（Salisbury，1970，P.7）

这种土地氏族拥有的优先权，在巴布亚新几内亚是一种普遍现象。1973年时，建立了一个土地调查委员会去调查土地问题。委员会的报告汇集了全国数百次会议与访谈记录，反映了流行的观点，提出了一个奠定在"习俗基础"之上的法律体系。人们的基本社会结构得到了维系。委员会报告中既不主张集体主义极端，也不主张个人主义极端。报告还特别提出要避免无地无产阶级这支殖民者曾经使用过的队伍的产生。委员会特别强调的另一种事是，已转让的种植园土地的归还问题。结果是政府颁布了 1974 年的土地获得法案。根据该法案，外国人拥有的土地将由政府买下，再重新分配给习惯土地拥有群体。该法案的实施尽管缓慢，但已奏效，一些种植园土地已经回归氏族所有。

然而也可以看到，在巴布亚新几内亚，有许多法律和社会的力量正在反对着土地作为商品的出现。这些力量已经造成一种矛盾的情形，经济作物正在氏族土地里生长出来。用本书使用的分析类型来看，商品（经济作物）通过礼物（土地）而被生产出来。这就赋予了土地一种固有的交换价值，从而导致不同的人为夺取它而发生冲突。它不仅造成了个人与氏族的对抗，而且也造成了作为邻居群体的氏族之间有关氏族边界位置的争议和对抗。殖民化在接触时间上，为氏族边界的冻结发挥了影响。在一个动荡的国度里，边界是一个传统的问题，边界线会随着时间而冻结在某一个任意点上。一些氏族发现自己在土地拥有方面权利甚微，而另一些氏族却发现自己不占有土地却握有对土地的充分的要求权。后来，土地交易者已经克服了这些问题中的部分问题，但当在有争议的土地上生产出商品时，新的问题又随之产生了（Hide，1971，P.48）。这已引发了无休止的争端，有些争端已引发了氏族间的战争。

在资本主义的冲击之下，土地未能作为商品出现的另一个结果，为礼物交换的繁荣与发展创造了必要条件，这将在下一章中得到考察。

第七章　殖民地巴布亚新几内亚商品向礼物的转化

本章有三重目的，首先是对前一章作深入分析，试图去论证以下命题：

命题Ⅰ：巴布亚新几内亚的礼物经济没有受到殖民化的破坏，而是得到了繁荣。这反映在欧洲商品向礼物的转化的趋势上。

本章的第二个目的，在于展示巴布亚新几内亚的礼物再生产，要么是限制型的，要么是延迟型的，由此而为前面第四章中的两个命题提供进一步的例证。即：

命题Ⅱ：一个分支或分支氏族组织与妇女—礼物的限制性交换、东西—礼物的平衡性交换以及长老地位等有关系。

命题Ⅲ：东西—礼物的增值交换以部落及部落氏族组织为先决条件，并与妇女—礼物的延迟性交换及大人物地位相关联。

本章的第三个目的是，通过再次阐明牟斯的"无论在过去或现代的原始社会里，从未存在过'自然'的经济"的观点，去证明新古典主义概念有关'传统'货物经济的不足。"(1925，P.3)

所考虑的这些个案选自塞皮克地区、高原地区、米勒恩湾地区及中部地区。这些个案不仅被选去说明本土经济体制的多样性，而且被选去阐明殖民化的不平衡作用。尤其注意那些所谓的异常个案（即蒙杜古马个案），以及出现的其他与命题相悖的个案。

A. 塞皮克地区的限制性再生产

该地区尽管存在着亲属组织的不同形式的丰富种类，但占优势的形式仍是限制性再生产。这里的个案为命题Ⅱ提供了一个很好的说明，因为此地盛行的既不是增值性礼物交换，也不是大人物制度。

个案1：巴纳罗部落

在1912年至1915年间，图恩瓦尔德（Thurnwald）研究过Keram河畔的巴纳罗部落。1916年时，他发表了他的研究成果，自此后，便无人问津。在图恩瓦尔德访问之时，巴纳罗部落存在着一种相对简单的再生产制度。作为一个理想的个案，它与第四章中所分析的模式之一是相同的。

氏族组织是分支型的，这些族群的命名如图7.1所示：

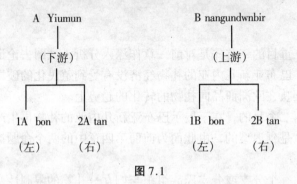

图7.1

男女之间有一条额外的界线，用大写字母代表男方，小写字母代表女方，这四组就变成了八组，1A，1a，2A，2a等。这些再生产过程见图7.2所示。在土地A上，1A男组与其"妻子"组1b生出属于2A组的"孩子"2a。与此同时，在土地B上，男组1B与其"妻子"1a生出"孩子"组2B与2b。2A与2B组交换"姐妹"，即可使该过程继续下去。在下一代，2A男组与其"妻子"组2b在土地A上再生出1A和1a。在土地B上，2B男组与其"妻子"2a组再生出1B和1b。1A和1B交换"姐妹"，如此这般，该过程便继续进行下去。

土 地	父 亲	母 亲	儿 子	女 儿
A	1A	1b	2A	2a
A	2A	2b	1A	1a
B	1B	1a	2B	2b
B	2B	2a	1b	1b

图7.2 巴纳罗部落的限制性礼物再生产

当然，这曾是一个理想，但不幸的是，图恩瓦尔德未向我们提供任何有关实际交换的资料。然而，他确已提到了当女性缺乏时，交换便在邻近的部落间进行（1916，P.274）。这种交换不是女人与女人的交换，而是女人与东西的交换，图恩瓦尔德认为是商品交换。如果毗邻部落间没有建立相互独立的关系的话，这个论点似乎是合理的。倘若正确，那么则意味着当妇女在巴纳罗部落内部进行循环时，他们便采用礼物的形式；而当在毗邻部落间循环时，他们则采用商品形式，或者至少是采用接近于礼物商品连续统一体中的商品交换结束形式。按照马克思的观点，这种证据可以看到，即"商品的交换……首先开始于公社（氏族）之间"（1867，P.91）。马克思涉及到东西，但其观点同样可用于人类。

图恩瓦尔德指出："一个老人政府的权力，来源于他们所拥有的实际的或宣称的知识（1916，P.282）。"换言之，在这种社会里，政治权力的源泉不是竞相赠礼，而是年长资深。这与前面的假设吻合。

个案2：乌米达部落

乌米达部落的情况是由盖尔（Gell）在1969至1970年进行研究的。他们也实行着一种限制性再生产方式，但比巴纳罗部落的体制复杂得多。该部落存在着一种氏族组织的家族分支型交换（见图7.3）：

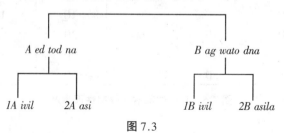

A ed tod na   B ag wato dna

1A ivil   2A asi   1B ivil   2B asila

图7.3

然而，盖尔认为，要用理想的个案来理解这种制度，必须采取把亚组1A、1B、2B及2A再分为三组的方法。为说明的方便起见，再将各组如图7.4标出，这些亚—亚组是部落外生的，而非部落内各分支的。

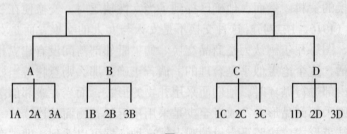

图7.4

土 地	父 亲	母 亲	儿 子	女 儿
A	1A	1d	2A	2a
A	2A	2b	3A	3a
A	3A	3c	1A	1a
B	1B	1c	2B	2b
B	2B	2a	3B	3b
B	3B	3d	1B	1b
C	1C	1b	2C	2c
C	2C	2d	3C	3c
C	3C	3a	1C	1c
D	1D	1a	2D	2d
D	2D	2c	3D	3d
D	3D	3b	1D	1d

图7.5　乌米达部落的限制性再生产

　　在这种父系及从父的制度里，理想的婚姻是：一名男子与他父亲的父亲的父亲的姐妹的儿子的儿子的女儿（*ffzssd*）[1]结婚（*Gell，1975，P.67*）。这些事实隐含着图7.5所示的礼物再生产模式。通过找出一个男子组的系谱，便可以核实一名男子娶他的父亲的父亲的父亲的父亲的姐妹的儿子的儿子的女儿。以3A为例，他的父亲是2A，他的父亲的父亲是1A，他的父亲的父亲的父亲是3A，他的父亲的父亲的父亲的妹妹是3a，他的父亲的父亲的父亲的妹妹的儿子是1c，他的父亲的父亲的父亲的妹妹的儿子的儿子是2c，

---

① *fffzssd*：第一个 *f* 代表该男子的父亲，第二个 *f* 及第三个 *f* 照此关系往前推；z代表 *fff* 的妹妹，ss 则代表 z 的儿子的儿子，d 则代表 *fffzss* 的女儿，即该男子婚配的对象。——译注。

而他的父亲的父亲的父亲的妹妹的儿子的女儿是 3c，便是他的妻子。在追溯系谱时所使用的程序，与斯拉法（Sraffa，1960，Ch，vi）"劳动日期量的减少"方法相类似。按系谱找出的逻辑时序胜过历史时序。

这种模式是一种限制性再生产形式，因为它在如图 7.6 所示的十二组之间，产生了颇为复杂的限制性交换组。

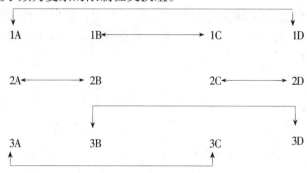

图 7.6　乌米达部落的限制性交换

接收方（欠债者）

	1A	1B	1C	1D	2A	2B	2C	2D	3A	3B	3C	3D
1A	0	0	0	0	1	0	0	0	0	0	0	0
1B	0	0	0	1	0	0	0	0	0	0	0	0
1C	0	1	1	0	0	0	0	0	0	0	0	0
1D	0	0	0	0	0	0	0	0	0	0	0	0
2A	0	0	0	0	0	1	0	0	0	0	0	0
2B	0	0	0	0	1	0	0	0	0	0	0	0
2C	0	0	0	0	0	0	0	1	0	0	0	0
2D	0	0	0	0	0	0	1	0	0	0	0	0
3A	0	0	0	0	0	0	0	0	0	0	1	0
3B	0	0	0	0	0	0	0	0	0	0	0	1
3C	0	0	0	0	0	0	0	0	1	0	0	0
3D	0	0	0	0	0	0	0	0	0	1	0	0

给出方（债权者）

图 7.7　乌米达部落礼物债务矩阵

这类妇女—礼物交换产生了交换者之间的礼物债务关系，其形式如图 7.7 所示。1A 给了 1D 使 1A 支配了 1D，但 1D 同时也给了 1A，造成了互惠，因此在支配关系上是平衡的，而非抵消。在本组中，1C 与 1B 形成另一个交换对。在下一组中，2A 与 2B 组成了一个交换对，2C 与 2D 组成了另一个交换对，在最后一组里，3A 与 3C 组成一个交换对，而 3B 与 3D 则组成了另一个交换对。

比较图 7.8 所示的乌米达部落男性分类亲属称谓的矩阵，交换对间的关系称为 *awk* 。这表明在交换者之间的妇女—礼物限制性交换产生了同序关系。但将生产者的关系与生产（*aiya*）相对照，如 1A 与 2A，这是一种支配关系，而互惠期限 *afse* 则是一种从属关系。然而，将生产者的关系与再生产（*asi*）相对照，如 3A 与 1A，则是一种相等关系，*asi* 的倒数仍是 *asi* 。

接收方

		1A	1B	1C	1D	2A	2B	2C	2D	3A	3B	3C	3D
	1A	–	3	2	1	5	4	6	7	4	–	–	–
	1B	3	–	1	2	4	5	7	6	–	4	–	–
	1C	2	1	–	3	6	7	5	4	–	–	4	–
	1D	1	2	3	–	7	6	4	5	–	–	–	4
给出方	2A	8	–	–	–	–	1	3	2	5	7	4	6
	2B	–	8	–	–	1	–	2	3	7	5	6	4
	2C	–	–	8	–	3	2	–	1	4	6	5	7
	2D	–	–	–	8	2	3	1	–	6	4	7	5
	3A	4	–	–	–	8	–	–	–	–	2	1	3
	3B	–	4	–	–	–	8	–	–	2	–	3	1
	3C	–	–	4	–	–	–	8	–	1	3	–	2
	3D	–	–	–	4	–	–	–	8	3	1	2	–

图 7.8 乌米达部落的亲属关系矩阵。

解释：1A（1 行）是 1B（2 列）的 *ate*。符号：1 为 *awk*，2 为 *mag*，3 为 *ate*，4 为 *asi*，5 为 *aiya*，6 为 *hmun*，7 为 *na*，8 为 *afse* 。

情况应当很明显，在一种再生产的相互独立模式中，不可转让的劳工是被生产的，一组必须产出一些关系给另一组，这些关系仅仅表明乌米达部落如何给这些交往作标记。因而在商品经济中的劳动交换产生的是工资、价格和利润诸现象，而在礼物经济中，妇女—礼物的交换产生的却是分类亲属关系现象，前者可用生产方法为参照去加以解释，而后者则须以消费方式为参照去作出说明。

现在的这个模式虽然是一个理想的模式，它是如此复杂，以致不能在实践中运用。但我们所希望找到的是一种参加到限制性交换中去的虚拟社会实际群体的趋向。此外，由于交换伙伴之间建立起来的债务的性质，根据命题

Ⅱ，增值礼物馈赠与大人物地位应该消失。这与盖尔有关乌米达部落的报道是吻合的。盖尔未能提供有关交换形式的大量证据，然而他的确提到了"实际上姐妹交换比例很高"（1975，P.27），以及不存在"原始货币"与"聘金"（PP.17~18）。他还注意到（P.36），当某一族群受到瓦解威胁时，它便会通过人口统计的不平衡，或其他理由，进行大规模的重新分类，以防止它的崩溃。例如，如果 2B 组没有成员出生，那么由于相互独立性的原因，这种体制便会瓦解。但如果将 2A 组成员的一半重新划归 2B 组，那么这种体制便会继续存在下去。这种策略不是约定俗成的逻辑时序里的一个组成部分，而是这种体制在历史时序里进行自行更替的一个必要条件。

个案 3：伊拉希塔·阿拉佩什部落

伊拉希塔·阿拉佩什部落是由图辛（Tuzin，1976）在 1969 年至 1970 年间进行研究的。而对上面两个个案的研究，实际上是在殖民地初期作的。当图辛以此作研究时，该部落沦为殖民地已有很长一段历史了。传教士与劳动移民已成为一种既定的生活方式，后者对长老当局构成了威胁。正如图辛（1976，P.36）指出的：

> 最重要的变化是外来劳工移民的普遍增加，年轻男子现在所具备的经历见识，是其父辈不能梦想的。他们生活在一种对知识和神秘事物极为不满的文化中。这种优势……是对长者独断权威的潜在破坏。此外，每次新的回乡浪潮都制造出一些理由断言，他们所取得的成就使得以前出去的男人相形见绌。在开始时，男人们签上为期两年的合同，乘着小船，冒着风雨，穿过 Vitiaz 海峡往来于新几内亚与新不列颠之间。稍后，仍去做契约工，但往来旅行已改乘舒适的岛际航班了。最后，情况就变得有些有损尊严地去签约，并靠雇主提供费用去旅行了。今天的年轻男子则靠挣钱和借钱前往 Rabaul，在那里靠朋友或亲属的关照去找工作。

在 20 世纪 60 年代，咖啡与旱稻作为经济作物被引进来时，人们方才"意识到一种自我惩罚的土地短缺"（P.36）。然而，土地作为一种商品的情况仍未出现，并且地租概念尚不为人所知。结果是限制性再生产得到了繁荣，而商品向礼物的转化迅速地进行着，长老们在目睹这种趋势产生的过程中，得到了好处，因为在这样一个变化着的情景下，他们的权威会得到维护。

在这种社会里，尽管氏族组织的情况极端复杂，但其分支原则的基础，仍如图 7.9 所示。

这种体制的运行，至少需要有 16 个氏族。事实上有 21 个和 42 个亚氏族（后者系交换女人的单位）。图辛的确提供了一些有关女人交换的量化资料。

表 7.1 列出的是一些有关霍恩比尔（Hornbill）部落（A + B）与科卡图（Cockatoo）部落（C + D）之间女人交换的总计资料。大多数交换都是在这些氏族内部进行的。霍恩比尔个案里有 50 例，科卡图个案里有 103 例。但在这些氏族群之间，可以观察到一种限制性交换的趋势：霍恩比尔部落送给科卡图部落 20 名女人，从对方那里得到 18 名。在这些氏族群里去了解交换的模式，将是非常有趣的。但不幸的是，图辛的资料不能被分解。然而，它已告知我们有 30% 多，可能达 50% 属于亚氏族间的限制性交换。因此，可以归结为存在着一种限制性再生产的趋势。

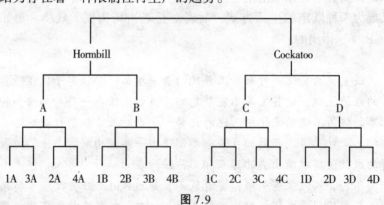

图 7.9

表 7.1　塞皮克地区伊拉希塔·阿拉佩什部落
妇女—礼物交换

		接收方		
		霍恩比尔部落 （A＋B）	科卡图部落 （C＋D）	总　计
给出方	霍恩比尔部落 （A＋B）	50	20	70
	科卡图部落 （C＋D）	18	103	121
	合　计	68	123	191

资料来源：Tuzin，1976，PP.92～98.

这些交换的空间维已列在表 7.2 之中。大多数交换是在村内进行的，这已得到总例的 55％ 中既不是丈夫迁居，也不是妻子迁居的事实的证明。但在这些交换中卷入了一个空间维，存在一种从父居趋势：总例的 37％ 属于妻子迁居，而丈夫迁居的实例仅有总例的 4％。

表 7.2　塞皮克地区伊拉希塔·阿拉佩什部落
妇女—礼物交换的空间维

	数　量	％
女方迁居	121	37
男方迁居	15	4
两不迁居	179	55
两方都迁居	12	4
总　计	327	100

注：包括六名居住受监护的未成年者及得自别村的 25 名女人资料.
资料来源：Tuzin，1976，P.98。

该部落出产薯类，这些东西被作为礼物在不同的民族与部落间进行交换。这类交换中包含了一些增值礼物馈赠。于是在这种部落里，"大人物"就存在。然而增值礼物馈赠是老人们的一种附带活动，而非对该部落具有影响和权力的"大人物"的活动。（P.232）

归而言之，情况似乎是，该社会具有限制性再生产和概化性再生产的两方面因素。但正如命题Ⅱ所预言的那样，前者居于支配地位，这又与女人的限制性交换，长者的支配地位，以及增值礼物馈赠的相对次要相关联。

个案 4：蒙杜古马部落

该部落的研究，是由米德（Mead）在 1931 年至 1933 年间进行的。它被描述成一种"畸形"而"异常"的社会（Heusch，1958，PP.240～241）。乍一看来，该个案的出现，为前面的假设提供了证据。可是由于该地区存在着土地过剩，这种体制的独特性的出现可以表明，该实例是个案Ⅰ的一种简单模式的变更。根据米德的说法，该社会未被编入氏族社会之中（1935，PP.176～177）

> 取代蒙杜古马部落社会组织的，是一种所有同性成员间存在着天然敌意的学说，而同性成员间唯一可能的联系，则是通过对异性成员的僭越。因此，取而代之的是，将人们编入从父居群体或从母居群体，要么将他同其父亲的兄弟编在同一组里，要么将他同其母亲的兄弟编在同一组里。蒙杜古马部落有一种他们称为绳索（a rope）的组织形式，该绳索由一名男子，他的女儿们，他的女儿们的儿子们，以及他的女儿们的儿子们的女儿们组成。或者，由一名女子来开始计算，则该绳索由她的儿子们，她的儿子们的女儿们，她的儿子们的女儿们的儿子们等构成。除了价值不高的大量土地外，全部财产，甚至女儿从父亲那里得到的武器，都要顺着绳索往下传。一名男子和他的儿子不属于同一条绳子……除了享有从父亲那里传下的土地外，一名男子不留财产给他的儿子，其他每样值钱的东西，都归他的女儿所有。

米德还注意到，在这个理想的个案里，各绳索之间每四代进行一次限制性的妇女—礼物交换（PP.178，183）。正如列维—斯特劳斯曾经指出过的，这意味着一名男子要娶他父亲的父亲的父亲的父亲的姐妹的儿子的儿子的儿子的女儿（*ffffzsssd*）。该规则与娶父亲的父亲的姐妹的儿子的女儿（*ffzsd*）的规则，是相同的（Paul Jorion，*Personal Communication*）。

对这个制度而言，要满足自我取代的条件，至少须有八条绳索，并且这些绳索之间的婚姻，必须要按图 7.10 所示的那样去编组。

按 X（一名男子）传下的线，可分为他的女儿（x），他的女儿的儿子

（X）等，全都属于同一条绳子。

图 7.10 仅只展示了绳子之间联姻与遗传关系。它并未描述作为一种消费方式的亲属传统，即未涉及人、土地及食物。氏族组织发挥了这种功能。但由于土地过剩，土地的拥有不再是一个紧迫的问题，再生产关系中无需去表述人与土地间的明确关系。这就是蒙杜古马部落所做的一切。可是，人们显然必须离开土地而生活，因此随之而来的是，氏族组织的某一体系，必须绝对存在于蒙杜古马部落的绳索之中。这种固有的氏族结构已在图 7.10 中添加了大写字母 1A11，1A21，1B11 等。这种字母常规后面的结构，标在图 7.11 中。因此，在蒙杜古马部落绳索后面，存在着一种复杂的氏族结构，其基础是一个简单的衍生分支系统。要明白这一点，有必要从氏族的角度去重新考察部落的再生产。图 7.12 作了这种考察。这种模式产生的限制性交换类型见图 7.13 所示。从图中可以看得很清楚，分支 A 的某个人总是要娶分支 B 的一个人。于是在分支水平上，再生产便具有了如图 7.14 所示的形式。这与个案Ⅰ中的巴纳罗部落的情况是一致的。

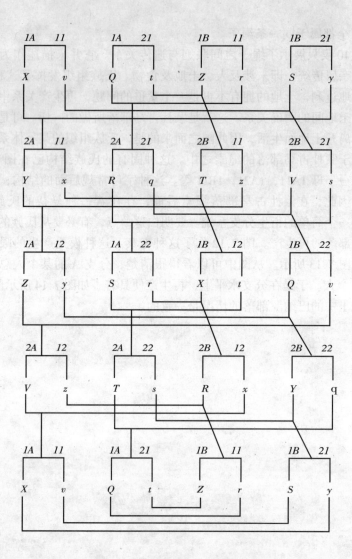

图 7.10 蒙杜古马部落的婚姻图

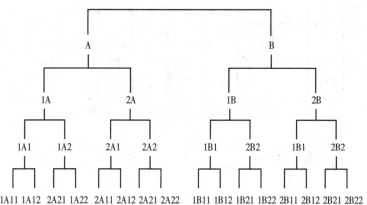

$(X+v)(Z+y)(Q+t)(S+t)(Y+x)(V+z)(R+q)(T+s)(Z+r)(X+t)(S+y)(Q+v)(T+z)(R+x)(V+s)(Y+q)$

图 7.11　蒙杜古马部落固有的氏族结构

氏族土地	父　亲	母　亲	子　女
1A1/2A1	1A11	1B21	2A11
	2A11	2B11	1A12
	1A12	1B22	2A12
	2A12	2B12	1A11
1A2/2A2	1A21	1B11	2A21
	2A21	2B21	1A22
	1A22	1B12	2A22
	2A22	2B22	1A21
1B1/2B1	1B11	1A21	2B11
	2B11	2A11	1B12
	1B12	1A22	2B12
	2B12	2A12	1B11
1B2/2B2	1B21	1A11	2B21
	2B21	2A21	1B22
	1B22	1A12	2B22
	2B22	2A22	1B21

图 7.12　蒙杜古马部落固有的氏族再生产

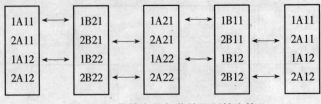

图 7.13　蒙杜古马部落的限制性交换

分支氏族土地	父　亲	母　亲	子　女
A	1A	1B	2A
A	2A	2B	1A
B	1B	1A	2B
B	2B	2A	1B

图 7.14

B. 高原地区的延迟性再生产

限制性再生产[1] 和延迟性再生产，在高原地区都存在，但占优势的是后者的一种父系或从父居的方式。[2] 来自该地区的个案阐明命题Ⅲ，因为高原地区的延迟性再生产，与聘礼、东西—礼物的增值交换及大人物资格相关联。可是必须注意到，延迟性再生产没有采取按理想模式所描述的前预付规则（*ex – ante rules*）形式，而是出现了有关婚姻交换统计的前登账（*ex – post*）形式。该地区的个案也说明了命题Ⅰ，因为增值礼物交换和聘礼都在高原地区盛行起来。这种物质基础在土地的氏族所有中得不到保存。然而，这仅仅是一个必要条件。礼物交换的繁荣，必须按照竞争的大人物间的关系，年轻男子与老年男子之间的关系，男女之间的关系，以及人与土地间的关系来进行分析。这些关系是同一总体的所有不同方面，其相对重要性，因时因地而有所不同。

---

[1] Manga、Maring 及 Daribi 部落为其例子（见 Meggitt 和 Glasse 编，1969 年）。

[2] "在以父系遗传对新几内亚高原地区作分类描述前，做再三考虑似乎是慎重的。很清楚，某些种类的系谱连接，是许多社会群体全体成员的一个准则。但也可能不是唯一的准则，出生、住所，或父母以前的住宅，或花园土地的使用权，参与交换或宴席活动、建房、或袭击等，都可能是群体成员资格的其他相应准则"（Barnes，1962，P.120）。他建议以"积累的父系分支"为选择方案。可参照 La Fontaine 的看法（1973）。

个案 5：西亚内人部落

西亚内人部落是由索尔兹伯里（Salisbury）在 1952 年至 1953 年进行研究的，其研究成果发表在他的名著《从石器到钢具》（1962）中。

根据索尔兹伯里的研究（1962，P.103），西亚内部落存在着一种父系优先交表婚规则。这条婚姻规则的所有运行情况，其他人类学家（Meggitt and Glasse，1969，P.13，fn.13）也曾指出过："即是说'我们实行女人的延迟性交换'。结果实际上是对所有既成婚姻的一种此后（post hoc）评价——一种与来自高原地区其他社会相一致的证据的很好解释。"换言之，他们有一种事件之后表明其自身的延迟性再生产（父系/从父居的）体系，而非一种约定俗成的规范。正如命题Ⅲ所预言的那样，与此相关联的是聘礼，一种竞争的礼物交换体系及大人物身份。在西亚内人中，妇女—礼物的限制性交换是一种禁忌。

妇女—礼物的延迟性交换，与东西—礼物的延迟性交换（即"聘礼"）是同时发生的。索尔兹伯里报道说，在这类交换中所支付的聘礼价值，已"大为增加"。（1962，P.100）

其他礼物交换的形式也得到丰富。西亚内人把它们分成三组，索尔兹伯里则将之评为"生活费"、"奢侈品"和"礼仪品"。每组以所使用的物品的类型，财产的类型以及社会关系，来作划分（参见图 7.15）。按照本书所使用的部类，生活费组与礼仪品组为礼物交换形式，而奢侈品组则属于本土商品交换（物物交换/barter）的一种方式。奢侈品组构成了部落间贸易网络的一部分，而这种网络已受到殖民化的破坏（Hughes，1973）。可是在它们被破坏之前，这些贸易路线在带来礼物交换关系的发展与转化方面，曾经扮演过一个重要的角色。在殖民化的初始阶段，这些贸易路线曾将欧洲商品带进高原地区的村寨，而不是直接服务于殖民者。在这些贸易路线上，最流行的货物是钢斧。结果是高原人在被殖民之前，便已结束了"石器时代"（"stone－age" ecnomy）经济。从石器到钢具的转变，对礼物经济产生过重要影响，索尔兹伯里曾试图从西亚内个案中找出这种量化的影响。其结果见表 7.3 所列。它展现了钢斧对于男女劳动时间分配方面的冲击。可以看出，这种影响已经在"生活费"范围内，减轻了人们的工作负担，而妇女的工作负担却没有变化。这是因为男人们专门从事于山芋生产过程的初期阶段劳动，需要用斧头砍树和清除丛木，而妇女则专门从事于第二及第三阶段的栽种、除草、收获等活动。所以，妇女的工作过去和现在都无须使用斧头。因此，钢斧提高了男子的劳动效率，但对妇女的工作则未发挥作用。节省下来的劳动时间，被分派到了"礼仪"活动（礼物交换）及诸如雇佣劳动和政府工作等"介绍性"活动中。

交换组类	货物及服务类型	社会关系	财产
生活费组（umaiye）	蔬菜食品	氏族内	氏族的
礼仪组（gimaiye）	在菜园劳动 猪、贝壳	氏族内群体 亲戚	氏族的
奢侈品组	露兜树油 小件饰物	氏族内个人 亲戚	私人的

图 7.15　西亚内亚人部落的交换组

表 7.3　1933 年—1953 年间高原地区西亚内人部落工艺变化在劳动时间分配上的冲击

活　动	所花时间（%）		
	女　性	男　性	
	1933 与 1953 年	石器技术（1933）	钢具技术（1953）
在家生病等	10	10	10
访问活动	5	3	6
礼仪活动		3	18
生活费工作		82	50
介绍性活动		— —	17
		— —	— —
		100	100

资料来源：Salisbury, 1962, P.108.

　　钢斧引进的一个结果是繁荣了礼物经济，直接的殖民化也改变了礼物交换中的物品的等级顺序。在前殖民地时期，经由贸易路线来自海滨的珠贝享有最高级别，当欧洲人殖民这里之后，他们看到贝壳"最值钱"，于是便用飞机运了进来，用于购买食物、劳工及其他喜爱的东西。过量供应，使得贝壳作为礼物毫无用处，因为一项债务也可以轻而易举地得到偿还。于是，猪变得相对重要了。然而，猪需要被生产出来，需要从菜园生产到手工喂养之。这正是妇女的工作。因而，尽管钢斧为男子提供了更多时间去从事礼物交换，但它也意味着妇女不得不耗费更多的时间，去从事于山芋及猪的生产。所以，结论便是：钢斧实现了礼物交换所需物品的生产，并使之得到了繁荣。[①] 该结论得到了来自古德依娜夫岛（Goodenough Island）的证据支持。杨（Young）曾注意到："钢斧曾刺激了生活作物的生产（1971，P.255）。"（杨氏对"生活费"（Subsistence）一词的使用不妥。该岛上出产薯蓣类食物，它们不像山芋耐用，山芋在礼物交换中既可作食物，又可作手段。）钢斧也刺激了巴鲁亚人盐的生产。但该个案稍微不同，因为巴鲁亚人是将盐作为一种交换商品来生产的。 （Godelier and Garanger，1973；Clarke and Hughes，1974）

竞争礼物交换（*gimaiye*），造成了在一种延迟性交换基础上的猪的交易。例如，若 A 给 B 一头母猪，那么当这头母猪产崽后，B 会送 A 一头猪仔。当任意大小的一头母猪被送还时，A 的一头母猪的礼物债便得到了偿还。若 A 作选择的话，对方可能还会偿还更多。任何的增值馈赠，都会将债务人和债权人的关系颠倒过来。这种类型的礼物馈赠，在一名男子与其妻子的兄弟之间是常有的事。这又赋予了这位丈夫向其妻子的兄弟索取猪的权力。索尔兹伯里注意到（1962，P.92）："如果这位妻子离开了她的丈夫，她的兄弟宁可将她送回，而不愿交还她的丈夫的猪。"以这种方式，猪的赠方与受方以及受惠人都卷入到为维系该丈夫与他的妻子、妻子的兄弟之间既有的关系上。因此，竞争的礼物交换服务于男人对女人的更大支配。

猪的高速循环，意味着对猪的索取超过了循环中的猪的数量。这种交易的最终目的，是猪的宴会。

> 猪的所有"财政"操纵的最大增值和最终目的，便是猪宴。这种宴会每隔三年由每个族群举办。太小而不能上宴会的小猪被留下饲养，作为下次宴会的宰杀对象。大猪被争着贮藏下来，而用后来生下的小猪崽去偿债，去供意料之外的迁居典礼之用，或去创造新的互惠对象。宴会的预告仪式在宴前 10 个月举行，这实际上造成

---

① 请对照 Belshaw 的解释："不像我们自己的农业革命，（钢具的使用）未引起所期望的物质生产的增长：在同样时间里，美拉尼西亚人宁可用更少的时间去生产出更多的东西。节省下来的时间，未用于生产更多的物质产品，而是用于一些非物质的生产形式，诸如闲暇、聊天及社交活动"（1954，P.89）。还可参见 Sharp 的解释（1952）。

了猪的处理的一个延缓偿付期。如果另一族群要求偿还一头猪，那么这种要求可用"这头猪属于祖宗"来加以拒绝，并且这头猪也不得离开村寨。一位宴会承办人试图通过要求其他氏族偿还方式去得到更多的猪，但如果该氏族也宣布它要举办猪宴的话，这种要求便无效。因此，在宣布主办未来的宴会方面，竞争颇为激烈。有时在某一地区率先举办庆典较为有利，可以抢在别的氏族之前举行。最后举办庆典者最好，因为此时已无其他氏族拒绝还债。有时延期一年举行庆典，会把一个氏族置于唯一的庆典主持人位置上。但是，尽管在某一时刻猪的生产和积累达到最大量，对其他氏族而言，除了作为未来生产的一个核心外，其最终目的不是去吃掉这些猪，而是把它们全部分配掉（Salisbury，1962，P.93）。通过减少循环中的猪的贮量，降低对猪的索要比率来宰杀猪，馈赠猪肉，

使得偿还债务更加困难。这种"消灭策略"（见第三章 B.3），与高原西部使用的"财政策略"（参见下文中的梅埃帕人部落与恩加人部落例子），以及高原南部实行的"生产策略"（参见下文中的维鲁人部落例子）形成了对照。

表 7.4　1952 年高原地区西亚内人部落
一名协议劳工带回礼物的分配

收礼者地位（数量）	物品	估算值（澳元）	占总费用%
政府委派官员（3 人）	2 laplaps	1.20	
	1 条羽饰头巾	0.30	
	1 tin ointment	0.20	
合　　计		1.70	7
大人物（5 人）	3 laplaps	1.80	
	1 个贝壳	0.80	
	1 条手帕	0.15	
合　　计		2.75	11
世系头人（5 人）	2laplaps	1.20	
	2 把斧头	1.60	
	2 条手帕	0.30	
	1 个金唇贝壳	3.00	
合　　计		6.10	25

续　表

收礼者地位（数量）	物品	估算值（澳元）	占总费用%
近亲（4人）	3 laplaps	1.80	
	1 把斧头	0.80	
	1 条手帕	0.15	
合　计		2.75	11
自己	2 laplaps	1.20	
	1 条手帕	0.15	
	一些白纽扣	0.20	
	2 条皮带	0.60	
	1 条短裤	0.75	
	1 把剪刀	0.50	
	1 把确刀	0.75	
	1 个足球	1.50	
	1 个金唇贝壳	3.00	
	1 英磅	2.00	
	4 先令零钱	0.40	
总　计		11.05	45
礼物费总计		24.35	100
收到现金		27.00	

资料来源：Salisbury，1962，P.129.

　　殖民化进程中的另一个方面是，招募男性劳工前往海岸地区的种植园工作。这没有对礼物经济造成破坏。与此相反，协议劳动则成为青年男子迁居仪式的一种方式。[①] 通过招工，他们被送往海滨的种植园工作，这使他们的劳动从礼物形式转化成了商品形式。与此同时，他们在海滨地区将各种商品积攒在盒子中，以便合同到期时有东西带回家去。回到村里后，他们的劳动以及他们随身捎回的商品，又不得不转回到礼物形式中去。这种过程已演化成各种特别的仪式。索尔兹伯里提供了下面这个西亚内人的个案：

　　　　当劳工们进村时，女人们尖叫着不加掩饰地恸哭，仿佛这些青

---

① 这是一种普遍现象。参见 Young（1971）的另一个美拉尼西亚例子和 Watson（1958）的一个东非例子。

年是起死复生似的。他们现在很"红火",径直来到男人房里被隔离起来,并且不许去动女人们做好已"冷"的食物,三月之内不许与女人有性接触。返家当日须自己做饭,使用饮锅或他们在种植园时的铝锅去做。当别村村民聚到房前空地时,他们便在一片惊叹声中打开他们的宝贝盒子。而后将其中的大约一半东西分给大家,将一样或几样贵重东西分给本家系头人,将一小部分东西分给 luluai (政府委任官员),再分给别的家族的大人物一些。他们是以 gimaiye(礼物交换)仪式来分发的,仿佛这些礼物是送给外国氏族的成员似的。(Salisbury, 1962, PP.127~128)

表7.4列举了一名西亚内人部落协议劳工所带回的各种商品,该劳工所挣到的27澳元现金中,只有2.65澳元用于旅费上,其余部分都以商品或货币方式带回了家乡。其中的43%作为礼物送给了政府委任官员、大人物及世系头人,以重建他在礼物经济中的地位;11%给了近亲(他的母亲,他母亲的弟弟,以及他弟弟妻子的弟弟);45%则留给了自己。

个案6:钦布人部落

钦布人部落与西亚内部落毗邻,其社会结构与西亚内人部落极为相似。它在高原地区受到殖民化的第二次冲击中,为礼物经济得到繁荣的命题(命题Ⅰ)提供了一个例证。这又引发了初级商品(主要是咖啡)生产的建立,并对土地构成了压力。

请看表7.5,它展示了1958年至1967年间,高原地区的钦布人部落在土地使用类型方面的演变情况。1958年时,咖啡树占中部地区未耕种面积的1%,到1967年时占到了13%。这是与该地区混合型生产加上各种食物——芋头、甘蔗、绿色蔬菜等的减少,以及休耕地面积的减少情况相符的。不断增加的人和猪,需要更多的山芋来供养,不得不将这种作物的栽种向周边地区扩展。咖啡的生产,使种植者受到了世界经济的制约。山芋的占地时间约为半年,便可供当地人食用。而咖啡树占地时间长达20年左右,其消费者却为外国人。这意味着生产者不再随便去更易生产工艺,也意味着随着所种咖啡树的增多,种树人被迫花去更多的卖咖啡得来的钱,去购买进口食品。然而,尽管有这些压力,现金在经济中的导入,并未导致猪宴的停止,而是恰恰相反。请看下文的记述:

表 7.5　1958 年—1967 年高原地区钦布人部落
土地使用类型的演变情况

	1958 面积 （公顷）	%	1967 面积 （公顷）	%
中部地区：				
山芋	84	18	109	23
混合菜园	55	12	13	3
咖啡	7	1	63	13
休耕地	328	69	289	61
合　　计	474	100	474	100
周边地区：				
山芋	15	4	58	17
混合菜园	3	1	1	0
咖啡	0	0	2	1
未耕地	321	95	278	82
合　　计	339	100	339	100

资料来源：H.Brookfield，1973，P.140。

通过购买食品控制当地的生产，在主要事件到来之前制定一个筹备礼物的范围广泛的方案，钦布人部落的 *megena biri* (仪式) 达到了非常复杂而庞大的程度。在 1976 年的 4～5 月间，我曾目睹了这样的一系列活动：当附近及毗邻的几个部落中的每个部落分送礼物给 Siambuga - Wauga 部落时，人们跳着舞蹈，场面十分壮观，食物被包扎成数包，在三周内的不同日子里分五次以上分发给男亲属、远亲及朋友。每次分发时，一些食物被吃掉，一些食物则分给了邻居、男亲属及朋友。在所有礼物分配中规模最大的一次，是 Siambuga - Wauga 部落送给 Gena 的亚属部落 Nogar 部落的那次。据说这是 Siambuga - Wauga 部落给 Gena 人的一次回赠，数年前居住在高海拔地区的 Gena 人曾经给他们赠送过油露兜果 (pandanuts，一种产于亚洲的油料可食果——译注)。油露兜果和花生都是两种低海拔作物，在礼物中是最重要的东西。回赠礼物堆积起来的直径达 15 米，东西包括成箱的啤酒、鱼罐头、肉罐头、煮熟的猪肉和偶然买到的其他肉类，还有香蕉、甘蔗、芋头、薯蓣和玉米。其包装特征是：用劈开的竹子围着听装鱼，竹竿上扎着花，竹板上系着两基纳（kina，约 5 美元）的钞票，长杆上担着箱装啤酒、花生和红色的油露兜果。在这种宴席上也赠送活牛、活猪。围观者、捐赠者及受礼者数以千计。有许多男子呼点着受礼人的名字，礼物分配持续了五六个小时。（Brown，1978，P.221）

布朗的这些观察是在咖啡价格暴涨前夕进行的。因为在 1975 年之前的 15 年里，纽约的咖啡平均价格为每磅 0.43 美元。1976 年时，随着巴西咖啡的歉收，平均价格回升到每磅 1.42 美元，1977 年时达到了最高点，为每磅 2.29 美元。在此之后的三年里，咖啡的平均价格为每磅 1.51 美元。这次咖啡价格的暴涨，给咖啡生产者带来了巨额盈余，使大量货币流入了高原地区。这些资金似乎未被用于生产性的资本投资，而是用在了下例所展示的进口消费食品的购买，以及礼物交换之中。

个案 7：哈根人部落

自从殖民化以后，大量的猪、贝壳和货币，以聘礼方式向该地区的流入趋于增加。当地的政府议员试图去通过将猪和贝壳的数量分别固定在 10 和 20 上，以便控制这种通货膨胀。（A.J. and A.M.Strathern，1969，P.146）他们曾取得了有限的成功。一项对 1970 年 30 桩婚姻的重要研究表明，其平均聘礼由 17.3 头猪、20.2 枚贝壳和 51 澳元构成（A.M.Strathern，1972，P.336）。送聘礼者显得慷慨大方，因为"一份丰厚的聘礼会降低部分姑娘家人诱使她离开丈夫的欲望，有助于（如 Hageners 所说的）婚姻的稳定"（P.114）。总之，延迟性原则支配着这种交换方式，一份丰厚的聘礼在将来的某个时候，又会被回赠给送礼的氏族。延迟性交换超越时间而达到的这种平衡，已得到表 7.6 的说明。该表展示了两个高原部落的 4 个氏族与 12 个亚氏族之间，妇女—礼物的赠送与接收类型。Tipuka 部落送去 27 名女子，而收到了 21 名回赠。像这样的平衡不是事先安排的，只有在事后方可作出估价。（A.J. and A.M.Strathern，1969，P.157）

表7.6　1965年高原地区两个部落的妇女—礼物交换

			接收方												总计		
			Kawelkw 部落				Tipuka 部落										
			氏族 j		氏族 k		氏族 p			氏族 q					亚氏族	氏族	部落
			1	2	3	4	5	6	7	8	9	10	11	12			
Kawelka 部落	氏族 j	1								1	4				5	11	27
		2						2				3		1	6		
	氏族 k	3					2	1	1	2	1	1		1	9	16	
		4					2			1	1	1	1	1	7		
Tipuka 部落	氏族 p	5	1			1									2	10	21
		6	3	2	1		2								8		
		7													—		
	氏族 q	8	2		1										3	11	
		9			1										1		
		10	1	1		1									3		
		11															
		12	2	1		1									4		
总计	亚氏族		9	4	2	6	4	3	1	4	6	5	1	3			
	氏族		13		8		8			19							
	部落		21				27										

资料来源：A.J.Strathern，1971，P.156.

注：氏族结构的详情参见图2.2。

在这些既定的大多数婚姻中，男女双方居住范围的半径，大约有两小时步行的路程。但由于殖民化的影响，这种半径已被扩大。正如斯特拉森（A.M.Strathern，1972，P.66）提到的那样："庞大的政府公路网及交流中心哈根市场的存在，已使得婚姻的范围扩大了。"

这种债务途径，是这些人拥有 moka 式增值礼物交换的基础。其聘礼由两部分构成："交换的部分和不期望直接回赠的部分（P.101）。"亦即产生债务的部分和不产生债务的部分。前者将本应发展为 moka 的礼物分流。"较理想的情况是，随着婚姻的成熟，虽然订婚总是留有选择余地，但联姻双方间的礼物交流应该发展成 moka ……但大多数男子并不去限制其 moka 伙伴去联姻（P.97）。"

moka 产生的债务路径，与女人交换所产生的债务路径大体相同。唯一的差别是，这些路径的不同程序和不同等级。在该地区女人的等级较低，因为娶方被认为要比嫁方优越（P.75）。因此，按哈根人的看法，女人并非最高等级的礼物。

上例中识别 *moka* 制的办法是，在主要节日里不宰杀猪。这又为该制的"财政战略"提供了倾向性。结果氏族之间产生了礼物债务的长链。这种"链"又称为"路"或"绳子"，它以一种不可思议的复杂方式，将各氏族群体捆缚起来。（参见第三章中的图 3.4、3.5 及 3.6）

殖民化对于传统贝壳贸易路线与生产劳动时间的冲击，同西亚内人部落的情形是一致的：贝壳被降级，男子的生产劳动时间减少，女人的生产劳动时间增多，男人们将额外的时间用于从事礼物的交换和合同劳动。经济作物的传入并未改变"女人生产"、"男子交换"的分工。女人简直成为了承担销售咖啡的生产、日常食物的生产，以及孩子抚育的劳动者。

moka 是一个男人们竞争声望的交换领域。但作为一种交换的形式，它对生产，尤其是对男子的劳动，具有至关重要的依赖性。贝壳与猪的等级的颠倒，对男性优势构成了严重威胁。由于贝壳可以通过商品交换而得到，可以代替异化的劳动。因此，男人可以完全控制之，而不像猪是妇女不可异化的劳动产品。妇女拥有的对猪的不可异化权，使得她们不能对交换过程进行直接的干预。如果猪变成了最高级别的礼物，取代了作为最高级别礼物的贝壳和货币的话，这又对男性的支配地位构成了潜在的威胁。这种取代过程迅速发生了。在 1965 年 2 月时，在哈根人部落发生的一次交换数目 1 100 枚珠贝的交换创下了纪录。1974 年时，贝壳告罄，一次金钱 *moka* 交换包含了一场崭新的丰田牌越野车（价值现金 4 000 澳元），并耗费了 10 000 澳元的现钞（A.J.Strathern，1979，P.537）。表 7.7 详细记录了昆达博（Kundmbo）氏族于 1977 年 12 月 12 日进行的一次金钱 *moka* 交换情况。交换的现金大多来自咖啡的收益。其中的一笔数量为 3 210 基纳的特别收入，被用来从邻近的部落购买商品猪。请看斯特拉森下面的记述：

> 男人们忙着从外部落买猪，以此来象征他们的神秘和对款项占用的非凡功绩。他们家里自用的猪会直接仰仗妻子饲养，甚至通过金钱办法从支持者和伙伴那里得到，对妻子的依赖并不直接暗示。但花钱去买的猪，总是由不相关的人去饲养的，事实上是商业商行，他们宣称甚至连买猪的过程现在都可以由妇女独立去做了！基

于此，他们声称买猪完全是为了去取悦受礼方的女人。的确，女人
们确实想要肥硕的猪，同时也欣赏金钱。（A.J.Strathern, 1979,
P.544）

也正如斯特拉森所注意到的，买猪来用，减轻了妇女饲养家畜的生产劳
动。但这仅仅是她们正在努力去种植和销售咖啡的一个背景。

表 7.7　1977 年 12 月 12 日昆达博氏族的
金钱 *Moka*（单位：基纳）

A. 礼物的金钱部分		
氏族内部的分配	4 870	
氏族间的分配	300	
合　　计		5 170
B. 商品购买		
7 头猪	3 210	
1 只食火鸡	290	
合　　计		3 500
C. 家养猪		
相当于现金		2 500
D. 其他不便统计物品		1 330
总　　计		12 500

注：这些数字提供了礼物的主要轮廓，而非人类学者能够记下的相关细节之全部。
资料来源：A.J.Strathern, 1979, P.543.

　　猪肉过去曾被作为入社礼物馈赠给 *moka* 伙伴，现在已被啤酒所取代，
而啤酒总的来说是供成年男子消费的。这又进一步扭曲了男女间的关系，并
引起了新的冲突。因为被啤酒取代了的猪肉的消费者，是妇女和儿童。
　　男女之间的对立，以及围绕着这种对立的观念形态，部分地解释了甚至
连乡下富豪也从事于 *moka* 交换的原因。这是因为"如果一个商人赚了钱，
但又不从事于交换，他在一些方面会被看作是'一个废男人'，而非一位大
人物，一个废男人会被归到女人中去（P.531）。"

个案 8：恩加人部落

　　哈根人部落个案中介绍的有关主题的变化，在恩加人部落中亦能看到

（meggitt，1971 and 1974；Feil，1978）。这里称竞争性礼物交换制为 *te*，这种 *te* 像哈根人部落的 *moka* 一样，自从殖民化以来有了很大的发展。梅基特（1974，P.17）用强调土地与人的关系的重要性，来解释恩加人部落的这种活动的恢复：

> 马埃人（Mae）不是为了声望去竞争，而恰恰是为了自身制度的缘故。声望通过报称去帮助某个氏族维护其领地的界线而获得，靠吸引现有军事联盟和养育未来的部落斗士的妻子而得到。据我看来马埃人首要的任务，便是去对氏族土地的拥有和防卫。参加 *te* 尤如同参加其他报称一样，是这种结束的一种手段。

因此，土地的氏族拥有的继续存在，不仅是礼物交换得以繁荣的一个必要条件，而且礼物交换必须得到繁荣，方可使土地的氏族拥有得以存在。通过经济作物方式，商品交换的渗透越深，在通过礼物交换的繁荣去抵消本土土地拥有基础上的商品生产的腐蚀作用方面，效果必定更大。

个案9：维鲁人部落和克瓦人部落

在这两个个案中，作为殖民化的一个结果，礼物交换已受到抑制（A.J.Strathern，1978，P.78；Leroy，1979，P.182）。在本个案被用作反驳命题 I 之前，必须对该地区交换的性质及被殖民的特殊历史，作一番仔细的考察。

表 7.8　1967 年—1974 年高原地区维鲁人
节日所宰杀猪的来源

来　源	数　量（头）	%
交　换	50	11
近亲增长	21	
姻亲赠送	20	
其　他	9	399	89
饲　养		
总　计	449	100

资料来源：A.J.Strathern，1978，P.95.

在上述的 *moka* 和 *te* 两种交换制度中，活猪的增值交换遵循着一条氏族群构成的路线，这是交换的一种主导方式。该地区的情况恰恰相反，个人之间的死猪（猪肉）的非增值交换才是交换的主导形式。这些交换通常是在有关的交换者之间，通过婚姻以及被视作聘礼的分期馈赠、孩子的报偿，或者死亡报偿的附加部分的方式进行的（A.J.Strathern，1978，P.80）。在这些交换场合要举行精心准备的杀猪仪式。猪的宰杀显得特别有意义。作为交换手段，猪被杀掉实际上毫无用处，它意味着交换者为得到它们，必须去采取生产策略。因此，这里不存在 *moka* 和 *te* 两种交换制度中复杂的猪—债交换网络。斯特拉森（1978）已强调过在这种仪式中生产的重要性，他采自维鲁人部落的统计数据清楚地证明了这一点。这些数据已列在表 7.8 中，它表明交换者所宰杀猪的近 90%，都是他们自己饲养的。从操纵交换网的技巧中，大人物们获得了一些地位，这并不奇怪，因为在这些地区，大人物情节已有所减弱。（A.J.Strathern，1978，P.78；Leroy，1979，P.183）

表 7.9　1979 年高原地区南部克瓦人联姻
部落间的贝壳交换（百分比）

部　　类	从其他部落收到	赠给其他部落	合计　%
赠妻方	7.1	52.2	59.3
受妻方	21.0	3.3	24.3
其　他	9.2	7.2	16.4
总　计	37.3	62.7	100

资料来源：Leroy，1979，P.199.

在这些地区交换的另一个重要手段是珠贝。这种交换与猪肉的交换相对立。然而这类贝壳—猪肉的交换，必须视作象征婚姻交换的礼物交换。代表女方的直接赠妻者，盼望男方馈赠珠贝给他们（A.J.Strathern，1978，P.89）。在克瓦人部落里，大多数贝壳礼物实际上与这种观念有着对应关系。表 7.9 表明，联姻部落间的贝壳交换中，有 73% 给了赠妻方。勒鲁瓦（Leroy）注意到（1979，P.199），这种姻亲贝壳交易占去了贝壳交易总数的 50%，氏族间的交易占去 44%，其他交易占 7%。因此，氏族内部的大多数贝壳交换，都被赠给了赠妻一方。假使珠贝交换控制了猪肉交换（Leroy，1979，P.489），那么大多数猪肉—礼物必须馈赠到受妻的一方。当交换它们时，贝壳被认为"去吃猪肉（P.189）。"于是，假使吃猪肉经常被用以隐喻交媾，那么这种交换可以视作男（贝壳）女（猪肉）之间的象征性婚姻。这类交换的目的，是有规则地去再生产婚姻联盟。它们不像是婚姻—礼物的组成部分，不能像在 moka 和 te 的交换中分割开来。因而，这种贝壳交换可视作 moka 型交换（moka – type exchange）的一种原型。（A.J.Strathern, 1978, P.88）

殖民化的影响已经制约了猪的生产，其结果便是猪的宰杀和猪肉的交换。在高原的其他地区，每次猪肉交易中的贝壳数量已有增加，但由于这种交换体制的生产性质，并未导致交换的繁荣。

根据该地区特殊的殖民历史，正如斯特拉森（1978）所做的那样，可以对维鲁人部落交换受到的制约作出解释。维鲁是高原地区南部的一个部落，也是巴布亚新几内亚最后沦为殖民地的一个地区。1962 年时，维鲁部落仅被"取消了限制"，即宣告战争停止，并对欧洲旅行者开放。维鲁人同高原地区南部其他人一样，被迫全盘按照政府的企图去接受"现代化"。这意味着他们对传统仪式和菜园种植劳动输入的放弃。25% 的成人男子被很快送到海滨的种植园里，其余的男人被迫在当地的基础开发中，以劳动方式去缴纳税收。因此，在本世纪 60 年代，在各种仪式与生意或政府工作之间，出现了一个劳动分配的问题，而殖民者的力量，意味着后者占据了主导地位。未来的情况将会怎样？A.J. 斯特拉森（1978, PP.100～101）持如下观点：

> 展望未来，在维鲁人中可能会出现一种不同的模式，这种模式与梅埃帕人已在经历中的情况极为相似。自从国家独立，人民拥有一点属于自己的时间以来，政府的巡视检查已经减少。像哈根人地区那样，"乡村法庭"由人民自己去审理，将会在短期内实现。农业官员对生计农业的需要有了更多的了解。与此同时，咖啡种植和一些养牛计划（当然不是全部）开始被证实是值得去做的。如果这些开发为土地争端的一种相互联系的进一步再开发，以及作为个人与民族群体更精心准备仪式的维护提供了余地的话，那么情况将会与我的假设一致。至少在 1974 年时，图达（Tunda）男子曾告诉我说，下次（或许是 1977 年 11 月）他们杀猪时，他们将再次戴上 allpo 式"大礼帽"（alipo "top hat"）。在过去，这是一种对男人养猪能力信心的象征，以及一种显示他们抵抗敌人或对手能力的帽子。换言之，作如此预言是冒险的，但可能会开始一个复兴阶段。到本世纪 60 年代末时，在哈根人部落里的这种复兴，包括部落间

真正的战争的恢复，已经开始，梅埃帕部落首领则为了部落将来的影响，而继续奋斗。

克瓦人的资料包含了一点受殖民化影响的信息。勒鲁瓦氏（1979, PP.180~181）的确注意到，本世纪 50 年代初克瓦人部落沦为殖民地的时候，货币已经开始用来取代珠贝，约有 20% 的成年男子已离乡外出从事某些工作。确定了该交换体制的生产性质，当如此多的劳动力流失之后，它要像别的交换体制那样得到繁荣，是绝无可能的。

C. 米勒恩湾地区的库拉礼物交换制度[①]

库拉（Kula）大概是世界上最为知名的一种礼物交换制度，得归功于马凌诺斯基在其著作《西太平洋上的探险队》（*Argonauts of Western Pacific*, 1922）中，对它进行的经典性描述。然而，最新的田野调查证据表明（Leach and Leach 编，将出），在诸多重要方面，马凌诺斯基的论述不是不正确，而是不全面。库拉并非许多人所想象的那样，是一个独一无二的制度。它与巴布亚新几内亚高原地区所发现的增值礼物交换制度略有不同，自从殖民化以后，它与这些交换制度一样得到了繁荣。正如命题Ⅲ所预言的那样，其物质基础是延迟性再生产。米勒恩海湾与高原地区的区别在于：米勒恩海湾式再生产制度更倾向于母系式，而非父系式；其主要食物是薯蓣，而非山芋；其沦为殖民地的时间更长（90 至 40 年之久）；这里更强调人死时东西的礼物交换，而非为婚姻的交换。

库拉礼物交换概念的流行，形成于马凌诺斯基下面的这段概述：

库拉是一种广泛的具有部落间特征的交换形式。它运行在一个封闭圈内，这个封闭圈由定居在群岛上的许多社区组成，其范围极为广大。该封闭圈可参见地图 3。它是由位于新几内亚北端和东端的若干岛屿组成的线路来表现的。顺着这条路径，有两种东西，而且也只有两种在上面作反向旅行，顺时针方向旅行着的是这两种东西中的一种——红贝长项链，叫做 *Soulava* ……递时针方向旅行的是一种白贝手镯，叫做 *Mwali* ……这两件物品中的每一件，都循着

① 1978 年与 1981 年的库拉学术会上，我曾将本节内容与同仁进行过数小时的讨论。

各自的方向在这个封闭圈内传递，途中遇上其他级别的物品，经常与之交换。(Malinowski, 1922, P.81)

　　从环绕这些岛屿的东西的物理运动角度来看，该描述是准确的。可是，从人与人之间礼物（不可转让的东西）的社会运动角度而言，这是不准确的。因为从这个角度而言，库拉是直线式的而非圆形的。这个矛盾是社会与自然之间的一个矛盾，必须根据两个非常重要的概念——*Kitoum* 和 *keda* 来看待，而这两个概念马凌诺斯基都不曾讨论过。

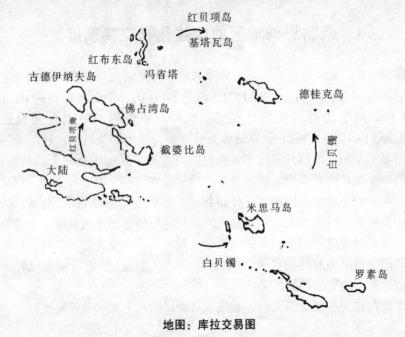

地图：库拉交易图

　　Kitoum 这个概念概括了本书中业已谈到的商品与礼物的所有区别。它涉及了某人拥有某件物品的权利，该物品作为礼物循环时不可转让的权利，以及该物品作为商品时可以转让的权利。例如，若 A 拥有一枚纹贝，那么该纹贝便是他的 *Kitoum* ，于是他就可以任意处置。他既可以为了钱而卖给一位游客，也可以在库拉圈中将其作为一件礼物赠给 B。当 A 将它卖给游客时，该物品就获得一个市场价格，而 A 则丧失对它的所有权利。当 A 将它作为库拉礼物赠给 B 时，他却没有丧失对它的权利。于是，在后一种情况下，礼物债便产生了。假设 B 将 A 的 *Kitoum* 给了 C，C 又给了 D，D 又给了

E，那么这个 *Kitoum* 依然是 A 的纹贝。这一系列的交易所产生的债务路径如下所示：

$$A \longrightarrow B \longrightarrow C \longrightarrow D \longrightarrow E$$

E 欠了 D，D 欠了 C，C 欠了 B，而 B 则欠了 A。这条债路便称之为 *Keda*。现在，若 E 拥有一个和 A 同级的 *Kitoum*，则 E 便可以取消这项债务。当这种情况沿着债路朝向 A 时，这项债务便被取消了。但是，由于礼物交易者的根本目的在于去增大债务，E 很可能会送出两样或两样以上的礼物沿着债路朝向 A，如果这样做的话，则债路的新方向将会如下：

$$A \longleftarrow B \longleftarrow C \longleftarrow D \longleftarrow E$$

A 欠了 B，B 欠了 C，C 欠了 D，而 D 则欠了 E。

正像礼物交换在高原地区产生了较少与较多的债务路径那样，库拉礼物交换也产生了同样的债路。这些债路以一种复杂的方式联系在一起，而债路的类型又与复杂的礼物交换相联系。贝壳不是唯一的交换物，薯蓣、猪及其他少量的耐用品构成了一个完整的部分。东西的准确交换秩序，随着交换的地点而改变。在伍德拉克岛上，其交换情形如下（Damon，1978，P.93）：

最高等级：{ 大贝镯和项链
　　　　　{ 小贝镯和项链

中间等级：{ 猪、陶罐、睡席
　　　　　{ 薯蓣子种和芋头种

中间等级：{ 槟榔子
　　　　　{ 胡椒粉

贝镯和项链有许多再细分的情况，这些等级在所有岛上的情形大致相似。岛际间交换礼物的变化处于一种次要的较低等级的级别状态。

库拉所具有的主要特征在于这样一条规则，一定的东西须按一定的方向传递。例如，贝镯须按逆时针方向传递，而项链须按顺时针方向传递。这条规则的作用在于，它具有一种延长债路的倾向。例如，在有限制的个案中，它意味着最少需要三个人去"玩"库拉。与此相反，在其他类型的礼物交换中，只需要有两个人去"玩"。这条规则还有一个作用，能把这些岛屿联接起来组成一个馈赠圈，但无须将这些交易者联系起来组成一个圈。可参考上面的例子。假设 A 居住在岛 a 上，B 住在岛 b 上，C 住在岛 c 上，D 住在岛 d 上，而 E 住在岛 a 上，这条债路可写成：

$$A_a \longrightarrow B_b \longrightarrow C_c \longrightarrow D_d \longrightarrow E_a$$

小写字母代表着交易者所在的岛屿。从岛屿的角度来看，这条路径是圆形的，但从交易者的角度而言，这条路径又是直线形的。A 和 E 都居住在同一个岛上，但这在理解所涉及的库拉的范围内，意义并不大。

库拉的另一个主要特征，是为了达到贝壳交换的目的而进行场面壮观的海外旅行。这类旅行过去是，现在仍然是乘着用当地材料建造的特殊的独木舟（canoes）去进行的。加瓦岛（Gawa Island）即专门生产库拉用的独木舟。值得注意的是，这种独木舟是被当作礼物而非商品交易出去的。正如曼恩（Munn，1977，P.45）注意到的："独木舟作为一种贵重的交换品，它不可逆转的旅行不会将它从其生产者手中异化出去。"库拉旅行也受制于延迟性交换原则。某年，男人们将从 A 岛到 B 岛去交易，次年，他们又会从 B 岛去 A 岛交易。这类旅行的目的，是去带回原先的礼物（vaga）。来访岛上的大人物竞相得到最好的礼物，以便他们可以通过将之赠给其他岛民来获得声望。

库拉的性象征意义是明确的，请参与马凌诺斯基（1922，P.356）的论述：

> Vaga 和 yotile 这两样礼物是相等的，分别用 Kudu（牙齿）和 bigeba（去咬）两个词来表达。另一个描述礼物相等的表述特征，是用 vai 一词来表示去结婚。当相反运行的两件贵重礼物在库拉圈内相遇时，便发生了交换，这种交换被称为结婚。贝镯被表达为一种女性原则，而项链则代表男性原则。

除了用婚姻为参照来解释东西的礼物交换，用消费的方式为参照来解释婚姻外，恐怕没有更好的语言学依据适合本命题了。

个案 10：超布连群岛

该制度的母系或从舅形式已在第四章中作了讨论。但它也被描述成父系的形式（Malinowski，1935，P.36），在这里去参考这种形式是有用的。超布连岛有四个氏族：鬣蜥氏族 A，狗氏族 B，猪氏族 C 和蛇氏族 D。他们也有一条约定俗成的婚姻法则（fzd：即父亲姐妹的女儿），根据这些事实，去构建一种如图 7.16 所示的自我取代的理想模式，是可能的。

土　　地	父　亲	母　亲	儿　子	女　儿
A	鼷蜥氏族	狗氏族	狗氏族	
A	狗氏族	鼷蜥氏族	鼷蜥氏族	
B	狗氏族	猪氏族	猪氏族	
B	猪氏族	狗氏族	狗氏族	
C	猪氏族	蛇氏族	蛇氏族	
C	蛇氏族	猪氏族	猪氏族	
D	蛇氏族	鼷蜥氏族	鼷蜥氏族	
D	鼷蜥氏族	蛇氏族	蛇氏族	

图 7.16　超布连岛民的延迟性再生产

这便产生了如下所示的妇女—礼物的延迟性交换：

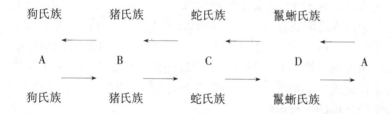

于是，随着时间同类与同类相交换。这是礼物交换形式中最纯粹的一个经典
例子。

　　这显然是一个完美的典型，而问题在于要与这种完美典型的实践相一
致。鉴于氏族人口统计的不平衡，这种制度要想严格地运行，是不可能的。
例如，鼷蜥氏族比其他要小得多。来自奥马拉克马村（Omarakama Village）
的数据表明，1950 年时该村人口有 317 人（Powell，1965，Table.3），其中只
有 5% 属于鼷蜥氏族，25% 属于狗氏族，47% 属于猪氏族，22% 属于蛇氏族。
尽管有这些事实，但氏族间妇女—礼物交换的数据，似乎呈现出一种延迟性
交换的趋势，以及某种延迟性交换制度是如何随着时间的推移而平衡出来的
（见表 7.10）。

表 7.10　超布连岛奥马拉克马村四代人中
的妇女—礼物交换

赠　　方	鬣蜥氏族（A）	狗氏族（B）	猪氏族（C）	蛇氏族（D）
鬣蜥氏族（A）	n.a.	n.a.	n.a.	n.a.
狗氏族（B）	0	0	13	4
猪氏族（C）	0	13	4	16
蛇氏族（D）	0	4	10	2

注：表中所列，仅为主要的亚氏族资料：狗氏族（81 人）的拉布威塔氏族（Lob-
　　waita/53 人），猪氏族（148 人）的塔布拉氏族（Tabula/23 人），以及蛇氏族（71
　　人）的巴威达加氏族（Bwaydaga/25 人）。鬣蜥氏族（17 人）的数据未得到。
资料来源：Pwell, 1956, Appendix.

　　例如：猪氏族赠送了 13 名女子给狗氏族，狗氏族回赠了 13 名给猪氏
族。蛇氏族与狗氏族之间也建立了一种相似的平等交换，互赠了 4 名女子。
可是按照理想模型，后一种交换是不规则的。其他不规则的交易是猪氏族和
蛇氏族的氏族内部的交换。但大部分这类氏族内的交易是氏族首领的婚姻。
氏族首领与本氏族成员的婚配，是一种普遍的习俗。① 也是氏族族长以巩固
其权力和影响的地位的一种策略。

　　超布连岛是巴布亚新几内亚存在氏族族长制的少数几个地区之一，也是
存在以贡金方式馈赠礼物制度的少数几个地区之一。超布连岛上出产薯蓣，
每年收获后约有一半的产品按照既定的规则被用于交换循环（Malinowski,
1935，P.8）。该规则的本质在于，薯蓣的循环流动必须与妇女—礼物循环的
方向一致。② 所以，按照上述的模式，狗氏族将薯蓣馈赠给猪氏族的这一
代，而猪氏族则将之回赠给狗氏族的下一代。在氏族等级上，这种馈赠制度
建立了一种理想情况下的平等。然而在亚氏族级别上，没有必要在理论上或
实践中去建立这种平等。亚氏族拥有一套等级秩序，氏族族长属于最高等级
的亚氏族，该氏族占用着馈赠给它的薯蓣的一个不均衡的份额（参见第三章
表 3.2）。这种交换模式颠倒了通常的秩序：占支配地位的是接受方，而非
馈赠方。这些薯蓣过去是，现在仍然是被炫耀地陈放在薯蓣房里，很多情况

---

　　① 在非洲的部落制度中，情况尤其如此，氏族族长制较为普遍。例如，可参考库柏（Kuper）
　　　　对斯威士人（Swazi）的论述："只有在高贵的恩科西人（Nkosi）氏族中，才允许有亚氏族
　　　　间的通婚。"（1950，P.86）
　　② 父亲与兄弟馈赠薯蓣，丈夫接受薯蓣（Weiner, 1974, P.197）。

下是剩下而腐烂掉。薯蓣不像山芋那样耐用而好贮藏，它会被收回。正因如此，它们可以用作礼物交换的手段，以及显示氏族族长权力和权威的象征。

该个案看来为反驳命题Ⅲ提供了证据。因为它表明，氏族族长制的不存在，与聘礼礼物交换的存在，构成了增值礼物交换存在的条件。[①] 然而，库拉在超布连群岛的许多地区不存在，它仅在氏族族长制最为薄弱的地区得到了繁荣。例如，在瓦库塔岛（Vakuta Island）上，几乎没有氏族族长制，库拉在此得到了繁荣（Compbell，将出）。换言之，如同理论上所预言的那样，库拉只在超布连群岛上的那些有相对"平均主义"的地区盛行。库拉是一种岛际的交换形式，但它促进了岛内等级和地位的竞争（Compbell，将出）。这是由于有许多债路穿过每个岛屿，因而在任何一个岛上，大人物们不直接竞争，因为他们不在同一条债路上。但他们却在间接地竞争，当他们访问别的岛屿时，他们竞相去夺取最高等级的贝壳，去沿着他们自己的路径传递。这是因为通过某条债路的贝壳等级越高，该债路的地位就越高，而该债路上的交易者的地位也就越高。

个案11：伍德拉克岛

对该岛的研究是由戴蒙（Damon）做的，时间在1973年至1975年之间，它在库拉礼物交换制度中扮演着一个极为重要的角色。岛上存在着一种延迟性再生产制度，与超布连式制度极为相似。但两者之间也存在着许多重大差别。首先，该岛有八个氏族，其中的四个氏族与超布连群岛的一样。这四个氏族被称作"老"氏族，其余四个则被称作"新"氏族。如同戴蒙所指出的："'新'氏族给穆尤人（Muyuw/Woodlark）造成了某些窘迫。他们确信只应有四个氏族，而事实上却有八个氏族。之所以如此，是由于他们在文化上发生了轻微的混乱"（1978，P.207）。其次妇女—礼物的交换不像超布连岛民那样，受制于一条理想的规则。其三，在伍德拉克岛上没有氏族族长制存在。这个差别的形成，来源于伍德拉克岛民对不同食物禁忌的解释。其四，这也是最后一点差别，即在伍德拉克岛上，由某个亚氏族的兄弟向另一个亚氏族的丈夫馈赠薯蓣的制度，显得相对次要。

这些事实，使得在伍德拉克岛上去构建一个再生产体制的理想模式，成为不可能，但造成了一种去维护自身的延迟性再生产趋势的存在。*Kitoums*

[①] 该个案为命题Ⅰ提供了进一步的证据。魏纳（Weiner，1976）描述了极其复杂的超布连人丧葬仪式的繁荣情况，她对女人财产的分析给予了特别关注。

被卷入了婚姻交易中，引起了一系列复杂的，有时以库拉礼物交换方式达到高潮的礼物交换。（Damon，1978，chapter.8）

礼物交换这个论题，既得到了以消费方法为参照的解释，也得到了伍德拉克语言学资料的证明。用于描述产生礼物债务交易的词叫 *Vag*，用于描述与孩子出生有关的词也是这个。此外，用于描述不同年龄的人与作为礼物的东西的交换秩序的词，也相同。例如，把最高等级的贝镯比做老头（old men），把中间等级的贝镯比做壮汉（mature men）等。反向运行的项链也有等级：把最高等级的项链比做老妪（an old woman），其次被比做中年妇女（a mature woman）等。作为礼物交换的东西则被比做婚姻。

来自诸如多布（Dobu/见 Fortune，1932）、加瓦（Gawa/见 Munn，1977）及诺曼比（Normanby/参见 Thune，将出）等库拉区域的资料，为命题Ⅲ提供了进一步的论证。然而，这些制度绝不相同。例如，多布人中存在着一种居住的选择模式，一名男子一年中住到他妻子的村里一段时间，该年的另一段时间里，妻子又住到丈夫的村里来。这些不同的地方仅仅在观念上是相同的，即结婚时限制性的妇女—礼物交换不会发生。

D. 中部地区的礼物交换与资本积累

个案 12：波雷波雷纳村

该村位于国家首府莫尔斯比港的中心。1884 年，英国殖民者在该村升起他们的国旗，而城市就在该村四周发展起来。因此，在巴布亚新几内亚，没有第二个村子像该村那样，受到了殖民化的巨大影响。正因如此，它为礼物交换在殖民化冲击之下的繁荣的命题，提供了一个严酷的检验。

从商品经济的角度来看，波雷波雷纳村成为了一个城市中的工人阶级、少数民族聚居区。与邻近的殖民区相比，该村显得过分拥挤，住房质量低劣。该村的经济基础是雇佣劳动。1950 年时，全村有 82% 的男性受雇用，他们从事的几乎都是技术性或半技术性工作。自从 1950 年以来，受雇从事打字和秘书工作的妇女人数有所增加，男性受雇比例也有所增长。该村也是巴布亚新几内亚最大的一个村，在过去 20 年里，人口已从 3 600 人增至56 002人。

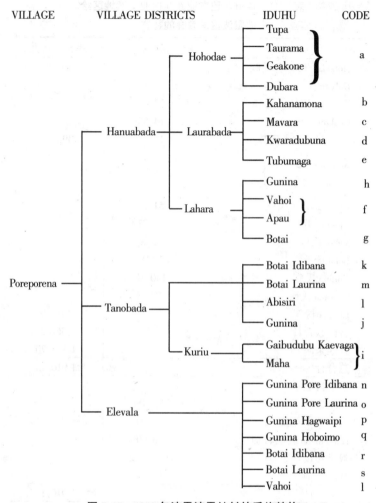

VILLAGE	VILLAGE DISTRICTS	IDUHU	CODE
Poreporena	Hanuabada	Hohodae — Tupa, Taurama, Geakone, Dubara	a
		Laurabada — Kahanamona	b
		Mavara	c
		Kwaradubuna	d
		Tubumaga	e
		Lahara — Gunina	h
		Vahoi, Apau	f
		Botai	g
	Tanobada	Botai Idibana	k
		Botai Laurina	m
		Abisiri	l
		Gunina	j
		Kuriu — Gaibudubu Kaevaga, Maha	i
	Elevala	Gunina Pore Idibana	n
		Gunina Pore Laurina	o
		Gunina Hagwaipi	p
		Gunina Hoboimo	q
		Botai Idibana	r
		Botai Laurina	s
		Vahoi	l

图 7.17 1979 年波雷波雷纳村的氏族结构

注：这是一份 1979 年波雷波雷纳村教会的施舍表，因此未包括村里少数非基督徒
的伊杜夫人（Iduhu）。

表 7.11　1950 年巴布亚新几内亚中部地区给
波雷波雷纳教会的礼物

		单位：澳元
Hohodae Tupe 各氏族		49.05
Dubara 氏族	－ －	
Taurama 氏族	22.40	
Geakone 氏族	14.50	
波雷波雷纳各氏族	12.15	495.91
Kahanomona 氏族 } Marara 氏族	55.35	
Kwaradubuna 氏族	51.25	
Apau 氏族	61.21	
Vahoi 氏族	32.30	
Botai 氏族	28.20	
Gunina 氏族	140.88	
Gearana 氏族	122.20	
Elerala 村	4.52	191.49
各氏族合计		736.45
其他来源		1 173.70
总合计		1 910.15
分配情况：		
LMS 总基金会	400.00	
牧师的零花钱	30.00	
Hanuabada 教团教师	56.00	
教堂建设基金	1 354.22	
其　　他	69.93	
合　　计		1 910.15

资料来源：Belshaw，1957，P.184。

表 7.12　1974 年中部地区给波雷波
雷纳教会的礼物

伊杜夫氏族	助祭	数量 （基纳）		顺序	
				伊杜夫 氏族	助祭
a. Hohodae	1	1507.64			
	2	650.50			
	3	939.50			
	4	1 118.11	4 215.75		
b. Kahanamona	5		476.60		
c. Mavara	6 ~ 9		2 786.73		
d. Kwqradubuna	10	969.00			
	11	1 111.00	2 080.00		
e. Tubumaga	12 ~ 15		1 455.56		
f. Vahoi/Apau	16	1 293.89			
	17	662.50			
	18	668.20			
	19	527.60	3 152.19		
g. Botai	20	816.95			
	21	606.00			
	22	502.20			
	23	1 280.00			
	24	1 255.90	4 461.05	第三	
h. Gunina	25	2 113.00			第三
	26	1 523.03			
	27	2 211.20			第二
	28	1 820.00			
	29	577.60			
	30	4 380.00	8 682.83	第二	
i. Kuriu	31	37.20			
	32	68.00	105.20		
j. Gunina	33		552.50		
k. Botai Idibana	34		4 317.47		第一
l. Abisiri	35		1 137.85		
m. Botai Laurina	36		354.39		
n. Gunina Pore 　Idibana	37		752.64		

续　表

伊杜夫氏族	助祭	数量 (基纳)		顺序	
				伊杜夫 氏族	助祭
o. Hunina Pore 　 Laurina	38～39		1 021.89		
P. Gunina Hagwaipi	40	454.36			
	41	256.00			
	42	506.00	1 216.36		
q. Hoboimo	43～45		5 509.75	第二	
r. Botai Idibana	46		805.00		
s. Botai Laurina	47		142.59		
t. Vahoi	48		1 910.56		
	合　计		45 136.91		
	其　他		995.58		
	总　计		46 132.49		

资料来源：Poreporena Church handout.

　　尽管该村发生了巨大变化，但氏族结构也得到了加强。这在很大程度上得归功于联合教会的影响（其前身为伦敦传教会）。教会禁止了传统的礼物交换制度，篡夺了传统的大人物的权力。而今大人物已不复存在，已被教会的副主祭所取代。为了募集资金，教会建立了一种新的礼物交换的"新的大人物"制度。这些新大人物的出现，拯救了濒于崩溃的氏族制度（iduhu）。正如格罗夫斯（Groves，1954，P.13）报道的："通过教会副主祭的选举，……氏族（iduhu）结构……已得到最有效的巩固，副主祭在村里的权力大多源于氏族结构。"副主祭为亚氏族的首领，由其亚氏族全体成员选举产生。在 1979 年时，共有 54 个亚氏族和 25 个氏族，其氏族的结构情况参见图 7.17 所列。副主祭们为了在一种称为 boubou 的制度中的地位而相互竞争，该制度建立于 1948 年。战后，一位训练有素的本地牧师被委派到波雷波雷纳村教会，取代了已经出国的前任牧师。面对着为教会募集资金的问题，他设计了一面叫做 Boubou Kwalim Toana 的锦旗（捐款优胜者），每年安排一次为竞争副主祭而举行的礼物馈赠竞争活动，优胜者便获得该旗。氏族间的一切竞争贯穿在副主祭的竞争之中，每年产生一个优胜氏族和副主祭。该制度的成功可通过对表 7.11 及表 7.12 的对比中看出。前表列出了 1950 年捐款的增加情况，后表列出了 1974 年的捐款数量。该制度获得了巨大的成功，1974 年募集了 45 137 澳元捐款，而 1950 年则为 736 澳元。自 1974 年以来，集资款几乎呈几何级数增加。1979 年集款 70 090 基纳，1980 年时募集资金 116 050 基纳。[①] 贯穿在氏族级别与副主教竞争中的竞争活动情况，参见表 7.12。1974 年 K 氏族的副主祭以 34 票列第一位，但 h 氏族——Hannabada 氏族的 Gunina 亚氏族赢得了竞争胜利。

自从沦为殖民地以后，波雷波雷纳村的聘礼也有了戏剧性的增长。例如，1975 年一份创纪录的聘礼包含有：3 245 澳元、67 袋大米、14 串香蕉、836 枚贝镯和 31 袋糖。婚姻—礼物货币成分的多少，可从这些实物中作出相应的估算，它是工薪阶层最低工资年收入的两倍半。如此高额聘礼的支付，有效地阻止了外地人嫁到该村来。与巴布亚新几内亚许多地方不同，这很难说是一种氏族间女人的延迟性交换。因该类氏族不是 以婚姻为目的的相关族群。波雷波雷纳村，一名男子不必娶他的 taihuna，taihuna 是一个包含第三个堂表兄妹的自我中心组。这样一个婚姻组的构成因人而异，它可能与某人的氏族组一致，也可能不一致。

这种竞争性的礼物交换制度，在波雷波雷纳村是不受限制的。联合教会殖民了沿海地区的许多村庄，那里也运行着类似的竞争制度。在这些村庄里也募集了大量的捐款。例如，贝奥拉村（Boera）是一个拥有约 700 人及 13 名伊杜夫人（Iduhu）的小村庄，1979 年 11 月，他们设法募集了 11 487 基纳捐款。

个案 13：希里开发公司

当联合教会通过礼物交换制度在募集捐款上取得引人注目的成功时，一名受过大学教育的巴布亚年轻人也建立了一个乡村开发公司，试图以同样的方式去筹集资金。每隔两周由十四个村组成的希里本地政府委员会举办一次"娱乐 – 工作 – 食物"集会（moale Hebou, gaukra hebou, anihebou / fun-work-food gathering），由每村轮流举办这种集会，主要目的在于在各村之间以竞争性礼物馈赠方式给东道主募集资金。

1974 年 9 月，我在罗古村（Roku）参加了一次这种集会，会上筹集了 1 427.50 澳元资金。十四个村中的十个村出席了这次集会。集会由该村牧师主持，开幕时做了祈祷，唱了赞美诗。而后娱乐集会便开始了。一块黑板放在

---

① 基纳（Kina）于 1975 年使用，与澳元等值，是一种后来使用的货币。

会场中央的桌上，黑板上写着所有村庄的名字。点到某村的名时，该村成员便走上前将其捐赠放到桌上，捐赠清点后及时记上黑板。在集会高潮时，现金被捐了出来，捐款人集合起来，唱着传统歌曲，手里挥着钞票，缓缓走向桌子。首轮捐赠结束时，东道主村罗古村筹资总数达到了 447 澳元，居首位；贝奥拉村以 165.50 澳元居第二位；巴伯（Papa）村以 155.10 澳元居第三位。于是，巴伯村决定在第二轮捐献中捐出另一笔款，与贝奥拉村一较高下。巴伯村在第二轮中捐出 27.52 澳元，使其捐款总数达到了 182.62 澳元。贝奥拉村接受挑战，又捐出 31.77 澳元，使其捐款总数达到 197.21 澳元，保住了第二名的地位。接着，拥有至高无上地位的罗古村也决定去炫耀一下，在第二轮中捐款 60.8 澳元，使其捐款总数达 507.8 澳元，而全部捐款已达到了 1 427.50 澳元。

全部集资都归东道主村所有。他们可以决定如何去分配这笔款项。在该例中，大多数捐款都以股份资本方式归给乡村开发公司。当罗古村出席他们的 hebou 集会捐款少于别村时，罗古村就变成了负债村。

这种制度从未"取消"，它的存在时间短暂，当我于 1979 年重访该村时，已不复存在。开发公司仍然运作着，但仅此而已。它的部分营业已经倒闭，而其他经营正处在挣扎之中。

开发公司的失败，部分归因于希里制度的性质。在波雷波雷纳个案中，没有产生礼物债务；而在希里个案里，则生了必须偿还的礼物债务。正因如此，1974 年 9 月当罗古村拥有 1 427.5 澳元现金资产时，它们同时也欠下了 919.70 澳元的村际债务及 507.80 澳元的村内债务。在这两种制度中，波雷波雷纳村的制度显然更有助于在商品经济的关系中的资本积累。这是由于它使人们卷入了东西（本个案中为货币）的转让，意味着当氏族成员把现金馈赠给教会时，不存在债务。但在希里个案的制度中没有异化，不产生债务。换言之，波雷波雷纳制在没有债务积累的前提下导致了财产的积累；而希里制度则是在导致财产积累的同时，伴随着债务的积累。

礼物从其拥有人手中的异化，正如在第三章中所看到的那样，是礼物交换制度运用破坏策略的一个特征。美洲西北角的"夸富宴"制度，是礼物交换的这种类型的一个经典例子，在那种交换中大量的毛毡及其他东西被抛进火中，因此显得非常荒谬。正是由于存在于某些礼物交换制度中的这种固有的破坏因素，为资本积累提供了机会。① 正如牟斯指出的（1925，PP.12 ~

---

① 可参见格雷戈里（1980）对该观点的详尽阐述。

15），破坏性礼物馈赠，可以解释为一种"通向上帝的礼物"。如果这种礼物采取货币或贵重商品的形式，如果它们被馈赠给了某个中介人，而非献祭，那么则很明显，这位中介人便可以积累财富。波雷波雷纳教会通过对本土礼物交换制度的修改，在一种新的制度中，将自己建成了一个中介人，正好这样去做了。希里开发公司因未能去建立一种通向上帝的礼物制度，因而失败了。

结　论

1871 年时，杰文斯（1871 年，序言）抱怨李嘉图把经济科学的研究引入了歧途。然而，本书的结论是，不是李嘉图而是杰文斯作了误导。通过对与政治经济学方法对立的经济学方法的发展，杰文斯将一代学者导入了死胡同。他创造了一套封闭的思想体系，从充满格言的前提中，派生出一些诸如"现代"货物和"传统"货物的主观主义概念，机械地运用于各种新资料的分析中。这些概念未能成功地描述出礼物经济或商品经济的基本特征，仅只解释了它们之间的彼此互动。甚至未能在礼物与商品之间建立起一种基本的界限，仅仅给出了一种去划分不同礼物经济与商品经济类型的框架。事实上，正如我们在第五章中所看到的那样，这些概念会被动地妨碍甚至蒙蔽使用者对实情的了解。杰文斯在经济分析中的误导，已酿成巨大的社会和政治后果，因为作为大学经济系里占垄断地位的正统学说，它已对欧洲和非欧洲的世界其他国家的经济决策，产生了重大冲击。

这里提供了一条摆脱困境的出路，那就是政治经济学方法。该体系经过魁奈、斯密、马克思等人的发展，提出了一个开放的思想体系，拯救了学术研究，并根据新的历史和人类学资料，对它作了修正和发展。它没有提供运用资料的机械的规则表，而是在再生产的各种社会关系范畴内，就如何解决所面临的相关问题，提出了一个框架：构成社会的各群体之间再生产手段是如何分配的？什么样的社会形式形成了剩余产品？剩余产品是如何被生产、交换、再分配、消费和再生产的？等等。早期的政治经济学家无论如何没能就这些问题提供出全部的理论答案。全世界的国家如此之多，这些问题绝不会一次得到全部解答：新的历史时期和新的人类学资料，使陈旧的理论学说被扬弃，或其适用性受到了局限。因此，政治经济学方法必须不断地变化，并与历史环境的变迁步调一致。本书认为，早期的政治经济学家发展了的方法间的界限，已无意识地被摩尔根、牟斯和列维－斯特劳斯发展了。前者的商品理论与后者的礼物学说是和谐共存的，而根据巴布亚新几内亚的证据得出的对二者的综合，为经济学方法提出的货物理论，提供了一种建设性的选择。

这种选择性优于所有的观点：它为描述本土经济，划分本土经济的各种类型，提供了更完善的概念。因而，它能够对发生在殖民地巴布亚新几内亚的历史变迁，提供一个较为完善的阐释。

本书中业已发展了修正过的政治经济学方法，具有了一种超出巴布亚新几内亚的相关性。这并非说在理论上有多大的发展，因为一些理论仅仅只与巴布亚新几内亚某些特殊地区相关，但它却为研究和解决所面临的问题，指出了方向。在本书的上篇中，列举了足够的来自亚洲、非洲和美洲的人类学证据，证明了礼物在这些国家的本土经济中的重要性。礼物的再生产具有大量的不同的类型，但是作为起点，可分为三类：限制型、延迟型和普遍型。对限制型和延迟型范畴的再划分，我们已用巴布亚新几内亚的资料作了尝试，但需要用别的国家的资料来对之进行完善。例如，根据当代人类学和历史学的证据，人们会有兴趣去调查列维 – 斯特劳斯所声称的运行在从缅甸西部到西伯利亚东部的"普遍性交换轴线"（1949，P.46）。人们也会有兴趣去通过比较非洲的族长制和美拉尼西亚的大人物制，来对礼物交换与领导体制之间的关系作出评价。对殖民化不同影响的分析，将面临许多新的问题。外国矿业公司、种植园、各国政府和教会，都以不同方式对不同的国家产生过影响。对这些机构的影响，如同经济学方法从优先原则所推论的那样，不能对之作出分析。对每种情形的具体分析，需要在作出判断之前进行。但也有一些证据表明，[①] 本书中提出的有关礼物交换得到繁荣及工资补贴的论点，具有某些超乎巴布亚新几内亚的普遍性。

用于解释巴布亚新几内亚特殊个案的主张——即限制性再生产，与老人领导制和平衡性礼物交换相关，而延迟性再生产则与大人物制度和增值礼物交换相关，这些主张透过对巴布亚新几内亚十八个地区中的三个地区资料的考察，得到了拓展。巴布亚新几内亚社会的复杂性带有传奇色彩，用这些主张的相关性去理解巴布亚新几内亚其他地区的情况，又是另一回事。许多对美拉尼西亚范围内的概括已经表明，用新的民族志资料或对旧的民族志资料的再发掘生产问题，是徒劳的。事实上，"美拉尼西亚大人物"概念是一个超判断的概念，以致本书曾试图将之作为一个问题。这里提出的礼物交换类型并不完善。主要集中分析了婚姻—礼物和氏族间的礼物馈赠。氏族内的礼物馈赠分析不多，出生—礼物和死亡—礼物的馈赠根本未作考虑。从自我替

结

论

189

① 见 Watson, 1958; Meillassoux, 1972, 1973, 1975; Weeks, 1971; Wolpe, 1972。

代的角度而言，出生与婚丧是同一件事情的不同方面，值得注意的是，某些地区强调其中的某一方面，而某些地区又强调别的方面。例如，在高原地区婚姻—礼物似乎更重要。在米勒恩海湾地区，死亡—礼物更重要。而在新不列颠的一些地区，出生—礼物似乎成为礼物交换围绕的核心（例见 Chowning，1978a，1978b）。倘若实情确实如此，那么这些现象的起因和结果又面临着一系列有趣的问题。对氏族内礼物馈赠的深入分析，面临着对"氏族"分类定义的问题。这将导致一系列问题的出现，主要集中在一些极为复杂的人类学问题上。为此，本书将氏族定义为一个异族通婚的土地拥有族群。这是第二章中采用的一个简化称谓，意在与"阶级"一词形成对照。然而，随着第七章中在经验性层次上分析的推进，土地关系有时显得有点含蓄（蒙杜古马人个案）。而在其他个案（波雷波雷纳村个案）中，婚姻群与氏族群的名称不相吻合。尽管这些复杂情况在分析的高度抽象层次上可以忽略不计，但当涉及到资本主义与非资本主义经济间的对比时，它们却是对巴布亚新几内亚情况展开具体分析的精华所在，对氏族内礼物馈赠的分析具有重要性。

本书阐述的尽管是它对经济理论的初步的一种批判，但它也包含许多具有人类学意味的观点，没有提出明确的意义。除了将"形式主义/主观主义"的讨论置诸其正确的理论背景中之外，本书中还涉及了亲属理论的内容。通过大量使用摩尔根、牟斯、列维 – 斯特劳斯等人类学家的理论，并按照斯密、李嘉图、马克思和斯拉法学说对之作了发展，从而使我们对类似价格的交换关系的分类亲属称谓的诠释，成为不可能。此外，正如同古典政治经济学家以生产和生产性消费方式为参照，对阶级社会自我替代的价格进行解释那样，本书也以消费和消费性生产方式为参照，去对氏族社会的自我替代的亲属称谓作了诠释，并对作为一种消费方式的亲属称谓的概念化，作了论证。毫无疑问，这种方法明显有别于其他方法，[1] 其优越与否则完全是另一个问题，将留待读者去做进一步的调查。

---

[1] 比如可参照马凌诺斯基 1929 年、李奇 1962 年、劳斯伯斯 1965 年和鲍威尔 1969 年对超布连岛民亲属称谓解释的不同尝试。

附录：亲属关系的微分矩阵[①]

A. 分类亲属制度的矩阵

许多礼物再生产体制的基本交换结构，可以用五个基本的矩阵式加以描述。

设有四个婚姻组 1、2、3 和 4，在限制性妇女—礼物交换关系中，存在着三种定婚的可能方式。第一种方式为 1 组和 2 组配成一个交换对，3 组和 4 组配成另一个交换对，可描述成下图：

$$1 \longleftrightarrow 2$$
$$3 \longleftrightarrow 4$$

或矩阵

$$R_1 = \begin{bmatrix} 0 & 1 & 0 & 0 \\ 1 & 0 & 0 & 0 \\ 0 & 0 & 0 & 1 \\ 0 & 0 & 1 & 0 \end{bmatrix}$$

行代表给出方，列代表接收方。

第二种可能安排的限制性交换方式，是 1 组和 4 组配成一个交换对，2 组和 3 组配成另一个交换对，如下图：

[①] 此处所及要点，参见鄙人将出版的详尽阐述，亦可参见 Copilowish（1948），Serpinski（1958），Tarski（1941）以及 Lange（1962）对该逻辑关系的一般性讨论。

或矩阵

$$R_2 = \begin{bmatrix} 0 & 0 & 0 & 1 \\ 0 & 0 & 1 & 0 \\ 0 & 1 & 0 & 0 \\ 1 & 0 & 0 & 0 \end{bmatrix}$$

第三种方式，是 1 组与 3 组配成一个交换对，2 组和 4 组配成一个交换对，如下图

矩阵为

$$R_3 = \begin{bmatrix} 0 & 0 & 1 & 0 \\ 0 & 0 & 0 & 1 \\ 1 & 0 & 0 & 0 \\ 0 & 1 & 0 & 0 \end{bmatrix}$$

若允许普遍性交换，则会出现两种可能性。其一，4 组给 3 组，3 组给 2 组，2 组给 1 组，1 组又给 4 组，完成一个循环。如下图：

1 ⟵ 2
↓ ↑
4 ⟶ 3

矩阵为

$$G = \begin{bmatrix} 0 & 0 & 0 & 1 \\ 1 & 0 & 0 & 0 \\ 0 & 1 & 0 & 0 \\ 0 & 0 & 1 & 0 \end{bmatrix}$$

在第二种普遍性交换中，给出方的方向是相反的。如下图：

$$1 \longrightarrow 2$$

(diagram: 1 → 2, 1 ↓, 2 ↑, 4 ← 3)

矩阵为

$$G' = \begin{bmatrix} 0 & 1 & 0 & 0 \\ 0 & 0 & 1 & 0 \\ 0 & 0 & 0 & 1 \\ 1 & 0 & 0 & 0 \end{bmatrix}$$

G' 是 G 的调换。

于是，从矩阵上来看，若 $E = E'$，则交换矩阵 E 是限制性交换类型；若 $E \neq E'$，则是普遍性交换类型。

在已给出的上述五个矩阵中，各种模式的交换结构已在第四章中作了讨论，可叙述成：

限制性交换（即 *Kariara* 式交换）： $E_1 = R_1$

普遍性交换（即克钦式交换）： $E_2 = G$

延迟性交换（即超布连岛式交换）： $E_3 = \begin{bmatrix} G & 0 \\ 0 & G' \end{bmatrix}$

后者是一个 8×8 的矩阵，可列出如下：

$$\begin{bmatrix} G & 0 \\ 0 & G' \end{bmatrix} = \begin{bmatrix} 0 & 0 & 0 & 1 & 0 & 0 & 0 & 0 \\ 1 & 0 & 0 & 0 & 0 & 0 & 0 & 0 \\ 0 & 1 & 0 & 0 & 0 & 0 & 0 & 0 \\ 0 & 0 & 1 & 0 & 0 & 1 & 0 & 0 \\ 0 & 0 & 0 & 0 & 0 & 0 & 1 & 0 \\ 0 & 0 & 0 & 0 & 0 & 0 & 0 & 1 \\ 0 & 0 & 0 & 0 & 1 & 0 & 0 & 0 \end{bmatrix}$$

若图 4.30 照此核查，可证实 *tama*（给妻方）关系中有这种结构。若将行视为女人，将列视作男人，则该矩阵也可描述成 *tabu*（妻方的）关系。

第七章中业已讨论过的对限制性再生产的各种复杂叙述，也可用这些矩阵描述出来。

礼
物
与
商
品

$$乌米达式交换矩阵：E_4 = \begin{bmatrix} R_2 & 0 & 0 \\ 0 & R_1 & 0 \\ 0 & 0 & R_3 \end{bmatrix}$$

这是一个 12×12 的矩阵，参见图 7.7 所具有的结构。

$$蒙杜古马式交换矩阵：E_5 = \begin{bmatrix} R_2 & 0 & 0 & 0 \\ 0 & R_3 & 0 & 0 \\ 0 & 0 & R_2 & 0 \\ 0 & 0 & 0 & R_3 \end{bmatrix}$$

这是一个 16×16 的矩阵，图 7.10 可重写如下表：

丈夫方规则

	X	Q	Z	S	Y	R	T	V	Z	S	X	Q	V	T	R	Y
v	0	0	0	1	0	0	0	0	0	0	0	0	0	0	0	0
t	0	0	1	0	0	0	0	0	0	0	0	0	0	0	0	0
r	0	1	0	0	0	0	0	0	0	0	0	0	0	0	0	0
y	1	0	0	0	0	0	0	0	0	0	0	0	0	0	0	0
x	0	0	0	0	0	0	1	0	0	0	0	0	0	0	0	0
q	0	0	0	0	0	0	0	1	0	0	0	0	0	0	0	0
z	0	0	0	0	1	0	0	0	0	0	0	0	0	0	0	0
s	0	0	0	0	0	1	0	0	0	0	0	0	0	0	0	0
y	0	0	0	0	0	0	0	0	0	0	0	1	0	0	0	0
r	0	0	0	0	0	0	0	0	0	0	1	0	0	0	0	0
t	0	0	0	0	0	0	0	0	0	1	0	0	0	0	0	0
v	0	0	0	0	0	0	0	0	1	0	0	0	0	0	0	0
z	0	0	0	0	0	0	0	0	0	0	0	0	0	0	1	0
s	0	0	0	0	0	0	0	0	0	0	0	0	0	0	0	1
x	0	0	0	0	0	0	0	0	0	0	0	0	1	0	0	0
q	0	0	0	0	0	0	0	0	0	0	0	0	0	1	0	0

妻子方规则

B. 分析系统中的矩阵乘法

表明妻方关系的联姻矩阵，可在其嗣裔矩阵的相关产品"母亲方"（M）、"父亲方"（F）和"女儿方"（D）中表现出来。

请看下面这个限制性再生产的简单模型（见图4.12）：

父　亲	母　亲	子　女
1A	1b	2A
2A	2b	1A
1B	1a	2B
2B	2a	1B

给出的这项资料十分清楚，即 1A 是 2A 的父亲，2A 是 1A 的父亲，1B 是 2B 的父亲，而 2B 是 1B 的父亲。将 1A 归 1 组，1B 归 2 组，2A 归 3 组，2B 归 4 组，这些关系可列为矩阵：

$$ F = \begin{bmatrix} 0 & 0 & 1 & 0 \\ 0 & 0 & 0 & 1 \\ 1 & 0 & 0 & 0 \\ 0 & 1 & 0 & 0 \end{bmatrix} $$

行代表父亲，列代表子女。"母亲方"关系同样可列成下面的矩阵：

$$ M = \begin{bmatrix} 0 & 0 & 0 & 1 \\ 0 & 0 & 1 & 0 \\ 0 & 1 & 0 & 0 \\ 1 & 0 & 0 & 0 \end{bmatrix} $$

行代表母亲，列代表子女。

"女儿方"关系明显是 M 加上 F 的对应。有必要将男方的女儿和女方的女儿作一区分。这可用矩阵 DB 和 DZ 分别加以表述，B 等于"兄弟方的"，Z 等于"姐妹方的"。B 和 Z 的关系是恒等矩阵，他们相乘时不改变矩阵的结构。

DB 关系是 F 的对应关系，因为 F = F′，所以 DB = F。同理，DZ = M。母亲方的兄弟的女儿（DBM）关系，可由 M 乘以 DB 构成：

$$
DBM = \begin{bmatrix} 0 & 0 & 1 & 0 \\ 0 & 0 & 0 & 1 \\ 1 & 0 & 0 & 0 \\ 0 & 1 & 0 & 0 \end{bmatrix} \begin{bmatrix} 0 & 0 & 0 & 1 \\ 0 & 0 & 1 & 0 \\ 0 & 1 & 0 & 0 \\ 1 & 0 & 0 & 0 \end{bmatrix} = \begin{bmatrix} 0 & 1 & 0 & 0 \\ 1 & 0 & 0 & 0 \\ 0 & 0 & 0 & 1 \\ 0 & 0 & 1 & 0 \end{bmatrix}
$$

同理，父亲方姐妹的女儿（DZF）关系，可由 F 乘以 DZ 构成：

$$
DZF = \begin{bmatrix} 0 & 0 & 0 & 1 \\ 0 & 0 & 1 & 0 \\ 0 & 1 & 0 & 0 \\ 1 & 0 & 0 & 0 \end{bmatrix} \begin{bmatrix} 0 & 0 & 1 & 0 \\ 0 & 0 & 0 & 1 \\ 1 & 0 & 0 & 0 \\ 0 & 1 & 0 & 0 \end{bmatrix} = \begin{bmatrix} 0 & 1 & 0 & 0 \\ 1 & 0 & 0 & 0 \\ 0 & 0 & 0 & 1 \\ 0 & 0 & 1 & 0 \end{bmatrix}
$$

从上述的再生产组合中，"妻方的"（W）关系可列成下面的矩阵：

$$
W = \begin{bmatrix} 0 & 1 & 0 & 0 \\ 1 & 0 & 0 & 0 \\ 0 & 0 & 0 & 1 \\ 0 & 0 & 1 & 0 \end{bmatrix}
$$

所以：W = DZF = DBM

换言之，在这个独特的限制性再生产个案中，母亲方兄弟的女儿与父亲方姐妹的女儿都可分类归到可婚类属中。

请看下面这个普遍性再生产的简单模型（见图 4.17）：

父　亲	母　亲	孩　子
A	b	A
B	c	B
C	a	C

A 组是 A 的父亲，B 组是 B 的父亲，C 组是 C 的父亲，因此，"父方的"矩阵为：

$$F = \begin{bmatrix} 1 & 0 & 0 \\ 0 & 1 & 0 \\ 0 & 0 & 1 \end{bmatrix}$$

同理，"母方的"矩阵为：

$$M = \begin{bmatrix} 0 & 0 & 1 \\ 1 & 0 & 0 \\ 0 & 1 & 0 \end{bmatrix}$$

DB 关系是 F 的对应，所以 DB = F。DZ 关系是 M 的对应，所以 DZ = M′ ≠ M。所以父亲的姐妹的女儿关系为：

$$DZF = \begin{bmatrix} 0 & 1 & 0 \\ 0 & 0 & 1 \\ 1 & 0 & 0 \end{bmatrix} \begin{bmatrix} 1 & 0 & 0 \\ 0 & 1 & 0 \\ 0 & 0 & 1 \end{bmatrix} = \begin{bmatrix} 0 & 1 & 0 \\ 0 & 0 & 1 \\ 1 & 0 & 0 \end{bmatrix}$$

而母亲的兄弟的女儿的关系为：

$$DBM = \begin{bmatrix} 1 & 0 & 0 \\ 0 & 1 & 0 \\ 0 & 0 & 1 \end{bmatrix} \begin{bmatrix} 0 & 0 & 1 \\ 1 & 0 & 0 \\ 0 & 1 & 0 \end{bmatrix} = \begin{bmatrix} 0 & 0 & 1 \\ 1 & 0 & 0 \\ 0 & 1 & 0 \end{bmatrix}$$

"妻方的"（W）关系如上表所示，为：

$$W = \begin{bmatrix} 0 & 0 & 1 \\ 1 & 0 & 0 \\ 0 & 1 & 0 \end{bmatrix}$$

因此 W = DBM ≠ DZF

换言之，父亲的姐妹的女儿（DZF）属于禁忌类属，而母亲的兄弟的女儿（DBM）则属于可婚配类属。

同理，下列关系可表示为：

延迟性再生产（即超布连岛）：W = DZF ≠ DBM

乌米达式限制性再生产：W = DSSZFFF

蒙杜古马式限制性再生产：W = DSZFF

C. 亲属称谓矩阵

请考虑一个简单的限制性再生产个案，若 F、M 和 W 加在一起，一个矩阵 K，则被完全限定在非对角线上，为：

$$K = \begin{bmatrix} O & W & F & M \\ W & O & M & F \\ F & M & O & W \\ M & F & W & O \end{bmatrix}$$

这些即是分类亲属称谓的精确定义，应与图 4.16 中 Kariara 人所使用的实际亲属称谓作比较。将这两个矩阵作精确比较，额外的行和列必须加到这个矩阵中，以考虑到男方与女方的各种级别，以及不同代之间的区别。这仅只考虑到未改变这种体制的基本结构的各种复杂性而已。

对普遍性再生产个案而言：

$$K = W + DZF + F = \begin{bmatrix} F & M' & W \\ W & F & M' \\ M' & W & F \end{bmatrix}$$

M' = DZF。该系统将 DZF 与 DBM 分离开来，为了婚姻目的，在禁忌类属中将前者作了替换。该矩阵应与图 4.21 作一比较。

相似的矩阵亦可在别的交换系统中得到确立。

参 考 文 献

《年度报告》(1888—1970)。[有关巴布亚地区的各种年度报（前英属新几内亚），1888—1970 年；澳大利亚联邦 1914—1970 年间致联合国（前国际联盟）的有关新几内亚地区行政管理的各种报告。]

W.E. 阿姆斯特朗（1924）：《罗素岛的货币：对货币体制的批判》，刊《经济学学报》卷 34，第 135 期，第 423 ~ 429 页。

W.E. 阿姆斯特朗（1929）：《对罗素岛的民族学研究》，剑桥：剑桥大学出版社。

L. 澳斯汀（1945）：《基里维纳人的文化变迁》，刊《大洋洲》卷 16，第 1 期，第 15 ~ 60 页。

F.G. 贝利（1957）：《等级制度与经济资源区》，曼彻斯特：曼彻斯特大学出版社。

L. 巴里克（1964）：《非货币经济（罗素岛）中信贷、存款与投资的一些问题》，收 R. 费思和 B.S. 亚梅编《农村社会的资本、存款与信贷》，芝加哥：阿尔定出版社。

J.A. 巴恩思（1962）：《新几内亚高原的非洲原型》，刊《人类》卷 62，第 2 期，第 5 ~ 9 页。美拉尼西亚重印版（L.L. 朗格尼斯和 J.C. 威斯勒编）。伦敦：钱德勒出版社，1971 年版。

J. 巴罗（1958）：《美拉尼西亚的生计农业》，刊《伯尼思 P. 比肖普博物馆馆刊》第 219 期，夏威夷：比肖普博物馆。

G.S. 贝克（1974）：《婚姻理论》，收 T.W. 舒尔兹编《家庭经济学》，芝加哥：芝加哥大学出版社。

C.S. 贝尔肖（1954）：《变迁中的美拉尼西亚：文化接触中的社会经济学》，墨尔本：牛津大学出版社。

C.S. 贝尔肖（1957）：《大村庄：一个巴布亚汉努巴达人城市社区的经济与社会福利》，伦敦：路特里奇与卡根·保罗出版社。

S. 伯德（1973）：《有关罗素岛珍贵物品的当代诠释》，刊《波里尼西亚社会学报》卷 82，第 2 期，第 188～205 页。

E.J. 贝格 (1969)：《欠发达国家的工资结构》，收 A.D. 斯密编《经济发展中的工资政策问题》，伦敦：麦克米兰出版公司。

J.N. 巴格瓦蒂 (1971)：《变形和福利概化理论》，收巴格瓦蒂等编《贸易、支付与增长的平衡——纪念查尔斯·P. 金德勒伯格国际经济学论文集》，阿姆斯特丹：北荷兰出版社。

F. 鲍厄斯 (1897)：《夸扣特人民族志》(H. 科德尔编)，芝加哥：芝加哥大学出版社 1966 年版。

P. 博安南 (1959)：《货币对非洲生计经济的冲击》，刊《经济史学报》卷 19，第 4 期，第 491～503 页。

P. 博安南与 L. 博安南 (1968)：《蒂夫人的经济》，伊凡斯顿：西北出版社。

G.C. 博尔顿 (1967)：《伯恩斯菲力蒲公司 1873 至 1893 年的兴起》，收 A. 伯奇和 D.S. 麦克米兰编《福利与进步：澳大利亚商业史研究》，悉尼：安格思与罗伯森出版社。

H.C. 布鲁菲尔德 (1973)：《钦布人的全循环：对其循环和趋势的研究》，收布鲁菲尔德编《变迁中的太平洋人》，堪培拉：澳大利亚国立大学出版社。

H.C. 布鲁菲尔德与 P. 布朗 (1963)：《土地之争：新几内亚高原钦布人中的农业与族群领地》，墨尔本：墨尔本大学出版社。

H.C. 布鲁菲尔德与 D. 哈特 (1971)：《美拉尼西亚：对岛屿世界的地理诠释》，伦敦：梅休因出版社。

A.R. 布朗 (1913)：《澳大利亚西部的三个部落》，刊《皇家人类学研究所学报》卷 43，第 143～194 页。

P. 布朗 (1972)：《对新几内亚高原钦布人变迁的研究》，麻省：申克曼出版社。

P. 布朗 (1978)：《新几内亚的高原民族》，剑桥：剑桥大学出版社。

N. 布哈林 (1919)：《休闲阶级的经济学理论》，伦敦：马丁·劳伦斯出版社。

R. 布尔默 (1970)：《民族志研究》，收 R.G. 瓦德和 D.A.M. 李亚编《巴布亚新几内亚地图集》，莫尔斯比港：巴布亚新几内亚大学出版。

S. 康贝尔 (将出)：《瓦库塔人中的库拉交易：库拉交易路径的构成法》，收 E.R. 李奇与 J.R. 李奇编《库拉交易》，剑桥：剑桥大学出版社。

T. 卡佛 (1975)：《卡尔·马克思：方法的注释》，牛津：贝思勒·布莱克维尔出版社。

《1971 年巴布亚新几内亚人口普查》，莫尔斯比港：统计局。

《1973 年英属巴布亚新几内亚主席演说》（J.D.O. 伯恩斯先生 1973 年 10 月 7 日上午 10：30 时在年终股东大会上的演说）。

A.V. 乔亚诺夫（1925）：《农民经济理论》，汉姆乌德：爱温出版社，1966 年版。

A、乔恩宁（1962）：《费古逊岛莫利马人中的母族亲属群》，刊《民族学》卷 I，第 92～101 页。

A. 乔恩宁（1977）：《美拉尼西亚民族与文化导论》，第 2 版，伦敦：科明思出版社。

A. 乔恩宁（1978）：《科维人社会中的首胎仪式与男性威望》，收 N. 贡松编《变迁中的太平洋人》，墨尔本：牛津大学出版社。

A. 乔恩宁（1978）：《新不列颠西部贸易体制的变迁》，刊《人类》杂志卷 11，第 3 期，第 296～307 页。

J.B. 克拉克（1886）：《财富的哲学》，波士顿：吉恩出版社。

W.C. 克拉克与 I. 休斯（1974）：《巴布亚新几内亚巴鲁亚人的制盐业》；刊《澳洲自然史》杂志卷 18 第 1 期，第 22～24 页。

《科伦报告》（1970）。巴布亚新几内亚的领土。收《最低工资调查》。莫尔斯比港：政府印刷厂。

H. 科德尔（1950）：《与财产战斗》。纽约：奥古斯汀出版社。

E. 科尔逊（1951）：《牛在马萨布卡地区汤加高原人中的地位》，刊 E. 科尔逊与从格拉克曼主编《罗得岛活化石杂志》卷 21，伦敦：牛津大学出版。

《概略》（1973）。收《巴布亚新几内亚外部领土统计部概略》，堪培拉：1973 年 10 月版。

J. 科潘思与 D. 泽登（1978）：《马克思主义与人类学：一份初步调查》，收 D. 泽登编《生产关系：从马克思主义方法到经济人类学》，伦敦：弗兰克．凯斯出版社。

I.M. 科彼罗维什（1948）：《微分关系中的发展矩阵》，刊《符号逻辑杂志》卷 30，第 4 期，第 193～203 页。

P. 科里斯（1968）《新几内亚水域里的贩奴活动》，刊《太平洋历史杂志》卷 3，第 85～105 页。

R. 柯廷（1977）：《巴布亚新几内亚的劳动移民模式——以塞皮克地区为参照》，未发表论文。

G. 达顿（1969）：《经济人类学中的理论问题》，刊《当代人类学》卷10，第1期，第63~102页。

G. 达顿（1971）：《经济人类学与发展：有关部落与农业经济的论文》，纽约与伦敦：1971年基本图书。

F. 戴蒙（1978）：《库拉交易圈另一方的生产模式与价值循环》，未刊博士论文，普林斯顿大学。

F. 戴蒙（将出）：《库拉交易的运行：伍德拉克岛上的开始礼物与结束礼物》，收 E.R. 李奇与 J.R. 李奇编《库拉交易》，剑桥：剑桥大学出版社。

J. 戴维斯（1973年：《皮斯蒂西人中的土地与家族》，伦敦：阿斯隆出版社。

A.B. 迪肯（1934）：《马莱库拉人：新赫布里斯岛上消失了的民族》（C.H. 韦基伍德编），伦敦：乔治·劳特利奇出版社。

G. 德布鲁（1959）：《价值理论：经济均势的公理分析》，纽海文与伦敦：耶鲁大学出版社1971年版。

A. 迪克西特（1973）：《二元经济的模式》，收 J. 米利斯与 N. 斯特恩所编《经济增长的模式》，伦敦：麦克米兰出版公司。

M. 多伯（1973）：《亚丹·斯密以来的分配与价值学说：思想与经济理论》，剑桥：剑桥大学出版社。

E.W. 多克尔（1970）：《贩奴者：1863~1907年昆士兰在南海的劳工招募》，悉尼：安古斯与罗伯逊出版社。

L.F.B. 杜伯丹（1964）：《作为社会崩溃因素的卡保库人项带的贬值》，刊《美国人类学家》（特刊）卷66，第4期，第2编，第293~303页。

L. 迪蒙（1966）：《人类的等级制度》，芝加哥：芝加哥大学出版社1979年版。

E. 杜尔干与 M. 牟斯（1903）：《论原始等级的一些问题——给集体描写研究的投稿》。伦敦：科因与威斯特出版社。

P. 艾因泽格（1948）：《原始货币》。伦敦：艾尔与斯波蒂斯伍德出版社。

F. 恩格斯（1859）：《马克思唯物主义与辩证法》，收《路德维希·费尔巴哈与德国古典哲学的终结·附录D》。伦敦：马丁劳伦斯出版社。

F. 恩格斯（1984）：《家庭、私有制和国家的起源》，《马克思恩格斯著作选》重印本，莫斯科：前进出版社1970年版。

T.S. 爱波斯坦（1965）：《新不列颠的经济演变》，刊《经济学史料》卷41，第94期，第173~191页。

T.S. 爱泼斯坦（1968）《资本主义，原始的与现代的：托莱人经济增长的某些方面》，堪培拉：澳大利亚国立大学出版社。

T.S. 受泼斯坦（1970）：《新几内亚生计经济中经济作物的革新》，刊《经济学史料》卷46，第182~196页。

D.K. 费勒（1978）：《Tee 交换中的恩加人妇女》，刊《人类》卷11第3期，J. 施佩希特与 J.P. 怀特所编《大洋洲与澳洲人的贸易与交换》特刊。

J. 芬灵顿（1980）：《土地、法律与发展：巴布亚新几内亚土地占有权与转化的个案研究》，巴布亚新几内亚大学未出版的法学硕士论文。

B.R. 芬尼（1973）：《大人物与商业》，火努鲁鲁：夏威夷大学出版社。

R. 费思（1929）：《新西兰毛利人的原始经济》，伦敦：路特利奇出版社。

R. 费恩（1939）：《波里尼西亚人的原始经济》，伦敦：路特利奇出版社1965年版。

E.K. 菲斯克（1962）：《原始经济中的计划性：巴布亚新几内亚的特殊问题》，刊《经济学史料》卷38，第462~478页。

E.K. 菲斯克（1964）：《原始经济中的计划性：从纯粹生计到市场剩余价值的生产》，刊《经济学史料》卷40，第90期，第156~174页。

E.K. 菲斯克（1971）：《生计农业的劳动吸收量》，刊《经济学史料》卷47，第368~378页。

E.K. 菲斯克（1975）：《国民收入中的生计成分》，刊《发展经济学》杂志卷31，第3期，第252~279页。

P. 菲茨帕特里克（1980）：《巴布亚新几内亚的土地与国家》，伦敦：学术出版社。

《弗莱报告》（1974）。《收入工资与价格政策》，莫尔斯比港：各部委员会报告。

A. 福尔热（1971）：《塞皮克人的婚姻与交换：评弗兰西斯·科恩对雅特穆尔人社会的分析》，收 R. 尼达姆所编《亲属关系与婚姻的再思考》；伦敦：塔维斯托克出版社。

M. 福特思（1969）：《亲属关系与社会秩序：摩尔根的遗产》，伦敦：路特利奇与卡根. 保罗出版社。

R. 福琼（1932）：《多布人的巫师》，伦敦：路特利奇与卡根. 保罗出版社1963年版。

R. 福克斯（1967）：《亲属关系与婚姻》，哈蒙兹尔斯：企鹅出版社1974年版。

S. 弗洛伊德（1913）：《图腾与禁忌》，A.A. 布里译本，伦敦：路特利奇出版社 1919 年版。

E. 弗里德尔（1962）：《现代希腊村庄瓦希利卡》，纽约：霍尔特、莱因哈特与温斯顿出版社。

J. 弗里德曼（1975）：《部落与国家的转变》，收 M. 布洛克编《马克思主义的分析与社会人类学》，伦敦：马拉比出版社。

R. 加尔诺（1973）：《国家的实情与工业的选择》，收 A. 克拉尼思 . 与罗斯与 J. 兰克莫尔主编《巴布亚新几内亚的选择战略》，墨尔本：牛津大学出版社。

R. 加尔诺与 C. 曼宁（1974）：《伊里安查亚》，堪培拉：澳大利亚国立大学出版社。

A. 盖尔（1975）：《食火鸡的变质：乌米达社会的语言与仪式》，伦敦：阿斯隆出版社。

M. 戈德利耶（1966）：《经济学中的合理性与不合理性》，伦敦：全国劳工局 1972 年版。

M. 戈德利耶（1973）：《生产模式、亲属关系与人口统计学的结构》，收 M. 布洛克主编《马克思主义的分析与社会人类学》，伦敦：马拉比出版社。

M. 戈德利耶与 J. 加伦杰合著（1973）：《来自几内亚巴鲁亚人中的石器报告》，刊《人类》杂志卷 13，第 3 期，第 186～220 页。

J. 哥尔逊（1976）：《无立锥之地：新几内亚高原的农业强化》，收 J. 阿伦、J. 哥尔逊与 R. 琼斯主编的《松代人和萨胡劳人：对东南亚、美拉尼西亚和澳洲岛屿的史前研究》，伦敦：学术出版社。

J. 哥尔逊（1972）：《印度——太平洋人的卓越历史：每部世界史前史中正在消失的章节》，刊《求索》杂志卷 3，第 1～2 期，第 13～21 页。

D.M. 古德费劳（1939）：《经济社会学原理》，伦敦：路特利奇出版社。

J.R. 古迪（1976）：《生产与再生产》，剑桥：剑桥大学出版社。

J.R. 古迪与 S.J. 唐比耶（1973）：《聘礼与嫁妆》，剑桥：剑桥大学出版社。

A.A. 格拉夫思（1979）：《1862～1906 年间昆士兰甘蔗工业里的太平洋群岛劳工》，牛津大学未出版的博士论文。

C.A. 格雷戈里（1979）：《礼物与商品：以巴布亚新几内亚为参照对"传统"与"现代"货物理论的批判》，剑桥大学未出版的博士论文。

C.A. 格雷戈里（1979）：《巴布亚新几内亚商品生产的出现》，刊《当代亚洲杂志》卷9第4期，第389~409页。

C.A.格雷戈里（1980）：《给人的礼物与给上帝的礼物：当代巴布亚的礼物交换与资本积累》，刊《人类》卷15第4期，第626~652页。

C.A.格雷戈里（1981）：《以巴布亚新几内亚为参照对非资本主义礼物经济的概念分析》，刊《剑桥经济学报》卷5，第119~135页。

C.A.格雷戈里（将出）：《亲属关系微分式的一种矩阵方法》，收G.德.莫伊尔编《人类学中的数学模型》，布鲁塞尔：布鲁塞尔自由大学出版社。

M.格拉夫思（1954）：《波雷波雷纳人的舞蹈》，刊《皇家人类学研究所学报》卷84，第1~16页。

S.古德曼（1978）：《人类学与经济学：分配的问题》，刊《人类学年度评论》卷7，第347~379页。

J.古格勒（1971）：《二元体制下的生活：尼日利亚东部的城镇人》，《东非日记》第11章，第400~422页。

G.T.哈里斯（1972）：《巴布亚新几内亚南部高原的劳工供应与经济的发展》，刊《大洋洲》杂志卷43，第2期，第123~139页。

G.C.哈考特（1972）：《剑桥资本理论的论争》，剑桥：剑桥大学出版社。

J.P.哈里斯与M.P.托达罗（1970）：《迁徙、不发达与发达的二成分分析》，刊《美国经济学评论》卷60，第126~142页。

R.F.哈罗德（1961）：《评斯拉法〈通过商品方式的商品生产〉》，刊《经济学学报》卷71，第783~787页。

A.M.希利（1967）：《布洛洛人：新几内亚布洛洛地区开发史》，莫尔斯比港：《新几内亚研究通讯》第15期。

W.E.赫恩（1863）：《政治经济或满足人类需要努力的理论》，墨尔本：罗伯特森出版社。

M.J.赫斯科维茨（1940）《原始民族的经济生活》，纽约：阿尔弗雷德.A.克诺夫出版社。

M.J.赫斯科维茨（195）：《经济人类学：比较经济学研究》，纽约：阿尔弗雷德·A.克诺夫出版社。

L.德.赫尔赫（1958）：《皇家非洲研究院象征主义论文集》，布鲁塞尔：社会学研究所。

R.L.海登（1971）：《新几内亚高原钦布人地区的土地界限与争端》，刊《新几内亚研究通讯》第40期，堪培拉：澳大利亚国立大学出版社。

R.L. 海登 (1973)：《钦布人地区的土地资格委员会》，刊《新几内亚研究通
　　讯》第 50 期，堪培拉：澳大利亚国立大学出版社。

《高原劳工报告》(1969)。《通过高原劳工计划的协议劳工供应》，未发表的
　　劳工部研究论文，莫尔斯比港。

P. 希尔 (1966)：《本土经济的恳求：东非的实例》，刊《经济发展与文化变
　　迁》卷 15，第 1 期，第 10～20 页。收 P. 希尔著《西非农村的资本主
　　义研究》重印本，剑桥：剑桥大学出版社，1970 年版。

P. 希尔 (1972)：《乡下的豪萨人：村庄与环境》，剑桥：剑桥大学出版社。

P. 希尔 (1977)：《人口、繁荣与贫困：1900 年与 1970 年的农村卡诺人》。剑
　　桥：剑桥大学出版社。

S. 希默尔韦特与 S. 莫恩 (1977)：《国内劳工与资本》，刊《剑桥经济学学
　　报》卷 1 第 1 期。第 15～33 页。

I. 霍格宾 (1967)；《沃格亚人中的土地所有权》，霍格宾与 P. 劳伦斯著《新
　　几内亚土地所有权研究》，悉尼：悉尼大学出版社。

B. 霍洛韦 (1976)：《邮政信使报》1976 年 10 月 20 日（巴布亚新几内亚的一
　　份新闻日报）。

K. 霍普金斯 (1980)：《罗马时期埃及人的兄妹婚》，收《社会与历史的比较
　　研究》卷 22，第 3 期，第 241～259 页。

I.M. 休斯 (1973)：《传统的贸易》，收 E. 福特主编《巴布亚新几内亚资源
　　地图集》，悉尼：雅克兰达出版社。

J. 汉弗莱斯 (1977)：《阶级斗争与工人阶级家庭的存在》，刊《剑桥经济学
　　学报》卷 1，第 3 期，第 241～259 页。

《国际贸易统计》(1972/1973)。巴布亚新几内亚统计局。

《伊萨克报告》(1970)。《巴布亚新几内亚农村雇工与非农村雇工间不熟
　　练工人工资与相对物的结构》，J.E. 伊萨克给巴布亚新几内亚领土管理
　　当局的报告。

W. 杰文斯 (1871)：《政治经济学理论》，哈蒙兹威尔斯：企鹅出版社 1970
　　年版。

H.G. 约翰逊 (1965)：《国内变形存在的最理想的贸易干预》，收《贸易增长
　　与支付平衡：戈特弗里德·哈伯勒纪念文集》，芝加哥：兰德·麦克纳利
　　出版社，又收《国际贸易读物选》（J. 巴格氏蒂编）重印本，哈蒙兹
　　威尔斯：企鹅出版社 1969 年版。

R. 琼斯 (1831)：《财富分配与税源》，纽约：凯利出版社 1964 版。

R. 琼斯（1859）：《政治经济学讲稿文存》（W. 休厄尔编）伦敦：约翰·默里出版社。

D.W. 乔根森（1961）：《二元经济的发展》，刊《经济学学报》卷71，第2期，第309~334页。

M. 卡恩（1980）：《永远饥饿：巴布亚新几内亚瓦米拉人中作为社会认同隐喻的食物》，布林·马瓦尔学院未出版的博士论文。

F.H. 赖特（1941）：《人类学与经济学》，刊《政治经济学学报》卷49，第2期，第247~268页。收 M.J. 赫斯科维茨编《经济人类学》，纽约：阿尔弗雷德·卡内夫出版社重印本。

L. 克拉德（1972）编《马克思民族学笔记》，阿森：冯·歌克姆与康普出版社。

H. 库柏（1950）：《斯威士人的亲属关系》，收 D. 福德与 A.R. 莱德克利弗－布朗编《非洲人的亲属关系与婚姻制度》，伦敦：牛津大学出版社。

J. 拉·方丹（1973）：《新几内亚的遗产：一位非洲学家的观点》，收 J. 古迪主编《亲属关系的特点》，剑桥：剑桥大学出版社。

O. 兰格（1962）：《全体与部分》，牛津：佩尔甘蒙出版社。

P. 劳伦斯（1967）：《加里亚人中的土地所有权》，收 I. 霍格宾与 P. 劳伦斯主编《新几内亚土地所有权研究》，悉尼：悉尼大学出版社。

D.C. 莱科克与 S.A. 武尔姆（1974）：《语言》，收 E. 福特主编《巴布亚新几内亚资源地图集》，悉尼：雅克兰达出版社。

E.R. 李奇（1954）：《缅甸高原的政治制度：克钦人社会结构研究》，伦敦：阿斯隆出版社1977年版。

E.R. 李奇（1961）：《对人类学的再思考》，伦敦：阿斯隆出版社。

E.R. 李奇（1961）：《锡兰村庄颇尔埃利亚》，剑桥：剑桥大学出版社。

E.R. 李奇（1962）：《超布连氏族与"塔布"式亲属关系》，收 J. 古迪主编《国内族群的开发圈》，剑桥：剑桥大学出版社。

E.R. 李奇（1964）：《语言中的人类学概况：动物种类与言语滥用》，收 E.H. 莱恩伯格主编《语言研究的新方向》，波士顿：麻省理工学院出版社。

E.R. 李奇（1970）：《列维－斯特劳斯》，伦敦：丰塔纳出版社。

E.R. 李奇与 J.L. 李奇（将出）：《库拉交易：大众交换的新视野》，剑桥：剑桥大学出版社。

《莱帕尼委员会报告》（1974）。收《巴布亚新几内亚城市工资的决定》，

礼
物
与
商
品

莫尔斯比港,1974年10月。

J.D. 勒鲁瓦(1979):《南克瓦人中的杀猪仪式》,刊《大洋洲》杂志卷49,第3期,第179~209页。

C. 列维-斯特劳斯(1949):《亲属关系的基本结构》,伦敦:艾尔与斯波蒂斯伍德出版社1969年版。

C. 列维-斯特劳斯(1954):《人类的数学》,刊《国际社会科学通讯》卷6第4期,第581~590页。

C. 列维-斯特劳斯(1955):《忧郁的热带》,哈蒙兹威尔斯:企鹅出版社。

C. 列维-斯特劳斯(1962):《野性的思维》,伦敦:魏登弗尔德与尼科尔森出版社,1974年版。

C. 列维-斯特劳斯(1963):《结构人类学》,伦敦:阿伦·莱恩出版社1968年版。

C. 列维-斯特劳斯(1973):《结构人类学》卷11,伦敦:阿伦·莱恩出版社1977年版。

W.A. 刘易斯(1954):《劳动非有限供给下的经济增长》,刊《曼彻斯特经济与社会研究院学报》卷22第2期,第139~191页。

M. 李普顿(1977):《人们为何贫穷》,伦敦:腾普·史密司出版社。

F.G. 卢斯伯里(1965):《超布连人亲属关系种类的另一种观点》,刊《美国人类学家》卷67,第5期第2编,第142~186页。

B. 马凌诺斯基(1921):《超布连岛民的原始经济》,刊《经济学学报》卷31,第121期,第1~16页。

B. 马凌诺斯基(1922):《西太平洋上的探险队》,纽约:E.P. 杜登出版社1961年版。

B. 马凌诺斯基(1926):《原始心理学中的神话》,伦敦:路特利奇与卡根保罗出版社。

B. 马凌诺斯基(1929):《初民的性生活》,伦敦:路特得奇与卡根保罗出版社1968年版。

B. 马凌诺斯基(1935):《珊瑚园及其巫术》卷1,收《超布连岛民的土地耕作与农业仪式》,伦敦:乔治.艾伦与昂温出版社1966年版。《莫罗委员会报告》(1974)。收《巴布亚新几内亚农村工资决定》,莫尔斯比港,1974年8月。

A. 马歇尔(1920):《经济学原理》第8版,伦敦:麦克米兰公司,1930年。

R.M. 马丁(1969):《部落人向贸联人的转变:非洲经验与巴布亚新几内亚

的前景》，刊《工业关系学报》卷11，第2期，第1~47页。

K.马克思（1857）：《Grundrisse》，M.尼古拉斯译，哈蒙兹威尔斯：企鹅出
　　版社1973年版。

K.马克思（1859）：《政治经济学批判手稿》，莫里耶·多伯编注，莫斯科：
　　前进出版社1970年版。

K.马克思（1867）：《资本论》卷1：《对资本主义生产的批判分析》，莫斯
　　科：前进出版社。

K.马克思（1893）：《资本论》卷2：《政治经济学批判》，莫斯科：前进出版
　　社1971年版。

K.马克思（1894）：《资本论》卷3：《政治经济学批判》，莫斯科：前进出版
　　社1971年版。

K.马克思与F.恩格斯（1846）：《论德意志》，收《历史唯物主义论》，莫斯
　　科：前进出版社1962年版。

M.牟斯（1914）：《货币观念的起源》，Oeuvres ~ 2，V.凯拉迪介绍，巴黎：
　　子夜出版社。

M.牟斯（1925）：《礼物》，伦敦：路特利奇与卡根保罗出版社1974年版。

M.米德（1935）：《三个原始部落的性别与气质》，纽约：威廉·莫罗出版有
　　限公司1963年版。

M.米德（1937）：《原始人中的合作与竞争》，纽约：迈格鲁出版社。

R.L.米克（1962）：《重农主义经济学：论译文集》，伦敦：乔治·艾伦出版
　　社。

R.L.米克（1967）：《经济学、思想及其他论文集》，伦敦：钱普曼出版社。

R.L.米克（1976）：《社会学与卑贱的野蛮人》，剑桥：剑桥大学出版社。

M.J.梅基特（1964）：《澳属新几内亚高原人的两性关系》，刊《美国人类学
　　家》（特刊）卷66，第4期，第2编，第204~225页。

M.J.梅基特（1965）：《新几内亚马埃—恩加人的宗族制度》，伦敦：奥利弗
　　与鲍伊德出版社。

M.J.梅基特（1971）：《从部落人到农民：新几内亚马埃—恩加人的个案研
　　究》，收L.R.希亚特与C.J.贾亚瓦德纳主编的《大洋州人类学》，悉
　　尼：安古斯与罗伯逊出版社。

M.J.梅基特（1974）：《"猪是我们的心脏"！新几内亚马埃—恩加人中的 te
　　式交换图》，刊《大洋州》杂志，卷44，第3期，第165~203页。

M.J.梅基特与R.M.格拉斯主编（1969）：《猪、珠贝与女人：新几内亚高原

人的婚姻》，因格伍德．克利夫思：普里恩提斯学院。

C. 梅亚萨克斯（1960）："Essai d'interprétation du phénoméne économique dans les sociétés traditionelles d'auto ~ sabsistance." Cahiers d' Etudes Africaines，第4章，第38~67页。

C. 梅亚萨克斯（1972）：《从再生产到生产：马克思主义经济人类学方法》，刊《经济与社会》卷1，第1期，第93~105页。

C. 梅亚萨克斯（1973）：《农民的社会组织：亲属关系的经济基础》，刊《农民研究学报》卷1，第1期，第81~90页。

C. 梅亚萨克斯（1975）：《妇女、顶楼与 Capitaux》，巴黎：马斯佩罗出版社。

K. 门格（1871）：《经济学原理》，伊利诺斯：格伦科尔出版社1950年版。

M. 米勒盖特（无日期）：《早期经济学史中货物一词的注释》，未出版论文。

N. 莫杰斯卡（1977）：《杜纳人中的生产》，澳大利亚国立大学未出版的博士论文。

L.H. 摩尔根（1851）：《易洛魁联盟》，罗彻斯特：哲人与兄弟出版社。

L.H. 摩尔根（1871）：《人类家庭亲属制度》，华盛顿：史密松南学校出版。

L.H. 摩尔根（1877）：《古代社会》，伦敦：麦克米兰公司出版。

T. 莫伊兰（1973）：《新几内亚本土经济体制的失衡》，刊《人类》卷9第2期，第61~76页。

N. 芒恩（1977）：《加瓦人独木舟的时空转化》，刊《大洋洲社会学报》卷54 ~ 55，第33期，第39~53页。

N. 芒恩（将出）：《加瓦人的库拉交易：时空控制与影响的象征主义》，收 E.R. 李奇与 J.R. 李奇编《库拉交易》，剑桥：剑桥大学出版社。

G. 米达尔（1968）：《亚洲戏剧》卷1，哈蒙兹威尔斯：企鹅出版社出版。《国内劳工法令》（1922 ~ 1928），（见1928年《年度报告》）。

R. 尼达姆（1971）：《亲属关系与婚姻分析的评论》，收 R. 尼达姆主编《对亲属关系与婚姻的再思考》，伦敦：塔维斯托克出版社。

H. 纳尔逊（1972）：《巴布亚新几内亚：黑色的统一或黑色的混沌》，哈蒙兹威尔斯：企鹅出版社。

H. 内尔逊（1976）：《黑人、白人与黄金：1878 ~ 1930年间巴布亚新几内亚的金矿业》，堪培拉：澳大利亚国立大学出版社。

D.L. 奥利弗（1955）：《一个所罗门岛部落》，剑桥，麻省：哈佛大学出版社。

翁卡（1979）：《新几内亚大人物翁卡自述》，A.J. 斯特拉林译，伦敦：达克沃思出版社。

F. 帕诺夫（1970）：《食品与面子：一次美拉尼西亚人仪式》，刊《人类》卷5，第2期，第237～252页。

《国会报告》（1867～1868年，1873年，1892）。有关介绍昆士兰波里尼西亚劳工的通讯。众院团重印报告，伦敦：HMSO。

G. 皮尔斯与 P. 梅纳德（1973）：《导言》，收《概念的变化》，Dordrecht：D. 雷德勒出版公司。

《巴布亚新几内亚劳工信息通讯》第9期（1972），劳动与工业部，莫尔斯比港。

《巴布亚新几内亚统计小结》（1972～1973），统计局，莫尔斯比港。

K. 波拉尼（1957）：《作为创立过程的经济》，收波拉尼主编《帝国早期的贸易与市场》，格伦科尔：自由出版社。

L. 波斯皮希尔（1963）：《巴布亚卡保库人的经济》，纽海文：耶鲁大学人类学丛书，第67卷。

H.A. 鲍威尔（1956）：《超布连人的社会结构》，伦敦大学未出版的博士论文。

H.A. 鲍威尔（1969）：《基里维纳人的谱系、居住与亲属关系》，刊《人类》卷4，第2期，第177～202页。

H.A. 鲍威尔（1969）：《基里维纳人的领地、祭司与亲属关系》，刊《人类》卷4，第580～604页。

C.A. 普赖斯与 E. 贝克（1976）：《1863～1904年间昆士兰的太平洋劳工籍贯研究小札》，刊《太平洋历史学报》卷11，第2期，第106～121页。

公众服务协会（1974）：《巴布亚新几内亚公众服务协会提交的全国最低工资调查报告》，莫尔斯比港。

公众服务协会（1974）：《城市最低工资调查委员会报告》。

F. 魁奈（1759）：《经济图表》，收 R. 米克编《重农主义经济学》，伦敦：乔治. 艾伦出版社1962年版。

R. 拉波波特（1968）：《献给祖先的猪》，纽海文：耶鲁大学出版社。

K.E. 雷德（1966）：《高谷》，伦敦：乔治·艾伦与昂温出版社。

注册总部办公室，莫尔斯比，（所有在巴布亚新几内亚经营的公司的年度综述，都可于此寻到）。

D. 李嘉图（1817）：《论政治经济学与赋税的原理》，收《李嘉图著作与通信集》卷 1，P. 斯拉法与 M.H. 多伯合编，剑桥：剑桥大学出版社。

L. 鲁宾斯（1932）：《论经济学重要性之本质》，伦敦：麦克米兰公司 1952 年版。

C.D. 罗利（1965）：《新几内亚村民：1964 年以来的回忆》，墨尔本：切希尔出版社 1972 年版。

M. 萨林斯（1963）：《穷人、富人、大人物与首领：美拉尼西亚与波里尼西亚的政治类型》，收 I. 霍格宾与 L.R. 海亚特全编的《澳洲与太平洋人类学读物选》，墨尔本：墨尔本大学出版社 1966 年版。

M. 萨林斯（1972）：《石器时代的经济学》，芝加哥：奥尔丁出版社。

R.F. 萨里斯伯里（1962）：《从石器到钢具》，剑桥：剑桥大学出版社。

R.F. 萨里斯伯里（1965）：《高原东部的西亚内人》，收 P. 劳伦斯与 M.J. 梅基特主编的《美拉尼西亚的诸神、众鬼与人》，墨尔本：墨尔本大学出版社。

R.F. 萨里斯伯里（1970）：《文纳马米人》，墨尔本：墨尔本大学出版社。

P.A. 塞缪尔逊（1947）：《经济分析的基础》，剑桥，麻省：哈佛大学出版社 1971 年版。

E.L. 希弗林（1977）：《孤独者的悲哀与舞蹈者的燃烧》，布里斯班：昆士兰大学出版社。

D.M. 施奈德（1972）：《什么是亲属关系》，收 R. 赖尼希主编的《摩尔根百年纪念亲属关系论文集》，华盛顿：华盛顿人类学会出版。

H.K. 施奈德（1957）：《牛在东非帕科特人中的生计作用》，刊《美国人类学家》卷 59，第 278~299 页。

T.W. 舒尔兹（1964）：《转变中的传统农业》，纽海文：耶鲁大学出版社。

T.W. 舒尔兹（1974）：《家庭经济学》，芝加哥：芝加哥大学出版社。

J.A. 顺彼得（1954）：《经济学分析史》，伦敦：乔治·艾伦出版社 1972 年版。

B. 斯科尔勒（1973）：《除虫菊与高原人》，刊《拓展通讯》第 3 期，莫尔斯比港：农业部家畜与渔业司编。

D. 泽登主编（1978）：《生产关系：从马克思主义方法到经济人类学》，伦敦：弗兰克·凯斯出版社。

R.T. 香德（1965）：《原始经济中的贸易发展与专门化》，刊《经济学史料》卷 41，第 94 期，第 193~206 页。

L. 夏普（1952）：《石器时代澳洲人的钢斧》，刊《人类组织》卷 11，第 2 期，第 17~22 页。

W. 谢宾斯基（1958）：《基数与序数》，华沙：番斯特沃威出版社。

P. 斯里托（1981）：《巴布亚新几内亚高原人中作物的性别》，刊《民族学》杂志卷20，第1期，第1~14页。

A. 斯密（1776）：《对财富与民族性质与起因的调查》，伦敦：人人文库1970年版。

J. 施佩希特与J.P.怀特主编（1978）：《大洋洲人的贸易与交换》，刊《人类》杂志专刊卷11，第3期。

P. 斯拉法（1960）：《通过商品方式的商品生产：经济学理论批判序言》，剑桥：剑桥大学出版社。

P. 斯拉法（1962）：《评商品的生产》，刊《经济学学报》卷72，第477~479页。

F. 斯坦纳（1957）：《即将到来的劳动分工》，刊《社会学》杂志卷7，第2期，第118~129页。

W.R. 斯腾特与L.R.韦伯（1975）：《巴布亚新几内亚的生存富裕与市场经济》，刊《经济学史料》卷51，第522~538页。

L. 斯通（1977）：《1500~1800年间：英国人的家庭、性与婚姻》，伦敦：维登弗尔得与尼科逊出版。

A.J. 斯特拉森（1968）：《新几内亚高原人的血统与联姻问题的比较》，收《1968年布列颠与爱尔兰皇家人类学研究所论文选集》第37~52页。

A.J. 斯特拉森（1969）：《财政与生产：新几内亚高原人交换体制的两项策略》，刊《大洋洲》卷40，第1期，第42~67页。

A.J. 斯特拉森（1971）：《莫卡之绳》，剑桥大学出版社。

A.J. 斯特拉森（1972）：《一位父亲一个血统：梅埃帕人中的世系与族群结构》，堪培拉：澳大利亚国立大学出版社。

A.J. 斯特拉森（1973）：《亲属关系、继嗣与地位：一些新几内亚人的实例》，收J.古迪主编《亲属关系的特征》，剑桥：剑桥大学出版社。

A.J. 斯特拉森（1975）：《山地哈根人隐蔽的言语》，收M.布洛克主编《传统社会中的政治语言与修辞》，伦敦：学术出版社。

A.J. 斯特拉森（1978）：《重温〈财政与生产〉：比较之跟踪》，刊《经济人类学研究》卷1（G.达尔顿主编），纽约：JAI出版社。

A.J. 斯特拉森（1979）：《山地哈根人中的性别、理念与金钱》，刊《人类》卷14，第3期，第530~548页。

A.J. 斯特拉森与A.M.斯特拉森（1969）：《梅埃帕人的婚姻》，收M.J.梅基特与 R. 格拉斯主编的《猪、珠贝与女人》，因格伍德克利弗：普恩蒂斯学院出版社。

A.M. 斯特拉森 (1972)：《夹缝中的女人：新几内亚山地哈根男人世界里的女性角色》，伦敦与纽约：研究院出版社。

A.M. 斯特拉森 (1975)：《皮上无钱：莫尔斯比港的哈根人移民》，莫尔斯比：《新几内亚研究通讯》第 61 期。

A. 塔尔斯基 (1941)：《演绎学方法与逻辑导论》，纽约：牛津大学出版社 1965 年版。

D.M. 西奥博尔德 (1968)：《科学哲学导论》，伦敦：麦修恩出版社 1969 年版。

C.E. 特恩 (将出)：《库拉交易者与宗族成员：诺曼比岛上的库拉交易与村庄结构》，收 E.R. 李奇与 J.W. 李奇主编的《库拉交易》，剑桥：剑桥大学出版社。

R. 图恩瓦尔德 (1916)：《巴纳罗人社会：新几内亚内地一个部落的社会组织与亲属关系》，刊《美国人类学学会文集》卷 3，第 4 期，第 251～391 页。

M.P. 塔达罗 (1969)：《欠发达国家的城市非雇佣与劳动移民模式》，刊《美国经济学评论》卷 60，第 187～188 页。《贸易商店调查》(1968～1969)。刊《1968～1969 年土著人贸易商店调查》，经济顾问署工业与贸易部，莫尔斯比。

H.A. 特纳 (1965)：《不发达国家的工资趋势：工资政策与集体交易问题》，剑桥：剑桥大学出版社。

D.F. 图辛 (1976)：《伊拉希塔·阿拉佩什人》，洛杉矶：洛杉矶加利弗尼亚大学出版社。

R. 瓦格纳 (1976)：《索夫人的咒语：新几内亚达利比氏族的定义与联姻原则》，剑桥：剑桥大学出版社。《瓦克委员会报告》(1974)。收《巴布亚新几内亚农村工资》，1974 年 6 月，莫尔斯比。

L. 瓦尔拉 (1874)：《纯粹经济学的要素》，W. 吉菲译，伦敦：乔治昂温出版社 1954 年版。

W. 沃森 (1958)：《货币经济中的部落内聚力：对罗得西亚北部曼布韦人的研究》，曼彻斯特大学出版社 1964 年版。

J. 威克恩 (1971)：《工资政策与殖民遗产比较研究》，刊《现代非洲研究学报》卷 9，第 3 期，第 361～387 页。

A. 魏纳 (1976)：《价值的女人，名望的男子》，奥斯汀：德克萨斯大学出版社。

A. 魏纳 (1979)：《另一种观点下的超布连人的亲属关系：再生产力与女人和男人》，刊《人类》卷14，第328～387页。

F.J. 威斯特 (1958)：《巴布亚新几内亚的土著劳工》，刊《国际劳工评论》卷77，第89～112页。

P.H. 威克斯蒂得 (1910)：《政治经济学常识》，伦敦：麦克米兰公司出版。

F.E. 威廉斯 (1936)：《来回飞翔的巴布亚人》，牛津：克莱尔顿出版社1969年版。

M.H. 威廉森 (1979)：《谁对萨古人做了什么》，刊《大洋洲》卷49第3期，第210～220页。

H. 沃尔佩 (1972)：《资本主义与南非的廉价劳动力：从种族隔离到种族隔离法》，刊《经济与社会》卷1，第4期，第425～456页。

世界银行 (1928)：《巴布亚新几内亚的经济形势与发展前景》，世界银行：华盛顿。

M.W. 杨 (1971)：《与食品的战斗：马辛人社会的领导地位、价值与社会控制》，剑桥：剑桥大学出版社。

中英译名对照表

Accumulation of commodities	商品积累
Act of Free Choice	《自由选择法案》
Ada Gege	埃达·格格
Adfred Gell	埃德佛里·盖尔
Adrian Graves	阿德里安·格雷夫斯
Ameircan Indians	美洲印地安人
Ancient Society	《古代社会》
Andamans	安达曼人
Annual Report	《年度报告》
Agreement—labour system	合同劳动制
Argonauts of the Western Pacific	《西太平洋上的探险队》
Armshell	手贝
Atukot path	阿图古路径
Austin, L.	奥斯汀
Avunlocal	从舅的
Alliunce matrices	联婚矩阵
Alienation	转让/让渡/异化
Armstrong, W.E.	阿姆斯特朗
Beiley	贝利
Baric, L.	巴里克
Baruya	巴鲁亚人
Balanced exchange of women—gifts	妇女礼物的平衡交换
Barter	物物交换
Bannaka	班纳卡人
Banaro	巴纳罗人

Barrau, J.	巴罗
Barnes, J.A.	巴恩斯
Belshaw, C.S.	贝尔肖
Becker, G.S.	贝克尔
Bemka	本克人
Bhagwati	巴格瓦蒂
Berg, E.J.	贝格
Berde, S.	伯德
Big—man system (great—man)	大人物制度
"Big Three" Trading Companies	"大三"贸易公司
Birth—gifts	出生礼物
Boas, F.	鲍厄斯
Bohannan, P.	博安南
Bo'hm—Bawerk	伯姆·巴韦克
Bolton, G.C.	博尔顿
Bortkeiwicz	博尔特克维奇
Bourgeois economists	布尔茹瓦经济学者
Brideprice	聘金
Bridewealth	聘礼
Bracelets	手镯
Brown, P.	布朗
Brookfield, H.C.	布鲁克菲尔德
Bukharin, R.	布哈林
Bulmer, R	布尔默
Buka	布卡人
Burma	缅甸
Busuma	布苏马人
Burung	布龙人
Campbell, S.	坎贝尔
Capital	《资论证》
Canoes	卡诺斯人
Cannibalism	同类相食（习性）
Capital intensive method	资本集约法

Copans, J.	科潘思
Copilowish, I. M.	科皮罗维奇
Corris, P.	科里斯
Counter—gift	回赠礼物
Cottier	科捷
Cowrie—headbands	贝壳发带
Cowrie—shell necklets	贝壳项链
Customary base	习俗基础
Curtain, R.	库尔登
Dalton, G.	达尔顿
Damon, F.	戴蒙
Davis, J.	戴威斯
Daughter—of	女儿方
Deacon, A. B.	迪肯
Debreu, G.	德布鲁
Delayed commodity exchange	延迟性商品交换
Delayed exchange of wpmen—gifts	延迟性妇女礼物交换
Delayed gift exchange	延迟性礼物交换
Delayed reproduction	延迟性再生产
Debtor	负债人
Death—gifts	死亡礼物
Delayed classification	延迟性分类
Descriptive kinship systems	描述式亲属制
Dixit, A.	迪克西科
Dobb, M.	多伯
Docker, E. W.	多克尔
Dobu/Dobu Island	多布人/多布岛

Dual economy/dualism	二元经济/二元主义
Dubbeldam, L.F.B.	杜贝尔德姆
Dumont, L.	杜蒙
Durkheim, E.	杜尔干
Economic Frontier	经济不发达区
Economic Journal	《经济学学报》
Efflorescence	繁荣
ego	本我
Enzig, P.	艾因齐希
Engels, F.	恩格斯
Enona clana	埃诺纳氏族
Empirical analysis	经验性分析
Empirical evidence	经验性证据
Empirical generalisation	经验性普遍
Empirical—based theory	经济主义理论
Empirical work of anthropologists	人类学家的经验性著作
Eskimo	爱斯基摩人
Epstein, T.S.	爱泼斯坦
Exchange matrix	交换矩阵
Exchange of commodities	商品交换
Exchange of gifts	礼物交换
Exchange—order	交换序
Exchange relations	交换关系
Exchange—value	交换价值
Exchange of women—gifts	妇女礼物的交换
Exchange networks	交换网络
Exogamy rule	异族通婚规则

Extensive shift	粗放游耕
Factor market	要素市场
Family land	家族土地
Father—of	父方
Feil, D.K.	弗尔
Fiji	菲济
Fingleton, J.	芬灵顿
fffzssd	父亲的父亲的父亲的姐妹的儿子的儿子的女儿
Finney, B.R.	菲尼
Fisk, E.K.	菲斯克
Fitzpatrick, P.	菲茨帕特里克
Firth, R.	弗思
Forced labour（overseas indentured labour）	强迫劳动（海外契约劳动）
Foege, A.	弗尔热
Fortes, M.	福尔特斯
Fortune, R.	福琼
Fox, R.	福克斯
Free labour（wage—labour）	自由劳动（雇佣劳动）
Friedl, E.	弗里德尔
Friedman, J.	弗里德曼
Framework	框架
Freud, S.	弗洛伊德
Fundamental theorem	基本理论
Fun—work—food gathering	娱乐·工作·聚餐会
Garia	加里亚
Garnaut, R.	加尔诺
Gell, A.	盖尔
Generalised exchange of women—gifts	妇女礼物的普遍性交换

Hogbin, I.	霍格宾
Holloway, B.	霍洛韦
Homology	同源（关系）
Hopkins, K.	霍普金斯
Household	家户
Hughes, I.M.	休斯
Humphries, J.	汉弗莱斯
Hunting	狩猎
Ilahita Arapesh	伊拉希塔·阿拉佩什人
Incest taboo	乱伦禁忌
Illiterate villagers	伊里特拉村民
Inalienability	不可异化（让渡）性
Incremental exchange of thing—gifts	东西礼物的增值交换
Indian context	印地安式社会关联
Indentured labour system	契约劳动制
Indigenous commodity exchange	本土商品交换
Indigenous economy	本土经济
Indonesia	印度尼西亚
Instruments of competitive gift exchange	竞争式礼物交换的手段
Intra—clan gift—giving	氏族内部礼物馈赠
Inter—clan gift—giving	氏族间的礼物馈赠
Irian Jaya	伊里安查亚
Iroquois	易洛魁人
Isaac, J.E.	伊萨克
Isaac Report	《伊萨克报告》
Islands district	岛屿地区
Intermarriage	族内通婚
Intensive complex	集约丛
Intensive shifting	集约游耕
Jevons, W.	杰文斯
Johnson, H.G.	约翰逊
Jones, R.	琼斯
John Eatwell	约翰·伊特华

礼
物
与
商
品

Land tenure	土地所有权
Land Tenure Conversion Act	《土地所有权转让法案》
Land—use patterns	土地使用模式
Leach, J.	李奇
Lévi—Strauss	列维－斯特劳斯
Land owing groups	土地拥有族群
League of Iroquois	《易洛魁联盟》
Lewis, G.	刘易斯
Like—for—like	同类换同类
Lineal blood relations	世系血缘关系
Logical—historical method	逻辑历史方法
Logical—historical order	逻辑历史秩序
Logical time	逻辑时间
Lower ranking gifts	低等级礼物
Luxury nexus	奢侈类别
Mae—Enga	马埃·恩加人
Magic	巫术
Mafulu	马富卢人
Maize	迈泽
Male/female relation	男女关系
Malekula	马莱库伦人
Mambwe	曼布韦人
Maori	毛利人
Malinowski, B.	马凌诺斯基
Marginal costs	边际费用
Marginal products	边际产品
Maro Report	《莫罗报告》
Marriage exchange	婚姻交换
Marriage gifts	婚姻礼物
Marilyn Strathern	马里琳·斯特拉森
Matrilineal	母系的
Manus	马努斯人
Mandembo	曼德布人

Nation	民族
Natural economy	自然经济
Native Labour Ordinance（1922~28）	《本国劳动法案》（1992~28）
Needham，R.	尼达姆
Nigel Oram	奈杰尔·奥兰
Nelson，H.	尼尔逊
New Caledonia	新凯里多尼亚
New Britain District	新不列颠地区
New Guinea	新几内亚
New Ireland District	新爱尔兰地区
New Hebrides	新赫布里斯人
Neoclassical economics	新古典经济学
Neo—Marxist school of economic	新马克思主义经济学派
Nuer	努埃尔人
Oliver，D.L.	奥利佛
Ongka	昂卡人
Panoff，F.	帕诺夫
Parliamentary Report	《国会报告》
Papua New Guinea	巴布亚新几内亚
Patrilineal	父系的
Patrilocal	从父的
Paul Jorion	保罗·诺里翁
Pearce，G.	皮尔斯
Phenomenon of Kinship terms	亲属称谓现象
Phratry	氏族的分支
Plantation capital	种植业资本
Plateau Tonga	汤加高原
Plutology	政治经济
Poreporena Village	波雷波雷纳村
Potlatch	夸富宴

Primary commodity production	初级商品生产
Primitive communist	原始共产主义者
Primitive fisher	原始渔民
Primitive accumulation	原始积累
Primitive hunter	原始狩猎者
Primitive society	原始社会
Primitive money（shell—gifts）	原始货币（贝壳礼物）
Production of Commodities by Means of Commodities	《通过商品方式的商品生产》
Productive consumption	生产性消费
Productive production	生产性生产
Proletarian	无产阶级
Queensland	昆士兰
Quesnay，F.	魁奈
Rank	等级
Rank—for—rank	同等级换同等级
Rappaport，R.	拉波波特
Read，K.E.	雷德
Reciprocal dependence	互惠性依赖
Reciprocal exchange	互惠性交换
Reproduction	再生产
Restricted gifts exchange	限制性礼物交换
Restricted gifts reproduction	限制性礼物再生产
Ricardo，D.	李嘉图
Robbins，L.	鲁宾斯
Rossel Island	罗素岛
Rowley，C.D.	罗利

Sahlins, M.	萨林斯
Salisbury, R.F.	萨里斯伯里
Samuelson, P.A.	塞缪尔逊
Schieffelin, E.L.	希费林
Schneider, D.M.	施奈德
Schultz, T.W.	舒尔兹
Schumpeter, J.A.	舒彼得
Scoullars, B.	斯卡拉
Seddon, D.	泽登
Shand, R.T.	香德
Sharp, L.	夏普
Shell—monetary systems	贝币制度
Self—replacement	自我取代
Serf	塞夫人
Sexual division of labour	劳动的性别分类
Shell—gifts	贝壳礼物
Shell money	贝币
Siane tribe	西亚内人部落
Shoshoni	肖肖尼人
Semang	塞芒人
Sierpinski, W.	西尔平斯基
Silitoe, P.	西利托
Smith, A.	斯密
Siuai	休昂人
Solomon Islands	所罗门群岛
Specht, J.	施佩希特
Spheres of exchange	交换领域
Sraffra, P.	斯拉法

Steamships Trading Co.	汽轮贸易公司
Steiner, F.	斯坦纳
Stent, W.R.	斯滕特
Stone Age economy	《石器时代经济》
Stone, L.	斯通
Strathern, A.J.	斯特拉森
Strathern, A.M.	斯特拉森
Subsistantivist school of economic anthropology	经济人类学主观主义学派
Subsistence economy	生计经济
Sub—clan	亚氏族
Supreme gifts	最高级别礼物
Surplus reproduction	剩余再生产
Symbolism	象征主义
Tarski, A.	托罗斯基
Tableau Economique	《经济学图画》
Theobald, D.W.	西奥博尔德
Thumwald, R.	图姆瓦尔德
Thune, C.E.	图恩
Thonga	聪加人
Tilakaiwa	蒂拉凯瓦人
Tikopia	蒂科皮亚人
Tipuka	蒂普卡人
Tiv	蒂夫人
The Economic Life of Primitive Peoples	《原始民族的经济生活》
The Elementary Structure of Kinship	《亲属的基本结构》
Theory of Political Economy	《政治经济学理论》
The Savage Mind	《野性的思维》

Todaro, M.P.	托达罗
Tolai	托莱人
Tributary gift—giving	贡金式礼物馈赠
Trinity College, Cambridge	剑桥大学三一学院
Trade Unions in PNG	巴布亚新几内亚贸易联盟
Trobriand Islands	超布连群岛
Trade Store Survey	《贸易商店调查》
Turner, H.A.	特纳
Tuzin, D.F.	图辛
Umeda	乌米达人
University of PNG	巴布亚新几内亚大学
Unlike—for—unlike	异类换异类
Urban/riral wages differential	城乡工资级差
Use—value	使用价值
Vakuta Island	瓦库塔岛
Velocity of circulation	循环速度
Village Court	乡村法庭
Waka Board Report	《瓦卡委员会报告》
Wages Theory	工资理论
Wagner, R.	瓦格纳
Walras, L.	瓦尔拉
Washo	瓦肖人
Watson, W.	沃森
Wamira	瓦米拉人
Weeks, J.	威克斯
Weiner, A.	魏纳
Welfare economics	福利经济学
West, F.J.	魏斯特
Wicksteed, P.H.	威克斯蒂

译 后 记

　　本书的初译工作，始于 1990 年春末，完成于是年仲夏。整个初译工作，由云南民族学院历史系教师杜杉杉、郭锐和我三人共同完成。

　　是书的翻译，凝集了一段中美两国与海峡两岸中青年人类学学者间的诚挚友情。其时，供职于台湾清华大学社会人类学研究所的美国弗吉尼亚大学人类学博士魏捷兹教授（Dr.James Wilkerson），陪同夫人何翠萍女士来昆明云南民族学院研修，并赴滇西作景颇族的田野调查，以准备她在弗吉尼亚大学人类学系的博士论文。经云南民族学院历史系原副主任、现任云南民族研究所副所长的和少英教授介绍，我们有幸认识了魏捷兹博士伉俪。出于对人类学的共同学术爱好，他们夫妇遂建议由我们三人携手合作，将英国剑桥大学人类学博士格雷戈里氏（Dr. C. A. Gregory）的这本经济人类学名著翻译出来，以供高等学校人类学及民族学专业师生参考。于是，便有了这本中文初译稿的问世。

　　初译稿草成后，魏捷兹伉俪旋即去滇返台，投入到教学与研究之中，而译者中的杜杉杉则赴美国伊利诺大学攻读博士学位，我与郭锐亦忙于各自的教学与研究冗务里。数年之间，统纂修润出版之事，遂告搁浅。直到 1997 年初春时节，云南大学举办大陆第二届文化人类学高级研讨班，邀请海内外人类学名宿硕彦与会讲演，魏捷兹伉俪亦为嘉宾出席，我和郭锐又与他们夫妇相聚于莲花池畔，商定了整理修润出版本书之计划。同年 9 月初，魏捷兹博士因指导研究生赴大陆作人类学田野调查事再访云南，下榻云南大学宾馆，邀我再次晤谈，最后商定：由我负责统纂全书，录入电脑，编成样书后交他在台湾清华大学出版。于是，对该书初译稿的统纂和审校工作，终于由我来零零星星地进行并于 1998 年 2 月完成。修订稿寄往台湾后，出版之事又因故延期。2000 年初，我系与云南大学出版社商定组织出版一套人类学文库丛书，该书经专家评审列为其一。

　　为使本书中译本在国内顺利出版，在魏捷兹博士夫妇及其助手高雅宁小姐的帮助下，今年初春，我终于通过电子邮件与现已执教于澳大利亚国立大学考古人类学系的格雷戈里教授取得了直接联系，蒙他慷慨授予我们本书的中译本版权，同意将其版权费赠予云南大学出版社，以支持云南大学人类学专业的发展。格雷戈里教授和魏捷兹博士分别为中译本赐序和前言，给本书增色不少。云南大学出版社的伍奇女士作为本书的责任编辑，在本书的出版中付出了许多辛劳。在此，我谨代表其他两位译者，对魏捷兹博士伉俪、高雅宁小姐、格雷戈里教授和伍奇女士的所有帮助，深表谢忱。

　　本书的翻译分工如下：上篇的第一、二、三、四、五章由杜杉杉初译；导论、结论由郭锐初译；自序、鸣谢、中译本序和前方，上篇第四章的小结，下篇的第六、七章、附录由本人翻译，中英译名对照表的编制，全书的统纂、修订、编校和所有图表的翻译皆由本人承担。

　　此外，有如下数点需要说明：其一，全书中的民族及西洋人名译名，统纂时本人参照了商务印书馆出版的李毅夫等主编的《世界民族译名手册》(1994年第2次印刷本)，化学工业出版社出版的《世界姓名译名手册》(1989年第2次印刷本)。其二，人类学专有名词，笔者则参照了陈国强主编的《简明文化人类学词典》(浙江人民出版社1990年8月第1版)，牟斯(M.Mauss)著，何翠萍、汪珍宜译的《礼物》(台湾：吴氏基金会名著文库，1984年9月版)，谢剑主编的《中译人类学词汇》(香港中文大学出版社，1980年初版)。对以上著译者，表示衷心感谢。

　　最后需要申明的是，鉴于原著措辞跌宕，逻辑谨密，行文又颇显简练，囿于我们的水平，书中谬误之处，在所难免，尚请方家并读者君子雅正。

云南大学人类学系　姚继德　谨识

2001年4月